U0826440

写在前面

这本书的篇目，绝大多数出自2002年8月由光明日报出版社出版的《教育中国》。

在那之前的数月里，我一面在光明日报一业务部门尽管理之责，一面开办了一个叫作《名流看教育》的独立访谈栏目，集中采访一批教育界别之外的知名学者，以每周两篇的频次连续在光明日报二版刊出。因为在21世纪初，教育是被社会高度关注的领域，人人知无不言，仅教育业内的观点就乱花迷人眼。而门外学者多多少少与行业教育拉开了一段距离，其见解可能更见新意，况且书中被访人物多是声名显赫的集大成者，我发现其中6个名字，几天前出现在党和国家隆重纪念改革开放40年时，张榜表彰的100名"改革先锋"名单中。

"虽然言来语去当中不成体系，甚至有些凌乱，却多视角，有大视野，恰能以近知远，以一知万"。(当年"后记"中语)

对当年的印象，除了颇费周章的约访和成功采访的快意，还有每次加工成稿的过程。当然不是单纯的记录整理，而是把那些言语中的火花、跳跃的口语逻辑化、条理化、思想外显的过程。每完成一篇，我都会即刻送受访者审阅确认。

这些文字、被访者签名加上摄影家侯艺兵（中国工程物理研究院北京应用物理与计算数学研究所副编审）先生专门拍摄的专栏人物照片，一起在光明日报固定版面发表后，集成了2002年出版的《教育中国——50名流素质教育访谈》。

距离那个时候，已经过去了整整16年之久，当年访问过的学者不少已经离世。一切在改变，只是教育的变化似还在青萍之末。并不是进步微缓，而是家庭、个人所能感觉到的改变明显低于其他方面，低于社会的期望，乃至在某些方面，似乎当年的问题仍然是问题，困惑仍然是困惑，悖论仍然是悖论。

这让我萌生了重新出版这本书的想法。不是因为访谈对象难得，有些名字如雷贯耳，不是因为每篇归纳整理至微至真，最重要的，是这些灼见对今天的教育和关心教育的人来说，仍然有深度，有启发，有意义。

教育观其实不是谈出来的，而是不同生命个体在求学道路上走出来悟出来的，更是在人一生的事业追索中体察和验证出来的。这些名家都术有专攻，无一不是自己专业领域的权威、翘楚，但他们看教育、谈教育绝少局限在个人层面就事论事，即使谈到某些技术问题，也多以小见大，着眼于人、社会和人类文明的发展。技术可以适用于一时，总会更迭换代，人、社会和人类的文明才是永远的话题。所以受访者对教育哲学、教育本源的思考和追问才弥足珍贵，无论在当时还是当下都一样重大和可持续。

五十几个人访谈下来，话题几乎涵盖了教育的方方面面。这些主题丰富、随机碰撞出来的东西独到而富于个性。如此心得，才更真切和实际，或许比教育业界理论上的说法更为生动和服人，是中国颇具代表性风流人物的和声，是为中国教育观。

文前的手写签名，开始是成稿送审时，受访者自己签上的，索性延续成了格式，是他们对思想和文字提炼加工的高度认可；而人物简介中强调受访者早年的教育背景，也许会在读者品读这些思想观点时，有一些提示和参考作用吧。

还有两点需要说明：

第一，这次重新出版，我在原书的访谈篇目中剔除出了后面的主题报道部分。同时另外增加了9篇访谈和一篇书评。其中4篇访谈是已在《名流看教育》栏目见报，但没来得及收录到书中的；另有5篇是我2017年以后采访的。

第二，为了避免增加的部分和原书在时空上的混淆，我把采访时间作为一个重要因子，放在每个篇目之前，顺序排列。只有原书最后3篇是开栏以前采写的旧作，这次仍保留原书排列位置。而被访者的身份、工作单位和任职情况等，都以采访时间作为节点，不是当下职务。

对这些学者的访谈十分难忘，有些情形会在眼前不时闪现。他们那些深悟和见解可鉴往知来，也是社会的良心，值得被更多的人铭记和了解。

并以此书表达对逝去的学者深深的怀念。

夏欣

2018年12月

中国教育观

——学者跨界看教育

◎夏欣

开明出版社

图书在版编目(CIP)数据

中国教育观：学者跨界看教育/夏欣著. —北京：开明出版社，2019.1
ISBN 978-7-5131-4675-3

Ⅰ.①中… Ⅱ.①夏… Ⅲ.①教育研究-中国 Ⅳ.①G52

中国版本图书馆 CIP 数据核字(2018)第 224706 号

责任编辑：支 颖 魏红岩
装帧设计：郑雯月

书名：中国教育观——学者跨界看教育
作者：夏欣
出版：开明出版社(北京海淀区西三环北路 25 号 邮编 100089)
经销：全国新华书店
印刷：北京美图印务有限公司
开本：787×1092 1/16
印张：18
字数：280 千字
版次：2019 年 4 月 北京第 1 版
印次：2019 年 4 月 北京第 1 次印刷
印数：1~5,000 册
定价：58.00 元

目　录

王大珩：操行之重

采访时间 2001 年 9 月

王大珩，祖籍江苏苏州，1915 年生于日本东京。物理学家，中国科学院院士、中国工程院院士。我国近代光学工程的重要奠基人、开拓者和组织领导者，开拓激光、空间光学、遥感、光度、色度等领域。1999 年荣获“两弹一星功勋奖章”。曾任中国科学院仪器馆（今长春光学精密机械研究所）首任馆长、所长，中国科协副主席。

5 岁就读北京孔德小学，后考入北京汇文中学、青岛礼贤中学、清华大学，1938 年赴英留学，先后就读于帝国理工学院、谢菲尔德大学，取得硕士学位。

问：先生在读书时上过名校，跟过名师，一代清华名师叶企孙带出了包括先生在内的十多位功勋科学家。请先生谈谈教师特别是名师给予学生最多的是什么？

王大珩：我生在一个小康之家，有幸受过完整的教育，跟随了许多好教师。北京汇文中学教过我的老师有的成了大学教授，有的成了某一方面的专家，清华的叶企孙先生更是一代名师。他们传授给我们的除了知识，更重要的是科学的精神，教我们怎样做一个道德高尚的人，他们对民族对国家未来的责任使我毕生难忘。因此我认为怎样做人的教育是最为重要的。母校清华的校训是："厚德载物，自强不息"——把重视操行放在前面。这也是我受益最多的地方。

所以我在担任北京市科协主席的时候，常有企业、外商要给中学生设奖，主要是各学科的专业奖。我就讲，我们要培养科技英才，但是对学生的考核除了要体现科学意识和创造意识而外，还要能体现他的精神道德素质，设奖要能够表明我们的教育提倡什么。

问：现在的孩子所处的环境与你们求学的那个时代有很大的不同，是否有这种感觉？

王大珩：不错。前两年，我和何泽慧等许多院士到漠河参加观测日全食的活动，一些参加活动的孩子们请我们在邮封上签名。我随口问一个十一二岁的女孩子："你为什么要我给你签名呢？"她的回答我听了大吃一惊："因为以后这个签名就值钱了！"

我们的后代的思想中竟装着这么多赚钱的概念，令我想到教育的有些问题。十一二岁，是娃娃们的意识形态扎根的时期，接受能力最强，有些东西形成以后长大要扳过来是很难的。比如日本军国主义曾这样训练孩子，"苹果是哪里来的？"答："中国运来的"，"要吃中国的苹果，就要先占下中国的土地"。训练这种"抢夺心理"很可能就制造了坏人胚子。

我们读小学时还有一门课叫“修身”。小时候不讲究这些基本的教育，长大问题就出来了。有一年清华大学物理系迎新典礼，要我参加，物理系学生会的代表讲话说：“我们这一届物理系学生的入学分数最高……”我给他们泼了冷水：“得分最高，却让父母给铺床，这样的学生不仅不可取，简直就是大学生的耻辱。”这个话还传到台湾的清华大学。大学生生活不会自理，不知道怎样在恶劣的环境下、在不如人意的条件下生存，也是教育的问题。

问：在这一代人中，这类问题很普遍，想不到先生这样年纪的科学家也会感同身受。用什么办法治理才好？

王大珩：医学上讲预防医学，不是生了病才治，而是不让你生病。教育也有同样的意义。因此道德要从幼儿园抓起。现在培养竞争意识是需要的，但竞争不是要打架，是要通过竞争激发思想行为的进步。比如体育竞赛，要靠拼搏去赢，但是不可以卑鄙的手段去赢，这才是奥林匹克精神。科学界有一个最忌讳的事情，就是剽窃、抄袭，作假，把名、利庸俗化，甚至成了违法行为，实际上等同于强盗。如此不讲道德规则的卑劣行为出在高学历的人身上，说明什么？

我们这一代身上的“德”是时代逼出来的，不能亡国。如今不是那样的环境了，生活好了，奋斗少了，开放的社会环境容易让人往物质利益上使劲，因此更需要把高尚的道德准则作为一个原则提出来，否则很容易陷到个人主义的凹臼里去。

问：如果把“德”的教育排序，排第一位的应该是什么？

王大珩：爱国主义。假如一个班级的孩子与别人赛足球，问他们希望谁赢？回答一定是“我们班赢！”这是在一个集体生活的人都该有的愿望和感情，如果连这点感情都没有，不是太可悲哀了吗？何况我们有那么高度的文化和灿烂的历史值得骄傲，那是连外国人都不能不尊重的东西。

中国是十几亿人口的大国，国际上衡量国家地位，除了拳头大小以外，更重要的是人的素质。现在，我们的对手可以用经济武器，也可以用文化武器对付我们，让我们的人做意识形态的奴隶。学问再好，如果意识形态不独立，没有表现民族气节的见解，是不会被人看得起的。我 1941 年到 1948 年曾在国外留学和工作。有人问那时你们为什么要回国？我听了奇怪。成仿吾先生说得好：“不回国才有理由可讲，回国有什么理由可讲？”本来就天经地义。

问：和其他方面的教育相比，对青少年进行道德教育的难度是否更大一些？

王大珩：这正是我们所要正视的事情。对新一代的道德教育不光是教育界，而是全社会的成员都随时要谨慎对待的事。它不是一时之教育，一时之运动，而是千秋万代的事情。人生下来会要好的大的东西吃，这是生存本能。从进化论上讲，社会进步也是从个人生存利益关系向社会整体利益关系的进化，所以“人人为我”和“我为人人”不能对等，后者必须大于前者，讲奉献。因此在下一代的教育上，谁没有责任？

启功：拿什么“范示群伦”

采访时间 2001 年 9 月

启功，1912 年生于北京。书法家、画家，古典文学、文物鉴定、语言学家，北京师范大学教授。任全国政协常委，国家文物鉴定委员会主任委员，中国书法家协会名誉主席，中央文史研究馆馆长等。

曾就读北京马达场小学（汇文小学），汇文中学。高中时辍学，一面教家馆，一面四处求师，发愤自学。先后从贾尔鲁、吴熙曾先生习书法丹青，从戴绥之先生读经史辞章。1933 年经人推介，受业著名文史学家、教育家陈垣先生，并开始教学生涯。

问：先生是举世公认的书法大家，画家、文物鉴定家，可先生却说这些都是“业余爱好”，说自己的专业首先是教书，是中国古典文学。为什么如此看重“教书”？先生当年为北京师范大学题写“学为人师，行为世范”的校训时想到了什么？

启功：说教书的事要先看我的邻居钟先生。钟敬文先生百岁差一岁，我是差一岁90。他前一段身体不好住院，躺在病房里还给学生讲课呢！最近出院了，又把这关渡过去了。这些天他饮食也增加了，还坐着轮椅下楼散步。我们两人家离得特近，就是见不上面。但天天通电话，还约着在楼下草坪见了一面。他一心想把身体恢复了接着工作。他长我10岁尚且如此，我岂敢偷懒？我现在还带8个研究生，6个博士，2个硕士。

我从一个中学生到今天，受益于教育，特别是陈垣先生的耳提面命。我从21岁起得识陈垣先生，一直到老师去世总共40年，老师不但教导有关学术的知识，做学问的门径，处事做人的道理，也从老师自身表率和“谈言微中”的诱导中懂得什么是教育和怎样做教师，所以我说恩师陈垣这个“恩”，不是普通恩惠的“恩”，而是再造我的思想、知识的恩谊之恩。

我这些年为我们北京师范大学题字，先后写过“师垂典则，范示群伦”，“学高人之师，身正人之范”，“学为人师，行为世范”，便是我心里教师的分量，示范的分量。1988年我义卖书画，为学校筹集一笔基金，10年前以先师书屋的名字“励耘”为名设立了奖学助学基金，也是为纪念和绵延老师的教泽，接续师德之火，传示后人。

问：学生们说先生上课强调通学，板书精美，讲解生动，比如讲解古诗词，会把平仄声符在黑板上画成竹竿再截取，还不时抑扬吟唱，把繁难的音韵声律讲得通俗有趣，这些“教书”的讲究是从哪儿来的？

启功：教书不能不讲师表，不讲教学原则。当年陈垣先生让我教辅仁中学，但校长嫌我学历不够要解聘我，陈先生就让我教大学一年级的国文。从那儿起，他在教学方面多少年未间断地对我提醒，唯恐听不明，记不住。他才可谓是“夫子循循然善诱人”呐！他讲“上课须知”，其中就有教师在讲台要有一个样子，上课和学生“脸是对立的，感情不能对立”；对学生要以鼓励夸奖为主，万不可有偏爱、偏恶，即使淘气或成绩不好的，都要尽力找他们一小点好处，加以夸奖。不能发脾气，“万不可讥诮学生”。我开始教书时，有一位叫尹时功的同事，爱拿学生取笑。比如当堂说名叫杨万章的学生“章而不万也”什么的。后来学生们一起跪请他离堂，陈垣先生解聘了他。不懂得尊重学生啊！

问：先生认为“以学生为本”是教师教育特别需要提倡的。它和教学细节是一种什么关系？

启功：是不是尊重学生都是从小事上看出来的。陈垣先生要求我们备课要特别细致，搜集材料竭泽而渔，把学生可能设问的都想到。说有时“研究几个月的结果，并不够一堂课讲的”。还要求教师写教课日记，把教学中遇到的各种问题记下以备比较，批改作业要细致。记得他在学生的作业本上批“‘本’字无勾”，连笔误也要纠正过来。告诉我们作文不要多改，多改了不如你替他作一篇，要改关键处，评点作文时，好的在堂上表扬；不好的，堂下个别谈。他曾让我把批改得不够恰当的地方撤下来。他提倡在学校楼道的玻璃框里展出学生作业，上面有老师的顶批、总批，加圈点的地方，不光是学生观摩的大检阅，也是教师怎么教学、批改作业大检阅。

还有板书，先生曾说要想好应写什么，什么不必写，写了学生不抄，也白费。我当时想，写板书还要起稿吗？有一天我溜进讲堂，坐学生堆里，一瞧，陈先生不光写得精辟，书写的位置不高不低，四字一行，边写边看，不让讲台挡上一个字。

教师还要懂得疏通课堂空气。陈垣先生总和我们说，教师要常到学生座位行间走走，远处看看板书如何，近处瞧瞧学生笔记，在学生座位上给他指点，他的印象才能深刻。

还有一条，教师要讲究仪表，不能随随便便。我的一位“同门”叫毛润林，满鬓胡须，又常懒得刮，老师告诉他上课不能不修边幅，礼貌不全不行。

他忘刮胡子的时候，老师见了总是看着他的脸，用手一指，他便局促不安。有一次我们一同去见老师，快到门前了，他忽然发现胡子没有刮，赶快跑到附近一位同学家借刀具现刮。他的父亲也是我们的一位师长，看见后说：“你真成了子贡入马厩而修容”，大家听了无不大笑，那次他才“免于一指”。

李政道："一对一"模式不能省

采访时间 2001 年 9 月

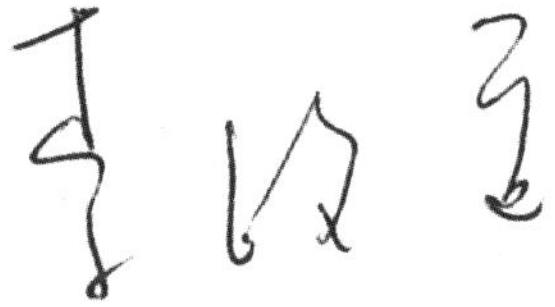

李政道，江苏苏州人，1926 年生于上海。美籍华裔物理学家，诺贝尔物理奖获得者，哥伦比亚大学教授。在宇称不守恒、李模型、相对论性重离子碰撞物理和非拓扑孤立子场论等领域有重大贡献。美国国家科学院院士，在中科院支持下创建中国高等科学技术中心并担任主任。

曾就读上海清星小学，东吴附中，江西联合中学，浙江大学，西南联大。1946 年由吴大猷教授推荐到美国芝加哥大学物理系研究院学习，取得哲学博士学位。

问：科学成就多出自于青年。你认为高等教育在培养创新人才方面有哪些关键环节？

李政道：中国的学生很优秀。我所在的哥伦比亚大学和其他一些著名大学，都有许多学得很好的华人学生，中国的青年人才有科技创新的绝对优势。要使他们有深一步发展，需要抓紧时间，尽早确定方向；然后要给他们创造好的环境。这个环境除了依靠课堂教育、高科技的教育工具带来的信息以外，还需要上一代科学家的悉心指导。

我特别主张导师和研究生要有一段时间密切的、共同研究的过程，而且由一个教师来带一个学生，特别是从事基础科学研究的人才，这个“一对一”的培养过程不能省，不能急。因为科学精神的传播要靠人与人的直接接触来完成，人和人之间是有感情的，这种夹杂着情感因素在内的传授是其他方式无法替代的，就好比机械猫带的孩子永远无法与生物猫带的孩子相比。

科学精神、科技素质的“一对一”传递，其微妙之处自不待言，也没有一定的模式可以照搬。1948 年，我的导师费米有一次问我是否知道太阳内部的温度是多少，我很快做出了回答，因为这可以从资料中找到答案。但他却说，搞科学光依靠资料不行，要用自己的办法把它算出来。什么办法呢？关键是要搞到专用算尺。于是他鼓动指导我一起动手，制作出计算主序星内部温度分布的专用大算尺。这种言传身教让我铭记一生，受益一生，其中所得到的当然不只是科学知识和科学工具。

当然，创新人才的培养还需要抓住机遇，并依靠政府政策的支持。

问：你在哪一段时间所受的教育对成才和成功影响最大？

李政道：这个问题让我想想看。好像对抗战时期被迫转到西南联大读书的那段时间印象比较深。当时在昆明，条件那么艰苦，住土坯房，睡上下铺，常常是外面下大雨，屋里下小雨，可是大家的学习热情那样高涨，全校大约 2000 多名学生，200 多位教师，朝夕相处，后来出了华罗庚、杨振宁、朱光亚等等那么多科学家。能在艰苦的条件下出人才，恐怕还是受益于师生之间的亲密交往和相互鼓舞，受益于特殊条件下坚定的求学精神。

问：青少年时期是养成科学素质的关键时期，你对中国目前的基础教育有哪些看法和提醒？

李政道：中国的学生学得很好。我对教育问题的基本想法就是主张“活学”，不要为了考试而学，“求学问，需学‘问’，只学‘答’，非学问”，就是讲这个道理。不要考试考得那么厉害。考得太多或占学生时间太多，教得太多，都不可取，对学生学习没什么好处，也不利于科技素质的培养。

比如写文章需要选词造句，你买了一本大辞典，里面什么都有，但并不等于你因此就会写文章了。对年龄小的孩子，有些不适合这个年龄阶段的、费解的东西，要求他们有具体的理解就可以了，不必都抽象成概念，让他们花很多时间去背。有些学生弄不懂、要花几个小时强记的东西，往往长大些会很容易理解和记住。

问：这些主张是否用在过你自己的孩子身上？你在家中扮演什么样的父亲？

李政道：家里的事情都是我夫人惠箬管，当然孩子的事我也要过问。我的大儿子小学三年级的时候，有一次对我说，爸爸你去帮我找东西，电线、指南针、灯泡和电池，我来给你讲讲法拉第的电磁感应定律。然后他果然用这几样东西动手给我演示“磁生电”和“电生磁”，讲得很高兴，也很正确。

这样的“活学”“活用”就很好。我想一个小孩子有具体的、定量的理解就可以了，不必要求他作抽象的、概念的理解。我对子女的教育还是很开放的，他们的专业选择都是自己做的，两个儿子都没有选择和我同行。

问：你感兴趣的学科除了你的本行，还有什么？对你有哪些影响？

李政道：我感兴趣的东西挺多的。除了自然科学的，还有诗歌、小说、历史和各种艺术，我还发现自然规律与文化之间有某种奇妙的联系。尽管自然现象本身并不依赖于科学家的存在，但对自然现象的抽象和总结，是人类共同创造的成果，这也包括艺术家的创造。

一些艺术家根据科学主题所创作的画，比我用科学语汇表达得要好，而且带给人美好的艺术享受。（指身后）这幅题为《核子重如牛对撞生新态》的画，是李可染唯一表现与自然界斗争的作品，看他把自然界的“动”与“静”表达得多么淋漓尽致！

费孝通：新世纪的教育应该更关心什么

采访时间2001年10月

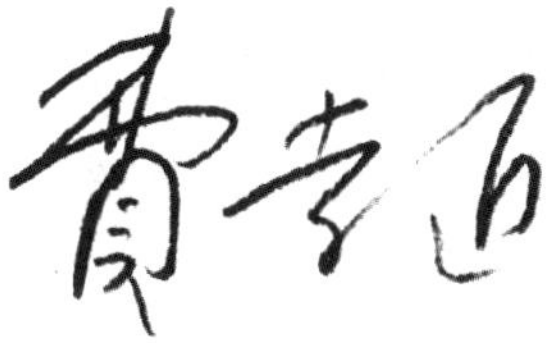

费孝通，1910年生于江苏吴江。社会学家，人类学家。曾获马林诺夫斯基奖、赫胥黎奖章、福冈奖、麦格赛赛奖等国际奖。20世纪50年代初曾任中央民族学院副院长；80年代初任中国社科院社会学研究所所长，曾担任全国人大常委会副委员长，全国政协副主席。

4岁起在母亲创办的蒙养院开始接受正规教育。后就读吴江初等小学，苏州振华女校，东吴大学附属中学，东吴大学医学预科，燕京大学社会学系，清华大学研究院，后留学英国伦敦大学经济政治学院，1938年取得博士学位，回国执教于西南联大、清华大学。

问：先生一生从事有关人类学、社会学的研究，在跨入21世纪的时候，你认为中国教育的哪些变革，对积极地推进人类的社会生活及其发展最为重要？

费孝通：虽然我不是一个研究教育的专业人员，但教育是我一生关心的事情，也是我和我们一家的事业。我的父母、兄弟姐妹以及我的下一代人许多都以教书为业。而我现在什么都退了，但“教授”没有退。我的本行是研究人类学，也研究民族学，对人类文化、人文世界的变化比较关注，对世界竞争中的文化问题、对我们民族在世界文化中的地位问题比较敏感。我们曾在历史上领先过，300多年前开始落后了。

应该看到，中国目前处于最佳状态，具有民族团结与平等的优势，但在文化上地位仍然不高。就个人来说，赶上世界先进水平并不是太难的事，我的学生很多都获得了国际荣誉，甚至拿到了诺贝尔奖，但在整体上，我们要走到世界文化的前列还有距离，这个距离需要用“加速度”来拉齐。人类的文化不是靠哪个人就能创造出来的，而是靠全民族逐渐积累起来的，靠吸收新知识、新科技，靠民族的本质、靠人的力量把人提高起来，这就是教育。

问：先生认为目前中国教育所处的人类环境和背景有哪些变化？

费孝通：21世纪人和人的关系上表现得最深刻的变化就是距离缩短了，接触加多了，范围扩大了，相互来往频繁了，人们在生活上我离不开你，你离不开我，就这样把全人类疏疏密密编织在一个关系网里，国家与国家、民族与民族、种族与种族、宗教与宗教等等之间的公共关系已经由于地球越来越小而难解难分，越来越复杂，出现了一个全球性的世界大社会。

文化的多样性是一个与人类同时出现的事实。但是在21世纪，当各个相对独立发展的地方的人因交通、信息和经济上的联系而频繁接触的时候，文化的多样性更为显著和突出了。在世界一体的过程中，文化多样性所产生的问题与经济不平衡性产生的问题不同，不易在发展过程中被逐步淡化。

因此我认为，21 世纪的教育首先应该关心人们如何在这个彼此密切关联的地球上和平共处，协力发展，进行有关人类共同生存的基本意念的教育，这其实是一种行为习惯的教育。

人的一切生活方式都是从小向别人学习来的，孔子的《论语》就是从“学而时习之”这句话开始的。近代心理学告诉我们，人的行为有它的惯性，习惯一旦形成要加以改变就相当费力。

21 世纪的人要在精神和文化领域里建立起一条相互理解、宽容和共存的教育体系，这个体系包括 21 世纪人类共同生存的基本原则，涉及人与社会、人与自然等基本意念，而且要从婴幼儿开始。

问：社会转型期的大学校园和从前比显得功利和浮躁了。一些教师似乎不再像从前那样甘坐学术冷板凳，而更关心现实利益，热衷于发表论文、出书、申报课题、参加评奖、社会办学。你认为在这样的情景下，如何发挥大学自身的文化功能？

费孝通：现在的大学里所接触的东西与我那个时代要差上两个世纪——变化太大也太快了。大学的文化同样需要更新，要有知识创新，需要与外界交流、互动、对话，像过去那样把自己封闭起来怎么发挥文化的作用？应当说信息时代的年轻学者无论教学还是做学问都有比以往更优越的条件。但是现在的情况却不甚乐观，这是需要很好讨论的问题，我这里只说说教师的问题和学科的问题。

大学教师也要以教学生为主，现代人是连接上一代人与下一代人的链条，不讲师承不行，大学扩招后要重视教师问题。目前一个突出的问题是缺少一流水平的教师和学术带头人，缺少学术力量的继承人。有些教师的根基不牢，又有外面的各种诱惑，难免浮躁，教学、做学问的劲头没有真正出来。而搞好一个学科，没有一流水平的人才是不行的，学科是人类智慧的积累，一门学科可以挥之即去，却不能唤之即来，它必须代代相传才能存在，才有生命力。代代相传必须通过一代一代人的直接的接触，在接触中把一代一代累积下来的经验和智慧传下去，推陈出新，通过不断地再创造而形成一门新学科。

所以要强调学科梯队对于学科成长的价值，强调学术传统对于学科建设的意义，一所大学的学科建设水平一定程度上就体现了这所学校的研究实力和文化基点。

我当学生的时候与老师接触很多，老师直接教我们怎样做学问和做人。不像现在的师生好像只有在上课时才见面讲话，那怎么行？

厉以宁：“利润”与非营利性不矛盾

采访时间2001年10月

厉以宁，1930年生于江苏仪征。经济学家，北京大学教授，北京大学光华管理学院院长。

曾在抗战的颠沛中就读过上海南洋模范中学等5所中学，1949年于南京金陵大学附中高中毕业，做过会计、事务员，1955年考进北京大学经济系。

问：越是办得红火的学校生源越多，学校收益越好，收入大于支出是教育单位有效经营的结果。但教育是特殊的产业，它与普通产业最大的区别就在于它的非营利性。请你从经济学的角度谈谈应怎样看待教育单位获得“利润”和它应保持的非营利性之间的矛盾？

厉以宁：既然教育是一个产业，那就应当对它进行经营。任何一个教育单位，都要进行经济核算，都要设法增加收入，减少支出。只要经营得当，教育单位是不可能不带来“盈余”的。问题在于这个“盈余”（或者称之为“利润”）不同于企业经营之后所得到的利润。企业的利润在扣除公积金、公益金之后分配给投资者，这是名副其实的利润，而教育单位不同。这里说的主要是两类非义务教育单位：一是政府投资建立的各类高校、高中阶段教育，以及政府提供经费的各类成人教育、学前教育等；二是社会团体、集体组织、协会、企业和个人建立的各类学校、培训班、补习班，以及由政府提供经费的学校在正常招生之外招收的自费班。这两类教育只要经营得好，都可以做到有“盈余”或“利润”，它们一般作为发展教育的基金，或作为教职工的奖励，不存在向投资者分配“盈余”或“利润”的问题。

这种“盈余”或“利润”，同教育的非营利性是不矛盾的。这是两个问题：即教育的性质与目标和教育经营的结果。不应把它们混淆在一起。教育的非营利性是就教育的性质而言的，“盈余”或“利润”的出现，则是教育经营的结果。

问：那么教育单位所得到的“盈余”或“利润”，其中一部分是否应作为投资回报返还投资者呢？

厉以宁：这可以讨论。比如说，回报率相当于或略高于国库券或金融债券的利率，无可厚非。因为从性质上说，这种投资与购买发展教育的债券是一样的，不能认为与教育的非营利性有冲突。企业以营利为目标，企业的经营是营利性的；有些企业赔钱了，甚至倒闭了，能说由于它们赔钱就是非营利性的？不能。同样的道理，教育单位的经营目标不是营利，但经营得好，有了“盈余”或“利润”，难道就断定其性质变成了营利性的？也不能。

学校只要经营得法，采取了大大降低成本的措施，从而在经营之后有较多的“盈余”或“利润”，那么除用于发展教育外，也有可能使集资、投资办学的人得到高于国库券利率的回报率，在这种情况下，难道就一定认为这种回报率是不合理的？很难下这种论断，因为这类似某些采取技术创新措施或经营管理创新措施的企业所得到的超额利润，是值得鼓励的。

如果投资回报率的确高了，可以加以调节，但仍不宜断然禁止超过投资回报率的某一界限。具体问题应具体对待，或者用税收加以调节，或者重新审定收费标准，这都不违背教育的非营利性。

如果我们能够这样看待教育经营的“盈余”或“利润”的性质，将有利于鼓励教育单位改善经营管理，提高效率，使其具有自我积累、自我生长的能力。还能鼓励更多的人集资、投资办学。

问：如果教育的投资者得到了一定回报，尽管这不是当初投资的目的，你是否认为这对激励以及影响更多的人投资教育而言并不为过？

厉以宁：这涉及对投资教育的人的评价标准问题。愿意捐钱办教育的人目前还是少数，愿意把自己的钱借出来办教育以及愿意集资、投资办教育的人，目前肯定是多数。既然把自己的钱借出来办教育或集资投资办教育，收取利息是正常的，不能因此责怪他们。

让借资的人得到应有的回报，我认为这不仅在经济上是合情合理的，而且还能产生良好的社会示范效应。

杨乐：学通数学不是靠大量演练

采访时间 2001 年 10 月

杨乐，1939 年生于江苏南通。数学家，中国科学院院士，曾在函数值分布论的研究中取得了世界数学界瞩目的重大成果。1997 年获得华罗庚数学奖和陈嘉庚数理科学奖。曾任中国科学院数学研究所所长、中国科学院数学与系统科学研究院首任院长。

5 岁起就读南通小学、南通中学，北京大学数学系，1962 年应考中国科学院数学所研究生，成为著名数学家熊庆来的关门弟子。

问：数学家眼中的“数学教育”应该是教育的一个参照指标。不知道你对目前的中小学了解多少，能否就你的了解评点一下数学教育的现状？

杨乐：毫无疑问，数学教育是基础教育非常重要的一部分，它对于人独立思考的能力、分析能力、推理能力、计算能力的培养形成都是非常重要的，是人的“素质”的内涵之一，是基础中的基础。对于传统的工科、理科，计算机、经济、管理等新兴学科甚至于人文学科的学习来说，数学方法也是必要的基础和工具。包括研究生的培养，高层次人才所特别需要的创新能力都离不开数学基础。我个人甚至认为，在某种意义上，大学的基础课比专业课更重要些。基础决定素质和发展。

我对目前的中小学教育不十分了解，但是也有基本的了解。我想现在大致的情况是，学校里对数学很爱好，成绩很好，又学得比较轻松的学生不会太多，多数学生对学习数学没兴趣，花的力气大，成绩不好，把数学学习当负担的多，这样学很难培养出数学能力。我想其中有教材内容过多过繁的原因；有教师水平不齐整，教得不够活的原因；更有应试的影响。因为数学是主科，总归是要考的，应试、要考高分的牵制力是很大的。

问：你的意思是数学教育很重要，但是学生对数学的兴趣更重要。那么你对遍地开花的数学奥校、数学特长班、数学竞赛这类现象怎么看？

杨乐：关于数学竞赛、奥校、特长班这类事，我的观点是不应该一概倡导，或者一概反对，它应该成为比较自然的事情，专门的刻意的竞赛其实不宜提倡，它应该主要针对高中生；并且只限于对数学有兴趣的同学，作为业余爱好去鼓励，而不宜全面铺开，层层选拔，搞成有如“职业运动员”那样的赛前培训。

因为这类事情在中小学搞，无非是让学生做些复杂的、偏一些的题，这些题多半又是“填鸭”式地“灌”给学生的，学生没有消化、思考的时间，又忽略了兴趣，很难把它真正变成自己的东西，反倒弄成了负担。特别是在多数情况下，都是家长或老师把自己的愿望强加给孩子的。

中小学生有他的年龄特点，即使成绩好的学生自制能力也不强，别说为国家，为科学，就是为自己学，也未见得都坐得住，不宜做这样的要求。我不到5岁上小学，一直到初中一年级，也谈不上自觉性学习。即使对自制力较强的高中生，也不应像职业运动员那样培训，不惜提前好几个月，搞强化训练的“冬令营”“夏令营”，这对他们综合能力的提高没什么好处，何况国际竞赛中我们的对手不是这样强化训练出来的，是自然产生的。这样的培训会有那么多人热衷，相信还会有竞赛意义之外的其他因素，比如说利益驱动。

问：你对中小学数学教育的改革有哪些建议？

杨乐：最根本的当然还是要从体制上解决问题。但我的想法首先是在教学内容上坚持“少”而“精”的原则，突出重点，举一反三，不要无所不包，样样不漏，讲那么多。10分内容，讲5分就可以了。课外作业应该是基本型的，量不要太多，目的是训练能力，让学生在较短的时间内做完，不需要把特殊的、技巧性的解题方法提前加给学生，应注重青少年的身心特点，培养兴趣，顺乎自然，不要让相当多的学生感到是沉重的负担。只有在学生学得比较轻松的情况下，才能把知识真正变成自己的能力。

问：对少数尖子生也不用加小灶吗？

杨乐：不要对其中少数学得比较好的同学不放心，怕耽误了他们。真正学得好、有特殊兴趣的学生会有时间自己发挥主观能动性，去接触深一步的东西。自己找书看，找题做，实际上比老师大量地灌输效果要好得多。

实际我当年上中学的时候就属于这个类型，我就读的南通中学是省中，教育环境非常好，也没有特殊要求我这样的学生。我的习惯是，上课专心听讲，当堂就能消化所学的内容，课外认真阅读参考书，自己动手做习题。这样，学得很轻松，成绩突出，数学考试前从来不复习，其实数学本来也不是一个只靠大量演练就能学通的学科。

当然现在的情况不同，这些想法在教育实际中会受到很多制约，问题还在于许多家长对“奥校”一类事物非常痴迷，甚至可能觉得像我这样的说法是“误导”，这是教育观念问题。

宋健：谁来培养优质劳动力

采访时间2001年10月

宋健，1931年生于山东省荣成县。控制论专家，中国工程院院长、中国科学院院士，全国政协副主席。原国务委员、国家科委主任。

先后就读村小学、敌后根据地完小、战时中学，14岁参军后，曾在华东工矿部工业干部学校学习，新中国成立后通过留苏资格考试，后于莫斯科包尔曼高等工学院研究生院和莫斯科大学数学力学系夜校同时毕业，先后取得副博士、博士学位。

问： 作为科学家和党的高级领导干部，你一向特别关心中国工业化的进程。工业化与教育，特别是与职业技术教育关系密切，在中国加入世界贸易组织以后，你怎样看待这种关系？

宋健： 工业化是实现现代化的前提。尽管我们一直在为此努力并不断取得进步，但客观上我们仍然处在工业化的初期，一些大的工业化设施远没有完成，城、乡的机械化水平还不高，大量有市场需求的工业产品我们还没有人做、不会做，仍靠引进，或者开发能力很弱。即使进步较快的造船业，配套的装船设备自给率也只有一半左右，就是市场需求旺盛的快餐机械也做不到批量供应。特别是我们还有 70% 的劳动力在农村，许多农产品的产后加工设备还主要靠引进，畜牧业奶制品的配套生产设备也几乎是空白。

加入世贸组织后，我们要想在国际竞争中占有自己的地位，就必须在社会生产、消费和服务各领域中实现高度机械化、自动化，所有的土建项目，如高速公路、铁路、航空、电讯；所有的社会公共设施建设和大的生产企业的建设，包括矿山、油田等支柱产业的建设，都需要用先进的技术研制和生产先进的自动化装备，特别是还要输入先进的管理方式，才不至在国际竞争中被挤垮。这些都事关教育。

应该说这几年的教育发展是很有起色的，已经大大推动了普通高中教育，初步放开了民办教育，2000 年高等教育毛入学率已超过 11%，达到了一个前所未有的水平。但是工业化、现代化所需要的人才不光是研究生、本科生，更需要一大批有各种专门技术优势的人才。谁来培养大批高质量的劳动力？我想这应该就是职业技术教育的功能和舞台。

问： 听说在有的单位，遇到技术要求较高的设计图纸，没有人能做得出样品，不得已，只好把退了休的八级技工请回来。这是否说明某些行业中高级专门技术人才有不可替代性？

宋健： 确实如此。在工业化、现代化社会中，即使普及了大学，也不可能人人都去当干部、搞研究，人才市场上已经有专门技术人才比研究生、本科生更受欢迎的迹象。特别是在工业、制造业中，具有专门技能的职业人才是高学历的人顶替不了的。我们 50 年前看到和着手做的事情，现在正在 21 世纪逐步实现，但是靠落后的劳动力，不可能实现工业化，也进入不了现代化，根本做不到持续稳定地向中等发达国家的水平迈进。现在各行各业都在向现代化、信息化发展，教育再不抓紧，劳动力都很成问题。

问：没考上高中、大学的学生以及他们的家庭，往往对中专、职高、技校，甚至高等职业学校总是缺乏热情，你怎样看？

宋健：初高中毕业生不大愿意报考职业技术类学校的原因，我想有旧的传统观念的影响，有职业技术教育水平不高的原因，但更主要的原因我认为还在政策导向方面。

我曾到职业技术高度发达的德国和西欧各国考察访问，德国一向以他们发达的职业教育骄傲。那里青少年在上完中学后，有绝大部分人接受双元化的职业培训，大约有四百多种国家承认的培训职业。没有经过培训原则上不允许开始职业生涯，甚至不能继承家族经营的牧场、畜牧场，可见职业培训在其教育和劳动体制中举足轻重的地位。

在德国，受过职业教育的人享有较高的工资、待遇，受到社会的奖励和尊重，政府和社会组织经常奖励一些依靠专门技术创造突出效益的人。德国在职业教育方面被公认是世界上做得最好的，在那里接受职业培训已经成为一种社会风尚，人人都以有某种职业技能为荣，技术专业人员受到特别尊重，就是养牛的专业状元，政府也要联合各个部门大张旗鼓送匾上门。职业培训成了德国现代化社会的基础和经济发展的“秘密武器”。在其他一些发达国家，高中毕业甚至大学毕业生去读职业学校的也大有人在。

所以关键在政策。政策到位了，职业教育的地位就会提高，地方财政和社会各界投入的渠道会多一些，教育水平也会随之提高。我国有乡镇企业 2500 万个，其中很多企业一个受过职业培训的职工也没有。对这些企业，应该按工建立相应的科学知识和技能水平的指标要求，建立持证上岗制度。

随着知识密集型工业的增加，工人的成分也会发生变化。有些国家的白领人数已经超过蓝领，也在生产线上。因为那些生产线上的工作只有受过高等教育的人才能胜任。高质量的劳动力才能代表先进生产力。

问：职业技术教育要有大的发展，其自身也有不少需要改革的地方，你认为目前可以做些什么？

宋健：在办学方式上还可以进一步放宽搞活，职业教育也可以鼓励民办。中国两千多年出了这么多圣贤，还不都是民办教育培养的？现在有不少地区，上千万人口，竟还是没有一所大专。我的家乡山东威海也没有。

我想，所有的地市至少要有一所高等职业学校，以培养本地需要的专业干部为主。有人说有些地方没有办学条件，可是在新中国成立初期，基础那么薄弱，各地市统统办了一所师专，一所农专，一所医专，几十年来都在发挥作用。现在的条件怎么也比那时候强，关键在于我们做不做。

资华筠：学会拥抱学习化社会

采访时间2001年11月

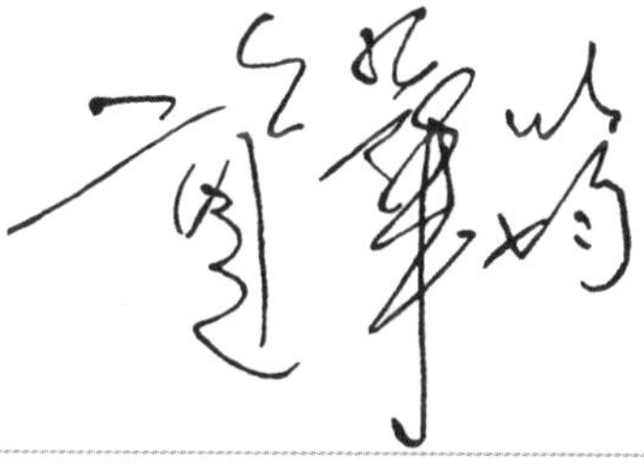

资华筠，1936年生于天津。舞蹈艺术家，国家一级演员，研究员，舞蹈学教授。多部文艺理论专著、译著、电影剧本等作者。曾任中国艺术研究院舞蹈研究所所长。

5岁起先后就读天津东亚小学、南开中学，15岁考进中央戏剧学院舞蹈团少年班。

问：你是舞蹈界唯一兼有“一级演员”和“研究员”职称的人，这不同方向的两件事很容易让人联想到你的教育背景。你是学艺术出身吧？

资华筠：我其实没什么资格谈“教育背景”，我只有一张初中毕业文凭，唯一的“专业学历”也因出国比赛而中断。这确实是我的“老底儿”。1952年我刚摘下红领巾就被选做了新中国第一代专业舞人，后来一直在团里担任领衔主演，文化是靠长期坚持自学得来的。但是9年扎实的基础教育对我以后的学习影响极大。

那时我读的东亚小学和南开中学的许多课程都扎实而有趣，注重思维方式的培养，学校的师资力量很强，在南开初中部兼课的有不少大学教授。他们教书不照本宣科，各有“绝活儿”，堂堂课都别开生面。即使副科也有名师授课，比如音乐课就有钢琴家徐环娥、作曲家刘吉典等。对体育的重视也是超常规的，成绩要以百分制纳入总成绩。

总之，那时我在学习中获得极大的乐趣，得以自由地释放各种天性。毕业时我虽然放弃保送南开高中的资格而选择了舞蹈，但是那种下围棋所讲的“做活两只眼”式的教育使我对读书有了“真正神往的心”，在以后各个阶段的持续学习中受益。

问：放弃学历教育选择自学的人多半出于不得已。但是随着“学习化社会”的到来，自学越来越接近生活常规和习惯。你有过这种从不自觉到自觉的自学过程吗？

资华筠：我的自学热情最初来自知识分子家庭的压力，和姐姐资中筠、妹妹资民筠受家风影响从小爱读书，我后来读书也有那种回应社会对舞蹈演员世俗偏见的本能。但是社会需要和自我开掘的需要才是我坚持自学的不竭动力——“学然后知不足”，我因“饥渴”而学。

自学的好处是没有应试的束缚，却有不拘一格选择科目和老师的自由。我在中戏舞蹈团少年班的时候，曹禺、丁玲、光未然等大师经常来搞讲座，我总是听得十分专注，从那时起我就开始按每一位老师开的大书单手不释卷地读书。

以后我渐渐对拾遗补阙地学感到不满足，就进一步追求知识的系统性。1956 年至 1958 年，我走出功名的光环，下决心到北师大中文系进修。由于强烈的求知欲望，我学得很投入，很痴迷，“选择记忆”很强，有较高的学习效率，结果两年时间大致读完了四年课程。

我自学从不是为了找“敲门砖”，是真正想学，有强烈的兴趣和欲望。总想把需要掌握的东西一点点全啃干净，追求质量和成效，从不用半个脑子学。“文革”后我已年过不惑，由于对外交流的需要，我拜陈翰笙教授为师，苦读英语。三年以后，已基本做到了在国际会议和交流活动中语言自理。我还拜语言学家、科学家和各类艺术大师为师，每周、每月、每年都有读书计划，至今还是乐此不疲，常处于当小学生的兴奋之中。“文革”后恢复演出时，人们说我“‘停摆’多年，反倒更有韵味”，可能就有文化底蕴的作用。也是这些原因，告别舞台后，我可以从容选择做基础理论研究，并使自己的研究立于学科的前沿。

问：这些亲历也是对“终身教育”“终身学习”的某种诠释。你认为基础教育应该为学习化社会做哪些准备？

资华筠：未来社会充满新知识、新领域，各行各业都需要知识的不断更新、补充。而学校教育是阶段性的，再好的课程设置，所能给人的知识也是有限的，不可能给人以维持一生的精神储备。即使是博士、院士也一样需要继续学习，人的素质就是在这样持续的学习中不断得到优化的。人无论对任何事物、任何领域都是越熟悉越有彩。

人的可持续发展主要取决于主观能动性。因此，我认为基础教育应更注重对学习兴趣和良好学习习惯的培养，包括某些带有某种强制性的行为教育；二要注重情感态度的培养，强调对健康个性的培养和创造潜能的开发，开启而不是压抑心灵，用美育来启真、导善、益智，使紧张单调的校园生活真正变得丰富多彩；三要传授科学的、高效的、事半功倍的学习方法，那种“做活两只眼”式的思维方法等等。

问：你认为什么是自学最长效的动力？

资华筠：最重要的当然是要点燃起心中理想信念的火炬，理想教育是人才可持续发展的原动力。很难设想一个没有时代使命感的人能够有足够的思想动力克服困难，坚持不懈地学习、进取。有了理想和对知识真正的神往，任何时候想要学习都不会嫌“太晚”。

还有一个深刻的体会是，人的可持续发展的结果一定是“条条大路通罗马”。在这一点上，社会环境应该，也会不断适应学习化社会的需要，真正形成“不拘一格降人才”的氛围，而不是只重学历。

英若诚：学非所用又如何

采访时间 2001 年 11 月

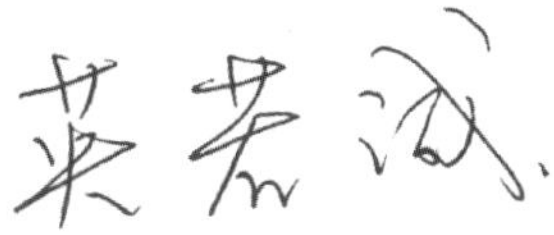

英若诚，1929 年生于北京。表演艺术家、翻译家、编导，长期服务于北京人民艺术剧院，曾任文化部副部长。

曾就读北京培根小学，辅仁中学，天津圣路易中学，清华大学外文系。

问：许多人用“奇才奇艺”和“学者型艺术家”来评价你。“三岁看大，七岁看老”，你从小一直是老师眼里的好学生吗？

英若诚：那可不是。从家族传统上看，我们家搞教育的确实大有人在。我的祖父是《大公报》和辅仁大学的主要创办人，父亲留学回来也在大学当过秘书长。可我幼年属于“大逆不道”一类，曾经因为用弹弓误伤了训导主任，被辅仁中学开除，后来被父亲煞费苦心地送进天津租界内洋人办的圣路易中学。我在那儿总算收了心，学习成绩甚至破过纪录，可偏偏又迷上了戏剧表演，毕业时铁了心要读清华大学外文系，就因为那里有曹禺、张骏祥那样的戏剧界名人。

问：文化艺术界像你这样不读科班、走旁门别道成功的人是不是挺多的？

英若诚：多。而且全世界范围内这行也是学以致用的少，学非所用的多。这其实不是什么坏事，即使大学教育，对于人的发展来说，其作用也是基础性的。20世纪70年代末，英国一个著名剧团来演《哈姆雷特》，主演是一个后来被封了爵位的大演员，我问他是在哪儿学的表演？他说，没学过，是剑桥的学生，学历史的。老“人艺”的许多优秀演员又何尝不是如此！

所以搞艺术这行很难说，它要不断地标新立异，在创新中发展，否则就是工艺而不是艺术了。而这种创造力首先源于特殊的兴趣爱好和某种天赋，而不是艺术出身。

上海以前有一个工会剧团，排演了许多有名的戏，里面许多有才华的演员都是爱好戏剧的工人。你看墙上这幅画，得到过大画家的肯定，它是我没念过美术系的女儿画的。我的儿子英达从小和别的孩子一样闹，在学校常常是“害群之马”，可有一样，他喜欢拿橡皮泥捏小人，捏得饭都可以不吃，还画小人书（连环画）。所以每当全市小学生搞展览的时候，他会一时得宠，为学校争得荣誉。他在大学读心理学系，这并没有妨碍他搞艺术。那时我就撺掇他加入学生剧团，告诉他我当年如何如何……

问：*就是说艺术家的产生与专门的艺术教育之间并无必然联系。那么每年被艺术院校淘汰的大批考生的奋斗岂不是不值了？*

英若诚：光读一个中文系培养不出曹雪芹，培养不出作家，光读艺术院校同样也读不成艺术家。依我所见，艺术教育的普及和发现比提高更重要些。对大多数人来说，热爱艺术，外形漂亮，并不等于适合搞艺术；适合搞艺术的未必非要进艺术院校；科班出身的未必都有艺术前途。懂得这些，学生报考艺术院校会少一些盲目性。

话说回来，专门的艺术教育当然有它的价值。但我以为其专业领域不宜太窄，不能老在一个胡同里转悠，闭门造车。艺术素质、鉴赏力、雅和俗的气质都不是“教”出来的，而是在各科知识修养的长期积累中“长”出来的。所以课程必须博杂，要有兼容并蓄的知识结构，除了科学的、人文的，各艺术门类之间的也要接触，才谈得上创造力。

我在文化部的时候，有个学校找我谈经费的事，我见那个学校有舞蹈、音乐、戏剧、美术四个专业，就问他专业之间的交流活动多不多？他们听了似乎很诧异。各艺术门类本来都是相通的，四个专业本身就是相互的资源，不知道利用，这是艺术教育的欠缺。

问：*艺术人才也是文化传播的载体，他们只学习专业技能，再长长见识、眼界就够了吗？*

英若诚：当然不够。培养艺术人才，开明思想的教育很重要。所谓开明，是一种广纳百川的大气派，也就是世界观、人生态度和人格修养。文艺界人才济济，可是能人到了一块，常常就不对头了，门户之见，唯我独尊，容不得不同的声音、不同的创见。这些事在文艺界似乎特别多。几十年中我亲眼所见有些才华出众的人，最后由于人格的偏狭误入歧途；还有些天才艺术家的创造力被人为地排挤、贻误。

必须让未来的艺术人才懂得，真正的艺术家要有容人之量，要能博采众长，有勇气摒弃那些陈旧过时的东西，听得批评。更重要的是这种开明的风气是艺术创新的基础和条件，一个社会停止了创新，就停止了发展；艺术没有了创新，其生命也就停止了。提倡开明的风气，营造艺术创新的氛围，也应该是艺术教育不可推卸的责任。

王绶琯：科学家要把好苗子带进科学圈

采访时间2001年11月

王绶琯，1923年生于福州。射电天文学家，中国科学院院士，中国现代天体物理学的主要奠基者之一。中国科学院北京天文台名誉台长。

4岁念私塾，间上小学，13岁在上海考取马尾海军学校。1946年考取伦敦皇家海军学院，后对天文学发生浓厚兴趣，通过自学在伦敦大学天文台工作，1953年回国。

问：听说由于先生和众多科学家的倡议，近年做成了这样一件事情：让一些优秀的高中生走进一流的科学群体，参与和亲历科学研究。这么好的主意是怎么来的？

王绶琯：早年我接触过一些特别爱好科学的苗子。我常想，当年那些可爱的小孩子现在哪里呢？恐怕有不少都流失国外了，想到这些心里多有不安。科教兴国，我们这些中间层次的人责任很大，对这些可造之才该怎样加倍珍惜，把他们引到我们的科学圈子里来呢？

按一般规律，科学家在他的主领域创造性成就的高潮一般在30岁左右，启动的时间更早。例如牛顿23岁，爱因斯坦早于26岁，应当让我们的科学苗子二十三四岁左右就进入角色。十六七岁正是他们开始探索人生、“自我发现”的“志学”之年，特别需要加以引导。而我们一度对他们引导得太少，有的误以为只有让他们到商海去闯才是体验生活。如何做好这件事，在政府，是谋国方略，在科技界，则是一种严肃的社会责任。

有些人的天赋显露得早，应该承认差别。对那些“可能的科技苗子”，如果在发现之后，让他们置身于科学气氛浓厚的环境之中，在发挥科学敏感性和创造性的初始阶段就得到启迪，求师交友，接触各种科学机遇，他们会因为在这个关口得到社会的关怀和前辈的提携而终身受益。

问：先生所说的“科学气氛浓厚”的环境不是指一般的参观、听报告吧？

王绶琯：当然不是。光靠听报告，没有交流和体验，学生不主动。我们教育的问题之一是学生缺少“主动”，他们在功课和应试压力下“被动”惯了。我并不反对背，有的学问就是要背。但不能教得太单纯，教师教什么、学生会什么，提不出问题，也就谈不上创造。因此要设法给他们一个开放的、天然的科学环境。

这种环境是“科学社会”做成的，这在北京可谓得天独厚，有很多国家一流的科研院所，集中了那么多有造诣的科学家、院士，完全有条件做起来。

爱好科学的孩子都有崇拜科学家的心理，我们就给他们提供接触科学家的媒介。为了氛围宽松，我们把它叫作“科技俱乐部”活动，前后有 300 多名高中生参加。

问：这种“自然、开放”的环境无论教育者和被教育者都同样向往。能讲讲具体是怎样操作的吗？

王绶琯：这个活动选择在一流的、能做表率的实验室进行，让孩子们实地进入科研现场，广泛接触科学家。这里首先要让孩子们有参与感，你就是这里的一个成员，不过很年轻，有很多事需要有人教给你，但还是把你当大人看。具体是让他们用假期和另一些课余时间，考察一个执行中的科研项目并参加部分实验，让他们在这个科研集体中，与科学家一起去承担一部分工作。科学是很广泛的概念。可以让他们从“为什么要搞这个课题？这方面的国际背景是怎么样的”开始，考察项目的来龙去脉，让他们从整体上去理解、去想这些问题，并接触最核心的部分，目的是让他们体验贯穿在科研过程中的科学思想和方法，实践“主动学习”。

体验思想方法必须亲自思考和探索，甚至可以要求他们到研究所之前，自己先考察这个题目，列出提纲，这个提纲可以非常幼稚，也可以比较深刻。准备时可以打电话问，但要自己思考和查阅相关文献，告诉他们有些文献一时看不懂没关系，这是一种基本的研究方式和能力。由科学家设置教案，介绍参考文献后，学生三五个人一组，可以集体讨论，提出问题、见解，感受团队精神，了解科学研究是一项艰苦的工作。然后在考察中接受指导并与科学家讨论。

科学家着重在要点处留给学生思考空间，引导“举一反三”。这种实践有助于跨越常规的“受业”心态，产成“致用性”很强的主动意识，调动内在能力。

这个过程重在体验，而不只是学习科学知识本身。就好比学军事的人参加演习，不单单是为了训练开飞机开坦克，而是要求胸有全局，知道仗该怎么打。学生们因此知道上辈人在做什么，国家需要什么，科学家是怎样做事的，帮助他们更好地选择科学的道路。科学精神光讲是没有用的，要靠熏陶。

还可能有一个副产品就是能把科普带起来。活动结束后可考虑让学生着手准备自己做科普报告，在自己学校讲，到校外讲，准备阶段可让科普专家辅导，但他们自己讲比专家做报告效果要好。另外对于做报告的人来说，这本身就是非常好的检验。我个人就有这样的体会，觉得在中学讲比到大学讲更难，学生提出的问题会让我觉得自己对有些问题的理解不够透彻。

问：选拔这些苗子为什么放在高中而不是初中？

王绶琯：科研人才的素质包括综合素质和特长两个方面。初中阶段当然也应发现特长、引导发展，但更重要的是综合素质的培养。怎么引导，我了解得太少，没有发言权。不过有一点感觉，让“特长生”过早集中，小小年纪去发展特长，孤立起来“因材施教”，容易让他们受到格外宠爱，会产生一种没有根据的优越感，阻碍进步，要避免由于过分表扬而变成“优越孤立”。高中阶段比较成熟些，“特长教育”已能达到“学然后知不足”的境界。

不论初中还是高中，对特长生千万不要“捧”和“炒”。过分的表扬和炒作，会捧毁一个人。王安石笔下的仲永就是被捧毁的。一个人要克服外来的困难不难，要克服自己的缺点却非常难。一个人如此，一个王朝也是如此，常常会由于不能正视自己而崩溃。我觉得更高一级的文明是被尊重和理解，而不是受人崇拜，受人崇拜怎么也不如得到尊重和理解更重要。这也是科学家的素质，是人格素质。

问：据了解这项活动主要安排在节假日和寒暑假，这对于备考大学的高中生来说是否有困难？

王绶琯：这是其中很大的一个矛盾，主要是这种活动没有功利。这些孩子虽然不愁考大学，但是有考试就有竞争，有名次问题。原则上可以超脱，但实际上孩子们不行，家长更不行。大家为了保送进大学热衷于“奥赛”，因为得奖可以免试保送。其实这种鼓励性质的奖与国家的体育奖、发明奖完全不同，后者是对社会的贡献。何况国家奖都不可买来买去，争到这个荣誉就可以免试？我看这样导向不妥。

其实这样的“应赛教育”和“应试教育”没有区别，甚至更出格，更要

“押题”。“押题”还有一个坏处，就是带有揣摩人意的投机性质，这不是治学的正道，背离科学原则，是不足为训的。我们当然不反对竞赛，但竞赛要好好和主流教育相结合才行，不光是为学校争荣誉。再说学校是要为学生服务的，而不是要学生为学校服务。

所以这个活动需要探索一个比较好的推荐的办法，让其中一些好苗子解脱出来，高三不备考。比如说由校外的教育家和科学家组成小组推荐。让学生在高三这一年里绝大部分时间以特长教育为主，四分之三时间在研究所，同时四分之一时间接受综合素质训练，听名家、顶尖人物的演讲，开阔眼界。另外，不能让他们脱离社会，要让他们了解，搞科学研究有非常艰苦的一面，比如沙漠改造，比如地质考察，要让他们有意识地接触这些，了解科学界还有这样的劳动模范，让他们成熟起来，准备去接受考验。总之要格外地让他们学得全面。

问：学生们在这样的“科学社会”里感觉怎么样？那些一流的课题组有足够的耐心接受和带起这些学生吗？

王绶琯：这件事由六十多个院士联名提出后，经中科院政策局协助联络，得到方方面面的支持和协作，中科院科普领导小组、中国科协青少年部、市科协、市教委、北京市青少年基金会、北京科学基金会等等都给予很多支持，现在已经做了两年。

学生们的工作还是很漂亮的。有的孩子简直不想走，特别投入，研究人员也特别愿意带，我手里就有一份正在操作的“科研参与活动教学工作方案”，是由中科院大气物理所全球变化东亚区域研究中心的研究者起草的，非常具体。

目前对这项活动感兴趣的学校非常多，我们能选择的学生还是很有限。迄今北京有三百多名学生参加。现在正着手把它规范化，要有中学老师带队，要有带队教师与科研人员共同设计的教案。我们希望学生参加的跨度不要超过一年。

总之要花点力气。把它看作事业去办。

问：你认为这些走进过“科学社会”的孩子都能留得住吗？

王绶琯：这样做当然有“接力”的意思。一些家长和孩子们对科学界不了解，好像一提科学和硅谷，就想到外国，就想到企业。其实科学家和企业家是不一样的。要让这些苗子通过这样的“科学社会”了解我们是第三世界，有差距，我们的实验室不是几十亿美金堆起来的，但是很精，很多人已经在世界科技前沿有自己的阵地。科学研究需要接力。如果大家对科学研究毫无了解，中小学都想到外国去上，国家不反对，法律也不反对，但是自己的人总要留在本土发挥作用。教育有一个逻辑，就是不能强制。

另外，这样的科学社会还使他们有机会结识先师，先师的直接影响是很大的。华罗庚是数学家熊庆来发现、栽培，领进北京的，对这样有知遇之恩的老师，我想召唤一声，他不会不回来。这些科技苗子谁来关心？有党和国家，还要有科学家。

文怀沙：“继往”才能“开来”

采访时间 2001 年 12 月

文懷沙

文怀沙，祖籍湖南，1910 年生于北京。楚辞学家、语言学家、书画家。任多所大学名誉教授，上海大学文学院名誉院长。

幼年念私塾，在动荡的生活中木读完中学和大学。曾受业章门，私塾太炎，也受益于许多前辈师友，其中受吕思勉、顾颉刚、郭沫若、沈尹默、柳亚子、章士钊、蒋维乔、冒鹤亭等人影响较大。

问：有人说21世纪是人文的世纪。包括楚辞在内的传统文化有非常丰富的人文内涵，我们文化中的这些精华应怎样在当代教育中得到强调？

文怀沙：英国历史学家汤因比曾这样预言：中国文化将是21世纪人类走向全球一体化、文化多元化的凝聚力和融合器，21世纪将是中国文化时代。这个预言正越来越成为全世界的共识。

我常讲“继往”才能“开来”，无论“继”还是“开”都离不开教育。这个“继”与“开”是有条件的，总不能继“随地吐痰”之往，开“艾滋病”之来吧？因此我把我国常用的两句成语“继往开来”“奇光异彩”合成为我十分神往的两句话：“奇光之往应继，异彩之来待开”。

在中国文化的“光”与“采”中，语言是一个重要方面。

语言在一个民族的文化中非常重要，语言于教育更是重要。人从感情到思想的表达都要通过语言这个载体，从这个意义上说，语言的获得有助于思维结构乃至于世界观的获得。

问：先生认为应怎样理解和操作这件事？

文怀沙：比如，爱国主义教育是德育的一个重要内容，但爱国主义不是“空泛”的概念。我认为让学生爱祖国，首先要爱祖国的语言。让他们从语言形式来体会我们最有代表性的民族语言——汉语的深度和厚度。它能够表达近代人的所有思想和感情，一句“江山如此多娇”，把祖国的地大物博、历史悠久和那么多优秀人物全囊括了。

中国语言的特点是，在其他语言中找不到那么多对应词，却能比任何语言都表达得更清楚、准确。用汉语翻译无论哪一种文献，都能够译得妥帖生辉。

在语言教学中体现道德观，首先在于教师的素质。这不是靠规定性动作就能实现的。有时需要启发性，达到较深刻的默契。

记得在20世纪50年代，有一次在饭桌上，华罗庚用筷子蘸了杯中茶水滴了一滴在桌面上，然后用他忠厚的慧眼盯了我一下，接着又在那滴水上再滴一滴问我："现在是几滴水?"我说："是一大滴水。"他得意而又俏皮地说："可见一加一不一定等于二。"这就是说，不能什么都简单化，尤其是道德教育、民族感情，要靠耳濡目染，潜移默化，就更不能简化成几句口号。

问：先生是说汉语教学有益于调动学生对民族文化的情感?

文怀沙：不是我们保守和夜郎自大，汉语的确包含着太丰富的思想和感情，特别是表达中国人特定的感情。它既适合表达理性思维，也适合表达感性思维，还可以传达反意，比如北京女孩子和恋人说的"讨厌"就不一定是简单的"讨厌"之意。地方语言就更丰富了。

在信息时代，中国语言所传达的信息比拼音文字更有条理性，甚至以象形文字为基础的汉字本身的形态也有生命力，偶或一瞥，就让人心动。举个例子，假如我们认真欣赏五代时的《花间集》，会感到从词句的选用到每一个字形都是非常美的，看上去就色泽鲜明，声韵和谐，简直就是中国古典文学中的工笔重彩画廊……

所以学好中国语言非常重要。不能动不动沾沾自喜地说："我的汉语讲不好，你能用英文表述吗"，听起来让人恶心。

问：人文素质的缺失是不少人对当代教育的担忧。先生对此怎么看?

文怀沙：马克思100年前就预言：科学的发展趋势是自然科学和社会科学相互把对方括在自己属下，使它们成为一门学科。我想高明的搞自然科学的人，一定也是人文素养较高的。研究生命科学的科学家，也不能把失去亲人视为自然现象而不伤心，科学家首先是"人"。人家问"你父亲多大岁数"，总不能答曰"不知道，我是搞自然科学的"。学科的融合将形成完整的科学体系。牛津、剑桥有很多为传统文化自豪的地方；美国传统的东西少，但也有优势，搞高精尖包袱轻，也有很多办得很棒的名牌大学。

我们的教育观应该坚持蔡元培先生提倡的兼容并蓄，学贯中西，哪一方面的东西都不能偏废。但首先要让所有的学生都热爱生活，热爱和了解自己出生、成长的地方，这是最基本的。我建议有关部门号召全国大中学校增设本地区的史地课程，我认为北京大学毕业的学生对北京的史地一无所知是不可想象的。

问：最基本的德行是讲礼貌和有自尊，这两点在中国传统文化中被看得很重，今天却有一定程度的弱化，是吗？

文怀沙：对自己的人格尊严的重视，是教育的成功标志之一。个性以自尊为基础，是中华民族的个性中最重要的，是对人格对自我的尊重。

要让别人尊重你，你得先学会尊重别人。这些其实也反映在我们的语言文字中。如："敬"字从"苟"从"攴"，意思是用鞭子对付苟且，先民造字真是意味深长。"敬人者人恒敬之"，也应是我们的一个传统。儒家讲的正心（精神健康）加上修身（身体健康）就等于自爱，然后才"齐家治国平天下"。爱家、爱国家、爱人类，总要由小到大，由近及远。学会"有序"，懂礼貌应是第一课。

改革开放要坚持，但道德教育要跟上。否则我们的青少年连害羞也不懂得，比如在路边搂搂抱抱。人总要有羞耻心，老子说"知耻近乎勇"，"知耻"也是大国风度，不是封建残余。楚辞讲"好脩"，就是要脸，就是要有自尊心，人的个性中最可贵的就是自尊心。"纷吾既有此内美兮，有重之以修能，以扈江离与辟芷兮，纫秋兰以为佩"。

我们教育出来的接班人，不仅要学习好，具备真才实学，更要重视人格修养，要讲人格修养，必须讲正气，以正气挂帅。屈原又说，"春兰兮秋菊，长无绝兮终古"，21 世纪的中国年轻一代，更应该以芬芳高洁的品学赢得世界的敬爱。

问：无论从外貌到精神气质，都难以想象先生已年过九旬。先生有何保养秘籍？

文怀沙：老有所为最难得。本月初，我去了一次上海，也上了一课，加深认识了什么叫"老有所为"。

我认为当代中国大学校长的排头兵是被誉为万能科学家的上海大学校长钱伟长。他的学术成就是世界公认的，人文科学的底子也很深厚，我们不能有眼不识这位走向 21 世纪的当代蔡元培。他虽已望九高龄，仍学而不厌，诲人不倦。每天黎明即起，手持放大镜，为后学批改论文，简直忘了自己。他身为国家领导人，却活脱脱像个大孩子，他是让我醉心的当代知识分子的典型人物。我想郑重推荐他的一本薄薄的小书《八十自述》，我认定这至少是一本当代大学校长的必读书。我敢肯定我国大中学生利用课余时间读读这本书是大有好处的。

王立平：把“美味”和“营养”卷起来

采访时间 2001 年 12 月

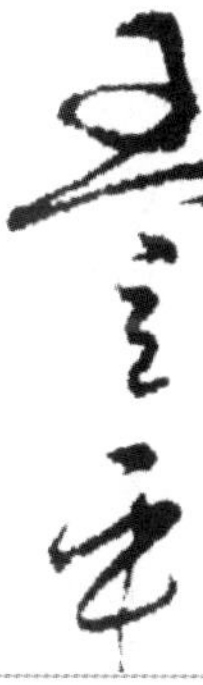

王立平，1941 年生于吉林省长春市。作曲家，现任中国音乐著作权协会主席、中国音乐家协会副主席，第十一届全国政协常委，民进中央副主席。曾任中国电影乐团团长。

曾就读长春市天津路小学，中央音乐学院附中，中央音乐学院作曲系。

问：大街上一些商店招牌用语粗俗，楼墙被刷上大红大绿，把家装修得像宾馆……有人认为这是一种文化的俗鄙化倾向，其中的一个原因是我们的教育，特别是学校美育不力，以至于出现很多缺乏审美情趣的“美盲”。你对此怎么看？

王立平：人的审美情趣的培养当然与学校美育有关。我所理解的美育与人的智力、创造力的开发是连在一起的，艺术拓展人想象的空间，丰富想象力，而创造力往往是由想象力开始的。

教育要培养一大批具有想象力、创造力的共和国的劳动者、开拓者，美的教育这一课是必不可少的。“学好数理化，走遍天下全不怕”的说法早过时了，未来的竞争是综合国力的竞争，是人才的竞争，比的是人才的综合素质。现代人无论从文从理，都必须眼观六路，耳听八方，了解人文的、科学的方方面面的知识。其中艺术通过美育给人的熏陶不只是为了开发人的某种特质，而是要给人一种审美的情趣。

世界上许多名人都有艺术爱好。爱因斯坦的小提琴就拉得非常好。有人说，要是他不拉小提琴，省下时间做学问，他的学问可能做得更好。其实错了，他如果不拉小提琴，很可能达不到后来的研究水准。美育应从一出生就伴随认知能力、思维方法的形成开始，它事关人的发展的后劲。

问：现在的家长对培养子女艺术特长太重视了，投资买乐器、请教师、考级，但这似乎还不是真正意义上的美育。在一些学校，美育常常和升学有关。你对此怎么看？

王立平：美育的主要目的不是要培养某种吹拉弹唱的技能，而是要给人一种良好的文化生活的习惯。有人说“不可一日无乐”，也有人说“不可一日无美食”，这些差别是习惯的差别，这些习惯的培养与合格的家长、与学校还有社会环境都有关系，其中最怕把某种功利化的东西掺杂进来。

比如，做父母的望子成龙是可以理解的，但是把自己的所有缺失都想在孩子身上找回来，而且不顾客观，强制他们找，拔苗助长，就不可取了，往往会适得其反，让孩子反而产生逆反心理。再比如考级，本来目的可能是好的，但是前几年与升学连在一起，再加上某种利益驱动，慢慢被异化了，重点不是让孩子们去用心领悟艺术，成了机械的手指锻炼。

所以有些东西一成“流”成“风”就变味，就被庸俗化、简单化，把好事办坏。

还有一些学校和艺术幼儿园，说是要发展某项艺术特长，把艺术教育夸大到荒谬的程度。儿童教育的一个原则之一就是均衡发展的原则，失去了这种平衡，也就失去艺术教育本来的意义。

问：我注意到你在音乐创作的同时也写词，像《牧羊曲》《大海啊故乡》《驼铃》等等都是词曲兼顾；你还是摄影家，曾参与筹办过多次国内大型摄影展；你在音乐著作权保护方面做了开先河的工作，现又是民主党派的领导人，这些跨领域的兼顾能力一定与你早年接受的教育有关？

王立平：我读过的小学、中学和大学的确很注重全面发展，包括对美育的重视。上小学我就当合唱指挥，后来虽然进了音乐学院附中和音乐学院，但我在严格的专业训练的同时从没有偏废文化课和其他知识，美育大概内化成了一种文化生活习惯和开拓能力，使我比较善于广泛涉猎新知识、新领域。

其实包括艺术家在内的任何大师，之所以不是匠人，都是受益综合素质的打造，其中美育的功能和作用是比较独特的。

一个人如此，一个民族也如此。比如德国是一个崇尚文化传统的民族，在普通人中很难找到一点乐器都不懂、不了解音乐的人，音乐人的比例很大，很难说这和德国人严谨务实、创造性强的特性没有关系。美国人口比我们少得多，却有大大小小 1700 多个交响乐团，算算会有多少听众？

中国也是重视传统文化的民族，有数千年的文化积淀。虽历经种种坎坷，但在这些年改革开放以后的经济大潮中，精神文化需求也在随着物质生活的丰富急剧增长，人们在创造性劳动的同时需要精神享受，正是人们生活质量提高的体现。而文化不像物质那样是可以快速增长的，它需要逐步积淀，这个过程需要有良好的社会环境，也需要美育来推动。

问：不同年代的学生有不同的时尚追求，这是天性，却也需要引导。你认为在音乐教育方面怎样引导更好？

王立平：中学生大都喜欢流行歌曲，我不反对。但不能说流行歌曲的普及就是普及艺术，有些流行歌曲是很浅层次的文化，要提高素质，靠流行歌曲不行，它仅仅是文化的一个方面的补充。应引导他们了解文化艺术的历史，要有更广阔的视野。

但我想有的事也不要责怪中学生，他们正是好奇的年龄。眼下风行的“韩流”，有时也是“寒流”，都是成人引进并进行市场操作的，其实他们未必愿意自己的子女也跟着追。中学生对文化的接触和选择本来应该很宽泛，但人为炒作、成流成风就坏了，弄不好会误人子弟。

青少年需要一片清洁的文化天空，这是课堂上解决不了的，需要成人社会为他们营造良好的文化艺术环境。美育是一种养成，教育应研究如何让孩子们“把‘美味’（兴趣）和‘营养’（知识）卷起来”享用。

问：就学校美育来说，什么是当务之急？

王立平：师资。最近我到云南某地做过一个调查，当地需要美育教师27000人，而实际只有6000名，就是这6000名美育教师是否都合格，也要打折扣。当然这对于15%没有完成普九达标任务的地区来说是另一回事，孩子们先要有书念，才谈得上美育。

艾丰：教育改革的依据最终在社会用户

采访时间 2001 年 12 月

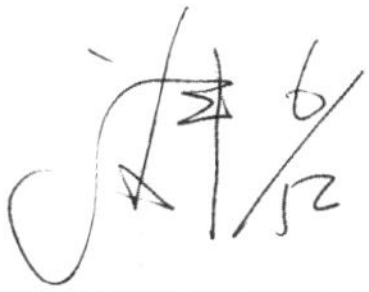

艾丰，1938 年生于河北省玉田县。财经记者出身，曾任人民日报编委，经济日报总编辑。现任中国企业家联合会、中国工业经济联合会、中国质量协会副会长。

5 岁起就读村办小学，后在北京读惠我小学、营房宽街小学、北京第十一中学、中国人民大学新闻系，1978 年考入中国社科院研究生院，获新闻硕士学位。

问：关于教育的产业属性教育界关注的较早、较多。你曾在经济学界主持过首次关于教育产业问题的研讨会，应如何从经济学角度看待教育产业问题？

艾丰：这个问题的提出既有教育自身的要求，同时又有经济发展的要求。一方面教育本身经费不足，需要社会投资，需要用产业行为、市场行为来补充经费；另一方面经济界也看到了教育这个潜在的市场。1997 年前后，我国经济逐步进入到供大于求的买方市场阶段，教育却例外，仍呈现出供不应求的局面。经过宏观调控实现经济软着陆之后，人们愿意在这方面花钱、热衷教育投资、扩大教育市场的态势渐渐显露出来，经济界对这个巨大的需求市场不能不关注，包括一部分企业家也意识到了这种需求，要知道搞经济的人最要紧的就是发现需求。

教育的消费与其他消费不同，它既是消费，又是投资，从花钱的角度说是消费，从学到本事说，便是投资。这两种需求对整个国民经济的拉动既有当前的，又有长远的。同时，教育市场的国际竞争也日趋激烈，我们不发展教育产业，外国人会跑来发展，使教育资金流失到国外。

所以教育产业问题其实是教育界和经济界一同感受并相继提出的问题，是教育和经济发展过程中自然而然应运而生的问题。

问：教育理论界目前争论的焦点不是“教育是不是产业”，而是“教育能不能‘产业化’”，你怎样分析教育产业与教育产业化问题？

艾丰：理论界确实有一些争论。我的基本看法是，概念的争论不要影响到实际操作过程。任何事物在发展的初始阶段都会有概念上的分歧，但往往一回到实际问题上，大家的想法又都一样了。所以，所谓分歧多是在用什么概念罩住所谈问题的困惑。

一说到“化”大家总是比较容易想到毛泽东同志《在延安文艺座谈会上的讲话》中的那句著名的论述：“‘化’就是彻头彻尾彻里彻外之谓也”。其实这样找根据意义不大。要是以这个做依据，“现代化”也不能说，怎么能搞出那么纯粹的现代化？“城市化”也不对了，那就没农村了。所以，我看“化”是一种趋向，是说事情往哪个方面走。无论什么，也永远不可能是全部“化”完，都是先“化”一部分，而且不断向那个方向“化”。

任何事物发展都有一个过程，农业产业化、城市化问题最早提出的时候也一样有争论；乡镇企业刚出现的时候，也有人认为不能容忍，因为它与国有企业争原料、争市场，但现在地位不是提升到“代表中国工业化的方向”了？何况毛主席讲的那段话并不是作为哲学范畴的语言，应从大趋向上理解。我们在讨论教育产业化问题的时候非要把它当作哲学语言来理解，岂不是把主席的意思“扩大化”了？

所以离开具体环境讨论什么概念、什么性质有时很难把问题说清楚。你说“枪”是什么性质？在种族冲突中、在猎场、在舞台上、在客厅的墙上全不一样。最好的办法还是小平同志的办法，不做抽象的争论，先做起来再说。我们叫作“玫瑰”的那个东西，不叫它“玫瑰”不也是一样的秀吗！不必在概念上争来论去。

关键还是那句话：实践是检验真理的唯一标准。任何事物都有一个思维方式问题，需要调整思维方式，把如何满足社会的“教育的需求”作为思考问题的根本出发点，来积极面对这个大趋向。

问： *趋向归趋向，但用产业的办法办教育毕竟以前没有过。你觉得教育产业的发展路子究竟怎么走？最终会走到哪一步？*

艾丰： 在具体操作中哪些教育可以产业化，哪些可以是半保留状态，要做一些具体分析。我想办教育大致有三种情况：

第一种是彻底的产业化办学，比如商业培训，学了实用课程马上就能产生效益的那种，像广告设计、投资、销售等等可以直接进入市场的专业。这些专业与教育产业的结合点比较好找，比较直观。

第二种是可以半产业半政府办的教育，无论大学、高中还是实施九年义务教育的中小学，允许其中有一部分学校由企业和个人投资办未尝不可。我当年十来岁到北京接着读书，在电线杆子上看到一则惠我小学的招生广告，就跑去报名了，那就是一所私立小学，但不影响我受教育，一样不耽误事。

第三种就是彻底的由国家办的义务教育。

总之还是要具体情况具体分析，分层考虑，根据不同情况采取不同的运作方式，让多种办学体制并存。其实，这也是一种灵活的体制。国家都可以“一国两制”么！

问：教育所要面对的毕竟是“人”。人们对“教育产业化”的担心不是没有道理吧？

艾丰：大家担心的无非是教育“生产”的不是一般“产品”，尤其不能偷工减料。另外教育是意识形态，不能放手交出去。我想用市场的办法筹集更多的教育经费不会影响教育的性质，关键是要把积极鼓励与加强管理结合起来。

社会力量办学过程中是出现了一些问题，但很多是操作过程中的问题。例如国有小企业的改革，关键并不在于能不能卖，而是怎样卖。不应把教育产业在操作过程中出现的问题与实质性问题混淆起来。关键是要避免“刮风”，任何事情只要一“刮风”，有条件的、没条件的，把事情弄明白的、没明白的都一起上，鱼龙混杂，有的就搞成了胡赚钱了。所以要重点研究操作过程，把力气花在怎样去规范教育行为，使之符合教育规律。至于怎么“化”，教育界、经济界需要多沟通，经济界人士的意见也值得思考。

我觉得需要树立一个基本观点，就是不要把教育的经济效益和社会效益对立起来看，好像讲经济效益就一定会影响社会效益；或者认为讲社会效益一定不能讲经济效益。电视、广播、报纸等新闻传媒和出版是最需要讲政治的地方，要说政治性和意识形态性不亚于教育，起码在这两个方面可与教育相提并论。但是也实行了“事业单位企业管理”，就是因为在市场经济条件下，社会效益和经济效益实际上是可以兼顾的。当然有一个谁前谁后的位置问题。大量事实说明，没有经济基础，社会效益只是美好的愿望，靠口头鼓励增进社会效益总是难尽人意，前者应成为后者的最基本保证才行。

社会效益也可以形成无形资产，不应白白流失，为什么不能通过产业经营，使之在把握好政治导向的前提下变成经济效益呢？我看各方面都应为这种转化创造条件。

问： 加入世界贸易组织以后，我们除了需要拓宽投资办教育的渠道，还必须按人力市场要求加速培养多样化的人才。你认为怎样使教育更加具有多样化人才的培养机制？

艾丰： 这正是我想说的第二层意思。我想教育与经济结合、为经济服务不能等到毕业生就业后再来实现，在教育过程中就应特别重视这种结合，使我们人才的培养更接近实际需要。现在书呆子型的人很难直接为经济服务，各行各业最短缺的都是复合型人才。

从产业角度说，科研成果，必须转化为产品和产业，不然，再多的成果也没有意义。但是这个过程所需要的能把知识转化成现实生产力、变成财富的人才往往是最稀缺的，可以说是教育的大缺门。为什么不能多培养一些像王选这样的人才呢？这是教育需要考虑的问题。

这个问题应该在教育过程中就解决好，教育的产业化的过程具有办学灵活、课程针对性强等特点，恰恰在教育与经济的结合这一点上特别有利，这一点利用好，当然也会产生社会效益。这个主流方向我们应当看到。

问： 你的意思是我们缺少综合性人才，对企业来说，尤其缺少既能做学问又懂市场的人。教育走向市场就能产生既能做学问又懂市场的人吗？

艾丰： 起码会使用户的反馈信息得到重视。我不认为只有搞教育的人才懂教育，不搞教育的人从各自的角度也一样，可以对教育见仁见智。教育应该是个开放的系统。从认识论的角度来说，产品的合格不合格的最终检验权在用户，由用户提出的反馈意见往往最为准确，也最有用。

最好的意见并非一定出自能写教育学的人。日本一些生产家用产品的大企业，经常请家庭主妇做顾问，她们往往能一下子切中要害，为企业改进工艺提供依据，其中的道理特别简单，因为她们是产品的使用者，东西就是卖给她们的。

我曾说我愿意出大价钱去买我特别需要的一种鞋，就是那种看上去很正规，但穿上很休闲的鞋，否则我出个短差也总要带两双鞋。某企业的老总为了酬谢我送我一双贵重的袋鼠皮做的鞋，的确货真价实，外观也很漂亮，但是我穿上在房间试走了一下就脱下来了——没法穿，那么柔软的皮子用那么光滑坚硬的鞋底，脚在鞋子里打滑。

自己的东西自己检验，往往看不出好坏。所以教育改革的依据最终在于“社会用户”。

问：这样说来，应用型专业的生长更替应该比较快，而现在大学的专业设置基本还是传统型的多，特别是老牌大学。

艾丰：我们谈素质教育主要是针对单纯应试的教学讲的，从中国人才市场来看，我认为有关问题还可以进一步讨论。比如在报社能写稿子的人才有得是，但既懂新闻又懂经济的还是太少了。往往是学新闻的不懂企业运作，学经济的又不懂新闻。这也是素质问题。教育应着眼于现实需要，社会需要什么样的人，学校就立足培养什么样的人，以此作为设置专业的依据。我多年从事新闻工作，假如让我办学，我可能会首先考虑办两个新专业：媒体经营和经济报道专业，因为我在现实中感到这是两个大缺门。

现在的教育很少能培养既是产业家又是科学家的人才。

科学研究与经济能够结合互补，教育与经济也不应对立，包括在人才培养的过程中。社会效益和经济效益必须形成良性循环，科研和产品必须相互转化，没有这个循环和转化，谁也走不动。如果从教育体制和教学内容上把这两种东西隔绝开来，要出那种“结合”型、复合型人才，差不多就是空想。

这个缺陷如果让社会去补，代价高，周期长，远不如拿到教育过程中去解决好，这也是发展教育产业的另一个意义所在。当然培养综合性人才、复合型人才还有继续教育问题，人才的持续利用问题。

谢冕：大学应保持一方清静

采访时间 2001 年 12 月

谢冕，1932 年生于福州。文艺理论家，作家，北京大学教授，专注于中国当代诗的理论批评，“20 世纪文学”理念的支持者，我国第一位当代文学的博士生导师。

曾在福州就读独青小学、仓山中心小学，福州三一中学，1955 年考入北京大学中文系，1960 年留校执教至今。

问： 大学扩招增加了学生上大学的机会，学生的读书生活与社会的联系也越来越多了，这是高等教育的发展和进步。但也有人认为现在的大学浮躁多变，课程质量大不如前，你怎么看？

谢冕： 教育要适应社会发展，要随着社会的进步而变化，这是没有疑问的。但是教育、教学本身也有一些与社会变化关系不大的东西，有一些相对稳定、不易动摇的成分。比如像文学史、古代汉语史这样的基础课，即使有更新和补充，也不大能花样翻新，这对中文系学生来说都是最基本的东西。

有一报刊载文说，应在语文课本里彻底摈除文言文，这我不能同意。五四新文化运动当然有废除文言文的道理，但不等于说要根除一个国家的传统，文言文写作这样的课程在中文系、历史系已经削弱很多了，我做了多年中文系教授，但是我文言文就不行，远不如我的上一代人。我尚且如此，其他学生会怎样？前些日子我看到刘梦溪先生用古文为季羡林先生 90 寿辰写的寿文，非常漂亮，我很高兴，因为刘梦溪比我年轻。还有书法，我认为也应是中文系的基本功。

在这些意义上说，教育有其“保守”的一面，有些成分不应因为其他因素的影响而变化太多。

我带了近十届当代文学的博士生，学生们大都对现代的、西方的文化很内行，熟知萨特、海德格尔、德里达，但较少能引用我们传统文化中的东西。即使对现代文化，他们的知识面、眼界也比较偏狭。有一次我让一个学生选一些中国近代诗，他找来找去，从“文革”时期的选本中找了一首。这还是中文系的研究生，怎么不让人忧虑？

问： 先生在北大读书、工作近半个世纪，也经历过传统与现代课程的冲突，回过头来再看，你有哪些感受？

谢冕： 我读大学的时候也有时尚的东西，但没有今天这么多。当时的系主任是文艺理论家杨晦先生，他就告诉我们，我们是中文系，不要眼睛老瞄着野草闲花，就是要告诉我们不要学姚文元，急功近利，老惦记写鸿篇大章。

那时的中文系尤其强调语言和文学之间的有机联系，给我们开课的有许多名师，如王力、魏建功、高名凯、岑麒祥、袁家骅、朱德熙等等，都是语言学的大师级人物，开设了汉语史、方言学、音韵学等冷门课程，懂不懂也要听。周祖谟先生的课最绝，叫作“要籍解题”，就是把中国传统文化中最重要的经典文献的主要内容、出处、在文学史上的价值、地位等等介绍给我们，说将来不一定都读，但要了解。当时我们很是拒绝和反感，觉得文化宝库那么丰富，近现代的那么多好书都读不过来，那么难懂的东西哪里有时间去抠！现在想想这门引路的基础课程真的是让我受益匪浅！

相信我那些同窗也会同感，以后出了校门哪里去找这样的条件和氛围呢？不光中文系，不同专业的学生都应具有国学的、人文学科的基本素养。中国学生对自己的历史文化、对祖先让我们自豪的地方总要有所了解。20 世纪 50 年代我们在北大当学生，最漂亮的文章甚至出在理科生当中，理科学生中文底子厚的大有人在。现在怎么连中文系学生也不重视国学基础了呢？

过去说北大的学生底子好，有后劲，现在还那么有优势吗？我不敢说。相比之下，台湾一些大学的中文系在这些基础课程方面比内地大学要扎实，学生的国学基础普遍要好一些，我们应冷静反思。当然，新知识是要不断补充进来，要扔掉一些东西，但文化是一点点积累的，不要不该扔的也统统扔掉。

问：人们现在更愿意把上大学看成一段重要的人生经历，非常重视在这段时间感受非常氛围、获得非常体验，认为它会给一生带来影响。从这个意义看，大学生文化素质的培养是不是比专业素质的培养更重要？

谢冕：我的看法是中学阶段应该是学知识的准备的阶段，大学阶段是打基础的阶段，研究生才开始向专业化发展。从大学本科就拼命强调专业化是不行的，应更强调文化素养的培育，基础不牢靠，学完就完了，不会有很强的适应性和后劲。

现在大学校园里在开放的同时也很浮躁。北大墙推倒了又建起来，也值得深思。我觉得应该不管外面多么热闹，大学应有一方清静，哪怕是孤岛。

我的想法是要隔开外面的喧闹。这样要求似乎与开放的社会有矛盾。

我不是反对吸收新东西，但不能因此丢掉基础，基础是重中之重，当学生就不要拒绝老师开的长书单，认为很可怕，老师开书单的道理以后总会理解。打基础的过程是要有一些与世隔绝的感觉。

问：“两耳不闻窗外事”的大学不是又回到“象牙塔”了？

谢冕：我说了这么多都是在强调“象牙塔”里头的事。有些看法可能是背时的。但我坚持一个观点，凡基础的东西应“保守”，而后才是开放。开放对一个社会、一个学校来说确实重要，国学大师王国维就引进了许多新的教育观念，还引进了美术、引进了文学史等新的课程。我的外语没有学好，在开放的社会就深感遗憾。

但是开放很重要，这种“保守”也很重要。我到欧美国家的一些学校感到传统的东西保留很多，校园里简直书香扑鼻，有非常浓厚的学术气氛，一看就是搞文化的地方。

陈佳洱：科学立志在启蒙

采访时间 2002 年 1 月

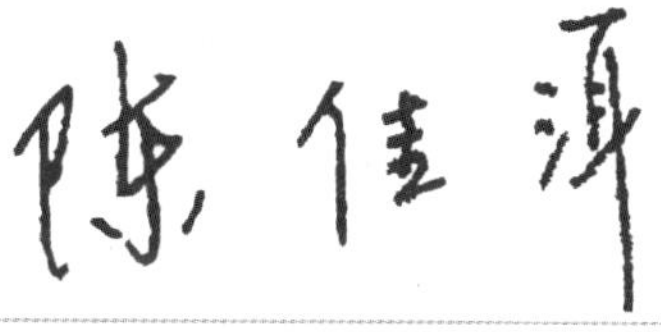

陈佳洱，1934 年生于上海。核物理学家，中国科学院院士，我国低能加速器物理与技术方面的学科带头人，国家自然科学基金委员会主任。曾任北京大学校长。

曾就读上海培德小学、上海位育中学、吉林大学物理系，20 世纪 60 年代初在英国牛津大学和卢瑟福高能研究所做访问学者，80 年代初曾在美国纽约州立大学石溪分校、劳伦斯伯克利实验室等做访问科学家。

问：你的父亲是老一辈著名儿童文学作家陈伯吹，这样的父亲对你成长过程的影响一定很特别吧？

陈佳洱：可以这么说吧。我父亲12岁丧父，家境很苦，很早就担起供养祖母和一家人的生活重担。他从事教育和写作一方面是因为有乐趣，一方面也是生活所迫。父亲其实很爱科学，如果不是生活原因，也会走科学道路。他写过不少科普作品。我是独生子，小时父母对我的教育真是用心良苦。父亲常把他收藏的《儿童世界》等画报和儿童图书给我看，给我讲科学故事和科学童话，告诉我科学对人类社会的进步来说是非常崇高的事业。

记得6岁时一个阴雨的傍晚，我被窗外的电闪雷鸣吓得大哭，因为听隔壁老奶奶讲，天上打雷是雷公发火，要劈不孝的人。父亲把我搂在怀里，告诉我打雷是阴电和阳电相遇时放电的结果，并用两手相击演示，这激起了我的好奇心。父亲索性找来玻璃板，用书架在桌面上，又让母亲剪了一个小纸人，放在玻璃下面，用擦眼镜的绸布包在一个积木块上，快速在玻璃板上滑动，玻璃板下的小纸人竟上下舞动起来，我看呆了，不禁拍手叫好。那晚父亲借势给我讲了许多关于电的常识。

父亲的有心在我心里种下了爱科学的种子。上小学时，他曾带我去电影院看《发明大王爱迪生》，我读寄宿制的中学时，有一天他得知电影院放映《居里夫人》，马上放下手头的工作，到学校接我去看。我和父亲都没有想到，就是在这次电影中认识的居里夫人对我一生的志趣、信念产生了巨大的影响。

我的母亲吴鸿志是师范学校的钢琴教师，伴随我长大的还有母亲的歌声和琴声。

问：这么好的家庭教育环境除了给你知识的启蒙，也会影响到性格的形成吧？你给人的感觉特别温和宽厚，容易与人相处，性格上应当很适合搞科研，因为科学研究需要合作精神。

陈佳洱：在我少年时期，父母给了我和睦、民主的家庭气氛，他们博爱的心胸对我也有潜移默化的熏染。我的叔父也是由父亲供养上学的，陈佐洱、陈佐煌是我叔父的两个儿子。我的堂弟陈佐煌当年一个人到北京报考中央音乐学院，也得到了父亲的鼓励，他参加考试那天是我和父亲一起送他去的。

科技创新有了目标，最重要的就是协作。我已不在北大工作，但我们那个科研集体没有散，就是因为大家都舍不得“你中有我，我中有你”的那么好的一个协作集体，正是由于大家取长补短，共同跃进，才创造出具有世界水准的成果。把追逐个人名利放在第一位的人，无论多有才华也无大用。

问：相对于家庭影响，学校教育对你真正走上科学道路又有哪些难忘的记忆？

陈佳洱：应该说是决定性的。特别是我读的上海位育中学，当时的校长是陶行知先生的学生，学校秉承了许多陶行知的教育思想，每年都举行科技节，展示学生的各种发明创造。比我高一班的同学用自制无线电发射台播音，我在家里也能收到，真是令我佩服不已。后来我和我的同学发起创办了叫《创造》的刊物，发表自己的作品，翻译《大众科学》等外文刊物上的文章，自己印发。当时中学生自己办刊物的并不少见，但办科学类是独此一家。为此当时曾有报社记者采访我们，我写的文章《我们是怎样出版创造的》，还配发编者按，登载在当时的《大公报》上。

如果说父亲给予我科学的启蒙，真正把我领进科学大门的是学校和许多教过我的老师。特别是在大学时期，我有幸跟随王大珩、朱光亚、吴式枢、余瑞璜等一批名师。当时任系主任的王大珩先生，不仅有精湛的学术成果，在教学上的一丝不苟的严格和严厉都是出了名的。他带实验特别强调自己动手，不合格的作业必退，我们都有几分怕他。谁在他那里得一个 5 分，要请大家吃花生米，我曾因连请吃三次花生米而骄傲。朱光亚先生的课总是要先提一堆问题，然后由浅入深，引人入胜，听了要出神的。也是他带我做的毕业论文，内容是研制国内第一只薄窗型杯的 β 射线计数管。吴式枢先生讲课没有半句废话，逻辑严谨得不得了。

老师们言传身教，所传递的不仅是知识，还有思维方式；不仅教会了我们怎样去思考，更重要的是教会了我们怎样去做人，课上的每个手势、眼神都是一种启发，这种教益是任何现代的信息网络手段所不能代替的。因此在实施“长江学者计划”时，我们主张对所聘教师的第一个要求就是要到一线教课，特别是教本科生的课。

问：真是英雄所见，李政道先生、王大珩先生等，都分别谈到过这样的观点。这是师承关系的结果？

陈佳洱：我是王大珩先生的学生嘛！我一向认为老师带学生最主要的不是要给他职业的培训，为他以后谋生做准备，而是为了教会他怎样去做人，使之具有全面发展的素质。

学校教育和社会活动影响了我的世界观的形成，影响了个人对社会、对全人类的责任感。我一解放就入团，18 岁入党，21 岁来到我国核物理的第一个试验基地——北大物理系工作，始终认为人活着最有价值的事就是让社会因为他的存在而更美好。在科学家中，对我影响最大的是居里夫人，她是那么热爱科学事业和她的国家，是一位人格高尚的科学家和彻底的爱国主义者。

朱邦造：什么决定你是否“很国际”

采访时间 2002 年 1 月

朱邦造，1952 年生于上海。现任中国驻突尼斯大使兼巴勒斯坦大使，外交部原新闻发言人，曾任中国驻法国使馆一秘，驻比利时使馆参赞，驻欧共体使馆参赞，公使衔参赞，外交部新闻司司长。

曾就读江苏南京御道街小学，南京外国语学校。在留校教书 3 年以后，1973 年进入北京外国语学院法语系学习，1977 年后曾在瑞士日内瓦大学、法国国家行政学院进修。

问：中国加入世界贸易组织也把每一个作为个体的中国人与世界的距离拉得更近了。有的学校已明确提出培养国际化人才的教育目标，请你从外交官的视角谈谈对“国际化人才”的理解以及对我国教育怎样看？

朱邦造：所谓国际人才，就是有国际眼光，站在国际高度，有国际知识，有国际交流对话的能力和实力的人才。这不是光学好外语就能够具备的能力。外语今天越来越重要，但也越来越普通，说到底只是一个工具，如果只知道自己领域里的那点东西，是没有办法与人家高层次交流对话的。

总的来说，现在中国学生的知识面比从前要宽得多，起点也高得多。我小时候，焊个二极管收音机，弄个木头盒子装起来，能听几个台，那就不得了了，哪像现在的孩子，都能玩转电脑。

中国的基础教育在全世界都是领先的，差距是在其他方面。我们虽然一直讲德、智、体、美的全面发展，但大家看重的主要是智力，拼的都是智力方面的事。学校好坏常常以多少孩子能考上大学论。而现实需要看你是否具备独立分析问题、解决问题的能力。这种能力不是会看书、能背点现成的结论就能锻炼和检验出来的，它在很大程度上影响一个人将来的发展。

问：你认为中国学生能力方面的差距具体在哪些方面？

朱邦造：首先就是学生的动手能力、自己管理治理自己的能力差，高分低能的多。这与我们的教育观和方法都有关系。

在教育与现实生活、与时代的联系方面，我们有不如人的地方。比如，在国外一些学校，国际上发生的大事马上就能进入校园和课堂。最近在法国的学校，围绕欧元的实际使用开展了一系列教育研讨，非常活跃。而相比起来，我们与实际、与时代的联系就疏远了一点，会影响到学生的综合素质。

大学的老师可能有体会，一些分数很高的考生，后劲明显不足，就有这方面的原因。现在的教育有时太生硬，让学生学死了，只讲分数，不讲能力，学生学得连吃、住、行的能力都丧失了，饭不会做，袜子不会洗，有的大学生，给他吃苹果拿来就啃，说从来不会削皮。

所以要培养能力，首先是基本生存、生活的能力，应当学会生活，甚至学会“享受”。先学会生存，才能事业有成。有些传统的东西要“复辟”一下。比如我挺会做饭做菜，也因此得到许多生活乐趣，现在的孩子根本不想学做饭，只想将来吃饭馆，这会少了多少生活的乐趣？还有更极端，有的青年人婚后嫌麻烦不要孩子，这又该少了多少天伦之乐？这些能力及生活情趣的丧失与家长、学校、社会都有关系。

问：能力方面的缺陷，往往会影响到人格的形成，这是人的成长，特别是独生子女成长中不能忽视的。你作为独生子女父亲有同感吗？

朱邦造：说到独生子女，我感到他们有一个共同的弱点，就是心理特别脆弱，人格不完全，经受不住挫折、批评、打击，这样怎么面对将来的竞争和拼搏？比如在国际斗争中整天论战、拌嘴，怕挫折怎么行？社会经验很重要，包括如何对待周围的人，都是很重要的。在现实生活中，有没有经过锻炼、有没有社会阅历，在处理问题时会有很多差别。

人的社会阅历是一大笔财富。我们这一代人算是有阅历的，我虽然“文革”时没下乡插队，但也经历了许多风雨，带队干过农活，车钳铣刨都来得。我个人的生活道路总的来说好像很顺，但也有挫折，谁也不可能老顺利。有挫折，有磨炼可让人变得更聪明一点，少犯错误。

孩子心理脆弱和成人对他们管得太多也有关系。我对儿子差不多是“大撒把”，关键时候比如升学时管一下，他的兴趣广泛得很，学习成绩也不错，考进了北大。外交人员的孩子以前留在国内管得比较少，往往走两极，成才的不成才的都有，说明管得太多不好，不管也不好。

问：孩子成不成器，你认为学校责任占几成？

朱邦造：在学习阶段，我认为学校应负有主导作用，有些责任不能都算在家长和社会的账上。比如，我在国外工作的时候看到，在升学前夕，学校会有专门的老师根据每个学生各个方面的情况做周详的分析，分析在某个方向上将来成功的把握有多大，向每个学生提出不同的切合实际的建议，而我们的学校似乎更习惯把这些全推给家长去操心。我觉得学校该负起来的责任不要推给社会，不要一讲起来就是社会环境的事情。

还有怎样做人、怎样处好人与人之间的关系方面，我看传统是要讲的，学校很重要的一项任务就是要教学生怎样做人做事。现在的学生做人做事考虑自己的发展多，考虑怎样挣钱多，至于自己的发展与社会怎么结合、怎样为社会做贡献考虑较少。以前是讲在为社会奉献的过程中实现自己的价值；而现在反过来，强调在实现自己价值的过程中为社会奉献。这两种考虑都无可厚非，关键看怎样引导。

回过头来看自己，我就是在工作实践中深切体会到个人价值与社会发展关系的。中国传统思想中很核心的一个思想就是讲人的社会性，强调人是社会的人。不讲奉献，没有对社会的奉献又谈何个人价值？

问：强调个性的培养，鼓励个性的张扬，是我们教育这些年的一个进步。但是否有些矫枉过正？

朱邦造：没有个性不行，但过分强调个性也不行。我们的教育对独生子女强调个人奋斗多，强调为社会服务、奉献少，教育决不能不讲这些精神。

去年在 APEC 会议时，我负责会议的新闻宣传，有 500 多名大学生志愿者参加会场工作。会议结束时，有人让我讲点什么，我就说你们应该把这次自愿为大会服务的经历，当成你们一生非常重要的经历和财富，你们在服务过程中所表现出来的奉献和服务精神永远值得发扬，正是由于包括你们在内的每一个人的努力，才创造了这次外交史上的辉煌的里程碑。

问：受东方文化熏陶的人在性情上相对比较内敛，因此中国学生的公关能力、与人交往的能力可能不是强项，这需要怎样培养？

朱邦造：这两种能力的培养需要一个过程。教育要有意识地缩小学生在这方面的差距。现在国门大开，我们的国际地位越来越高，教育的环境条件也越来越好。以前中国与国际打交道往往就是在国际会议上听一听，现在是要在国际舞台上发挥主导作用了。

我们在对外交往方面必须具有相应的知识结构，要了解各种国际知识，了解国际政治经济的发展趋势，了解其他各种问题如民族、宗教问题……接触的东西多了，眼界开阔了，人的气质、风度、待人接物的态度，都会起变化。这里有一个知识结构的问题，也有一个思维方式的训练问题，基础教育应特别强调这两个方面的作用。

有了这两个方面的良好基础和准备，将来在社会上继续学习、转换角色就不会太难。我的专业是法语，但后来在工作中无论当翻译，还是搞调研、研究解决问题，我觉得所学的知识完全可以融会贯通，我想主要还是在教育阶段的各种基础，特别是那时形成的思维方法在起作用。

问：怎样教育和训练新一代人在未来的国际交往中，具有大国风范和气度？

朱邦造：有的人以为在国际上与别人打交道，你越西化，人家越会服你。其实正相反，服人的力量恰恰来自对自己历史文化的自豪感。搞外交如果没有自己民族的传统文化底蕴，没有对自己文化的深刻的了解，对自己的国家爱不起来，人家根本不会瞧得起你。你是中国人，你被这样一种文化所孕育，显示出你独特的能力和水平，人家才高看你。

国际交流是平等的，这种平等建立在对不同的文化的尊重和理解之上。文化代表人的素质，需要很多知识的积累，需要不断调整、扩大自己的知识结构，特别是在中国历史、文化的学习方面。

即使学外文也不光是外文的问题，首先中文底子一定要好，很难想象拿普通话都说不清的事，怎么会拿外语和人家说清楚。比如我们带着外国人考察安徽的徽文化，总要用人家听得懂的外文讲出来，人家理解、接受了，才能让世界了解中国。外国人学中文要比我们自己学外文难得多，国外虽也有像我们考托福那样的考中文，但深层次的交流恐怕还要靠自己下功夫。

现在外语成了一种基本能力，学外语的条件、手段特别多，但我还是认为所谓“速成”、偷工减料不行，学外语没有捷径，是熟能生巧的事，总要下功夫。凡高水平的事情都要下大功夫，浮而不实不行。

总的来说外语人才出类拔萃的还不多，那种在国际交流和斗争中能真正起桥梁作用的人还不多。改变这种状况，要靠更年轻一代孜孜不倦的努力，来提高自己的综合能力。

柳传志：我最看重“归纳总结能力”

采访时间 2002 年 1 月

柳传志，1944 年生于上海。企业家，现任联想集团董事局主席，中华全国工商联副主席。20 世纪 80 年代毅然走出中科院计算技术研究所，自主创业。

曾就读于北京中国人民银行子弟小学，北京 25 中，中国人民解放军军事电信工程学院（现西安电子科技大学）。

问：你是目前中国最大的IT企业的“老板”，在中国入世后，你更关心受过哪些教育、具有哪些素质的新人进入企业？

柳传志：可能会更多关注一些在国外企业学习、工作过的优秀人才。从总体上说，企业最需要两种人才：

一是领军人物。企业在扩大业务时，经常要看领军人物是否成熟，成熟就能开创新领域。所谓领军人物，应该具有两方面的基本素质，一是在“德”的方面的素质，也就是是否讲诚信、是否有做企业的人所需要的内心坚强等最基本的个人修养，其中特别要看他是不是把企业的利益看得最高。

国外的职业经理人讲究职业规范，无论到哪里都要这样工作。但是我们联想要和他们竞争，光有这些不够，要在人和企业的关系上胜出一筹。要能从感情上、机制上把自己融进企业的运作，把企业的事业当作自己事业来追求，而不是高级打工仔。这种人与企业的关系对企业的运作非常重要。

二是看基本能力。能力有很多种，我最看重归纳总结的能力。就是看一个人是否能在所做过的事情中提炼出最精当的部分，总结规律性的东西，这也是一种学习能力。这样善于研究的人有系统设计的能力，能开大局，往往有大用。

企业最缺的还是这样的一流的领导人物。他像阿拉伯有效数字中的“1”，“1”后面一个零就是10，跟两个零就是100，跟三个零就是1000……学校教育应重视培养这种善于研究规律的基本能力。

第二种人是能够具体运作的人才。他需要具备非常强的责任心，也叫上进心，台湾叫“企图心”，就是要有很强的自主性，能扎扎实实地把答应人家的事情做好，能担当得起责任的人是企业非常需要的。当然，对人的这些要求必须建立在具备具体业务技能的基础上。

问：这些企业人的基本能力素质该如何打造？在教育环节上有哪些方面还差强人意，需要改？

柳传志：这种“改”恐怕还是挺难的。主要原因在于我们的整个文化背景存在某些缺陷。以儒家文化为核心的中国的传统文化有需要继承的一面，但也有其局限的一面。比如把对师长的尊重变成君臣父子式的师道尊严，就是从封建文化那里传承来的，凡皇帝拟定的事情，包括大臣在内的所有人都必须口头服从，虽然内心未必这样想。久而久之形成口是心非、人云亦云的习惯。

这套思维方式无疑会对生产力的发展产生一些消极影响。我们到国外参观时就有感触，凡尔赛宫里的油画，皇帝都被描绘得栩栩如生；而我们故宫皇帝的画像，全是写意，所有皇族都长得差不多。这除了有当时闭关锁国的关系，多少也与我们的教育方式、文化的灌输方式有关。

有些教育方式常不切实际，用八股应试的方法，重做官、轻言商，即便是做官，考试方式也非常简单化。与此相对应，教育领域的应试和反应试的矛盾也由来已久，究其根本还是根深蒂固的传统教育观念。中国教育难就难在需要对文化本身进行改造上。

问：有人做过这样的统计，在传统的应试教育模式下，居于前20%的那部分学生，从业后至少有半数在他今后的职业选择中并不具备什么优势。你觉得呢？

柳传志：应试的教育做得再好，也只能带来在儿童时代的光环。我个人认为，学习能力和总结能力主要靠悟性，靠启发，是没法用考试来检验的。

学生在学习过程中大概可有三种获得：一是获得各种知识技能；二是获得学习方法，思维方法；三是学会设计自己，知道自己未来要干什么、分几步走，有这种设计能力的人可以成为帅才。

教育应当尤其重视后两种能力的培养，不能把学习仅仅看成是获得某种知识、技能，应试教育重的是“结果”，即便是重“结果”这个目的也未见得体现得充分。

有些问题仅仅靠学校是很难解决的。我认为，政治家和企业家怎么培养，光从学校或教育的角度去研究，很难看到全貌，这是真正涉及全民族的根本问题，是有识之士都要特别关注的事情。

问：你也是在同样文化背景下培养出的人才，可你成功地完成了从科技工作者到企业家的角色转换。回过头看，其中所需要的能力，特别是你身上的那些“非智力因素”是怎样形成的？

柳传志：我当学生的时候是好学生，能排在班上前几名，但从不是尖子，那样的尖子要以付出很多时间为代价，而我可以有很多时间看杂书。因此我的“非课本因素”要好一些。现在想来，可能我比较注重学习方法和研究方法的学习。中学、大学阶段的学习使我在做人、做事的态度上，在学习方法上，定了性。

我在中学、大学都遇到了很多好老师，也就是那种讲课能让最不行的学生也能听明白，并且让你还有很多空间和余地来发挥自己的认识的好老师。

除了本专业外，我对文学写作有兴趣，也爱写短诗，善于用激昂慷慨的方式、形象地表达自己的逻辑和思想。

有很多人，话可以说得很严密，像教科书一样，字里行间的意思很严谨，但有一个不足就是让人接受起来感到枯燥。我认为，想要把一个复杂的东西表现清楚，能深入浅出、“大写意”的方式会比较好。最好的“大写意”就是打比喻，比喻确切也是“悟性”的体现。联想就常用打比喻的方式来表达企业的理念。企业讲究的一是做，二是说。要能做会说。我还喜欢体育，比较喜欢打球、中长跑什么的。

我是搞研究出身的，原来根本没有学习过企业管理，对企业的认识主要靠国内外的书本，并通过实践来理解的。书未必多读，读了要必有所得，更要善于在实践中总结和提炼。

在具体工作中要经常总结，一件事情好，好在哪儿？是客户方面的因素还是媒体宣传方面的因素在起作用？要善于研究企业的实质和运作规律，并使这一点逐渐成为一种强烈的内在要求。比如，联想总结的“企业管理三要素”：建班子、定战略、带队伍，这其中蕴含的大量内容都是从实际中不断总结出来的。摸到规律就能打胜仗。

问：在联想的员工中，不同大学毕业的学生在能力方面的差别大吗？

柳传志：我感到不同学校还是有差别的。

有些优秀学校的优秀毕业生有较强的自我设计意识，像清华大学的学生，这样具备学习、研究能力的人比较好用，往往能成为帅才。这种经营管理人才的培养方式 MBA 是一种，还应在一般学校的课程中加进企业成果如何转化成产品这部分，不光是介绍，还应让学生到企业来了解，通过实习来体会。这也是一种实际能力的锻炼和培养。

中国经济在世界舞台上占有越来越重要的位置，企业的生存环境与从前大不相同。过去中国企业在国际方面打的是游击战，现在环境不一样了，接触面要大得多，正在从原来的被动适应环境变成主动适应世界，与国际规则接轨。有些以前我们不够重视的东西，如科研成果的转化，现在就需要纳入到科研策划体系里去。

为弥补这方面的不足，我们招聘的毕业生要先进到“入模子培训班”，培训企业的基本的文化理念和各种能力，他们需要有人在这方面给予指导、帮助。

问：在你的成长过程中，家庭、学校和社会的影响怎样排序？

柳传志：社会的影响最大，家庭的影响可能比别人也大一些。

我的父亲是律师，母亲是办公室的秘书。父母对我影响最大的，就是在怎样做一个正直的人这方面。我一直恪守诚信为本，答应人的事要努力做到，这与从小家庭的要求有关。

我的父母是非常开明的父母，我在读高中的时候，曾被选上当飞行员，我特别高兴。可是到临近高考的时候，我被通知取消当飞行员的资格，原因是家里有个亲戚是右派，可高考复习也被耽误了，因此情绪低落。这时父亲和我进行了一次谈话，其中有一句话我印象特别深，他说只要你能够做一个正直的人，考不上大学也没有关系，我们一样喜欢你。

和父亲比起来，母亲看起来很柔弱，但她在“文革”父亲挨整的时候从不说违心的话，非常坚强。他们的品行的影响，使我少犯很多错误。

问：你父母亲到联想来过吗？

柳传志：来过。最近我悄悄带他们到上地科技园区的联想基地去看了看，相信他们对联想的了解也是从报纸上看到的。我想他们最欣慰、最高兴的地方，就是看到我领导的公司从小到大都是正正派派的公司。

问：你的子女受你这个企业家的影响大吗？

柳传志：影响不小。我们之间常常交谈，我的儿子和女儿一个毕业于北邮，一个毕业于北大，都学计算机，女儿现在在哈佛大学读研究生，儿子在哥伦比亚大学读研究生。他们都有能力完成对自己人生的系统设计。

我对子女的要求有三条原则，第一，我自己的财产与他们无关；第二，我和他们讨论个人问题，包括结婚、找工作，只讨论原则，不提具体建议，给他们自己留出空间。我儿子大学毕业后自己应聘到一家计算机公司工作，很长时间没人知道他是我的儿子。我觉得有些家长总是摆出架势要想为孩子指路，又不了解实际，其实很可笑。第三，只要是他们积极去读书，无论念到什么程度，我都会给予支持。

任继愈：重学“史”与强“立志”

采访时间 2002 年 1 月

任继愈，1916 年生于山东平原县。哲学家，史学家，宗教学家。现任国家图书馆馆长，兼任北京大学、中国社会科学院研究生院教授、研究员等。

曾就读平原县小学，山东省立第一模范小学，战时就读平原县立初中、北平大学附属高中，北京大学哲学系，1942 年在西南联大研究生毕业。

问：哲学家看教育，是不是比较注重宏观？

任继愈：我恰恰想要谈谈“微观”。比如历史课，因为它有关“立志”。我感到新中国成立后50多年，我们的教育在大的方面讲爱国主义、讲唯物史观不少，但真正讲“立志”、讲怎样安身立命的道理，讲怎样做人、怎样塑造自己，相对较少。我们总讲培养社会主义建设的劳动者，讲做合格的螺丝钉，但螺丝钉摆在哪儿、要发挥怎样的作用？并不深究。

现在大学毕业生分配选志愿普遍比较注重实际，多数是哪儿钱多去哪儿，不太考虑个人的兴趣和志向，太现实了。解决吃饭问题固然重要，但社会上很多问题、很多罪恶都是在解决温饱以后发生的，青年人如果缺少远大理想往往后劲不足。常“立志”，才能有理想，有理想才能对未来的困难挫折具有免疫力。而“立志”是建立在对我们祖先历史文化的了解的基础之上的，没有这个基础，对自己的国家就爱不起来，就无法真正树立起远大的理想。

历史课作为一门课程在这方面的作用是无可替代的，但是目前的状况并不能令人满意。

问：中小学历史课在现有的课程体系中的比重不够吗？

任继愈：不光是比重，和它的地位和分量比起来，我认为这门课没有得到足够的重视。中国历史在世界史上有很特殊的地位。在世界上没有哪一个国家历史文化像我们中国这样长，而且由古至今五千年没有中断过。自从秦朝统一中国后，中国在大多数的时间里都是统一的，其间虽有短暂的割据，但即使在当时，分裂也被认为是不正常的。民族的认同感，使得中华文化能够一脉传承、绵延不绝。而世界上其他国家不是这样，古埃及、古希腊、古罗马曾经是中心，却有古无今……

唯有黄河和长江流域孕育的中华民族在世界舞台上没有中断过。所以讲历史，没有哪个国家有我们中国这样得天独厚的条件，美国就不行，讲历史课一年就可以讲得很充分，而且再讲就讲到欧洲去了。

但是中国在世界史上的这种地位和分量并没有反映在我们学生的知识结构上。不少大学生学到毕业，历史知识还是很贫乏，古代史、近代史都知之不多，知道的一鳞半爪可能还是通过小说、电影了解的。历史知识不足，对祖国就难以建立起真正的感情，就爱不起来，爱国主义是促进进步最强大的力量。

比如当年日本人打过来，无论多么困苦，我们这代人从来就没有过当亡国奴的念头，就是这个原因。不要让我们有些学校成为留美预备学校，一说回国就讲到条件。抗战时回国的一大批人都是在国难当头的时候回来的，吃着小米咸菜照样报国。母亲有难的时候才最需要儿女。中学就应该打好这个底子。

真理本身是非常朴素的，要让多一些人，特别是让青年人掌握真理，社会才有凝聚力，才能进步。

问：先生是说应该充分强调历史课在思想教育方面的功能和作用？

任继愈：它应该是爱国教育的一个切入点。清末有人提出“亡国者，必先亡其史”，这个道理我们可反证。日本在东北建立伪满洲国的时候，首先要做的就是重编历史书；鸦片战争在中国、在世界历史上也是大事，但在英国统治香港一百多年，教材上这一段历来轻描淡写，几乎不讲；日本在教科书中对他们的侵华历史只说“进入”就是不说“侵略”，不承认南京大屠杀。

所以我认为学生无论学理学文，都应该花工夫去了解我们民族有多么优秀的历史文化。现在不光是课时、内容的问题，历史课怎么上更是问题。

问：其实许多中小学生对中国历史并不缺乏兴趣，许多学生在发新书的时候会自动把历史、语文课本看一遍。也许他们不感兴趣的是刻板的教学与考试？

任继愈：其实历史是最能够生动起来的课程，不需要讲多少大道理，而且有故事，有人物，特别能用喜闻乐见的形式接受。但现在学校里不知怎么把学生教得很烦。

我的孙子在读小学时，能掌握的历史知识很少。就是知道个四大发明，说“印刷术是毕昇发明的”，就不对，非要按标准答案说“毕昇发明了印刷术”。这样死板的教育与培养创造性根本不沾边，创造力是背诵不出来的。

谈到创造力，我还有一个感觉。前两年北大、清华校庆我都去了，一面听各种发言，我一面在想，为什么大家列举的可以引为自豪的人物都是新中国成立前培养的呢？就是得诺贝尔奖的几位华裔科学家，也不是新中国培养的。50多年来社科界的情况不说了，搞自然科学为什么也难出现出类拔萃的人才？原因很多，但缺少“立志”的教育，缺乏远大的志向是其中一个被忽略的原因。现在中国要按国际规则办事，没有出类拔萃的人才怎么行呢？要培养这类人才，要强“立志”，还要培养创造性思维，而这两方面我们都有问题。

有些国外的学校就比我们注意教育方式。国家图书馆常接到一些国外来信，有一个加拿大的初中生在信中和我讨论他的寒假作业，是关于加拿大的渔业问题的，这样联系实际的作业对我们的中学生来说有点不可想象。还有一个外国孩子来信提出“万里长城这么长，横贯东西，一共有多少口子可供人从南北穿过去呢？”

问：现在我们的教育也在强调创造思维的培养，但是学生需要穷于对付的课程、考试是不是太多了？

任继愈：我也认为课程排得太满是抑制创造性思维的另一个原因。现在学校的课程越来越多，唯恐落下什么，让学生吃不消。我大学时学通史，一周讲三小时，先学概貌。后来教育学苏联以后，把历史分五段讲，讲得多就背得多记得多，这种灌输式、没有多少自己思考的空间的教学就这么一直延续下来，也影响到今天。记得顾颉刚先生就曾说他当年在北大不是每天都有课，甚至有时“白天睡觉，晚上听戏”，有空闲才有可能学得“活”，学得“博”。

学历史不需要按文理分科，理科生也要学，高中阶段应提倡文理并重。

问：有人提倡让少儿诵读一些很上口的中国古代经典作品，据说先生也赞成？

任继愈：少儿读经，小的时候可以毫不费力地背诵一些东西，长大后会自然而然地明白其中的道理，对弘扬我们的民族文化是有好处的。但前提是不要强迫，使他们有逆反心理。此外，还要鼓励大量阅读，培养小孩子对书的兴趣。

问：你认为社会图书馆在鼓励儿童、青少年阅读方面应该怎样做？

任继愈：国家图书馆已经开放了少儿部。但是国图还有其他方面的重要任务，看电影画报、看小说，不一定非到国家图书馆来不可，不可能靠哪一所图书馆全部解决少儿阅读的问题。需要更多关注这个问题的恐怕还是社区，市级、区级，以及社区的图书馆都要办好，多为儿童、青少年考虑。在制定社区整体规划的时候，必须要预先考虑这件事。

秦文君：最好的教育是提升对善的向往

采访时间2002年2月

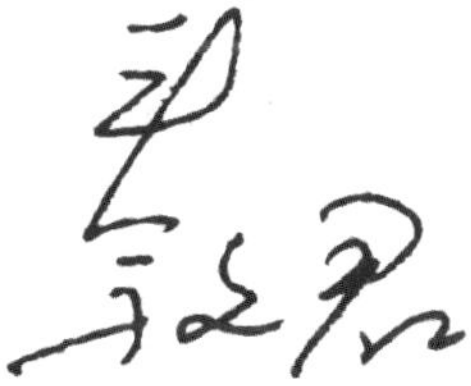

秦文君，1954年生于上海。儿童文学作家，现任中国作协上海市分会副主席，《中国儿童文学》主编，多部作品在国内外出版并获奖。

曾就读上海西门路第二小学，上海第十一中学，初中毕业后到黑龙江生产建设兵团落户8年，后在华东师范大学中文系专科毕业。

问：你是小读者投票产生的“知音奖”中得票最高的作家，可见你懂得他们，是可以走近孩子内心的作家。请你谈谈孩子们眼中的学校到底是什么？

秦文君：我常接到孩子们的来信。他们谈到的学校生活总是缺少色调，难以使他们产生热情。当然也有愉快，但最大的愉快是在与同学相处中获得的。学校里的生活离现实社会还是比较远，他们生活的层面和方式都比较单一。其中难免谈到学校让他们感到的不满和压抑。

其实我们都知道，小孩子不可能自觉自愿地、完全自由地接受教育，学习与一切催人进步的事情一样，是需要付出艰辛的，如同一个人走上坡路，肯定要有不适，要付出，因为那是催着人往上走啊！但是那种繁复的操练，只为高分而设置的重复劳作显然也并非学习的本意，那太让人受不了。

童稚世界应该是怎样的？我们说不好，但肯定不像许多课堂进行着的那样一板一眼，劳心费神，无休无止。小孩子不会因为做大量的功课而累死，但他们的心灵会因此而疲累。

问：用你作品中人物的话说：“学习应该是带领人走向丰富、体面、明朗、幸福的，那是美丽灿烂的进程”，能谈谈这些文学语言背后的信息吗？

秦文君：我们的中小学教育基础的东西确实非常扎实，但就是缺少一些精神层面上的东西。教育的根本目的是什么？我认为最终是要让孩子们懂得爱，懂得自由，懂得创造，真心热爱自己的祖国，理解和乐于去创造美好的世界，学会鉴赏生活，鉴赏人，鉴赏艺术，而且这种鉴赏的眼光不是强制出来的；还要学会与人相处，学会生存。这些都会使人的气质、境界产生变化。

总之，我认为最好的教育应该是把孩子们对善的向往提升起来，他们在学习独立生活的本事时，还要塑造和形成独立精神、独立人格。

教育的目的和实现目标的方法应有很好的结合。而现在学校教育做的很多事情并不是围绕着焕发孩子的心智、良知展开的。

问：“只有上大学，而且上名牌大学才是成功的”，这个意识是不是在学校很有市场？

秦文君：许多学生只知道这一点，学到毕业都并不真正懂得爱和回报社会。忽视了教育的这些根本目的，忽视了用适当的方式开启他们心灵深处的东西，却外加了那么多课业的累赘，让学生怎么成长？

进而我发现，压抑、囚禁着小孩们的，还不是某些繁复的课业，而是另一种更深层的价值取向，它让学生们深陷其中，无法自由呼吸。所以我在一部小说中曾让一些无奈的家长和孩子一起“沦落”，帮孩子做一个消极的学生，“教唆”他们练习时尽可能迅速，字迹有三遍需认真对待，其余的可连笔、潦草，只为腾出一些时间“自我解救”，用节省下来的时间，去远眺晚霞；去坐着想想未来，或者跑出去尽情地兜一个圈子，感受大自然的气息……

问：你在《一个女孩的心灵史》中描写按考试成绩排队划等级时，小主人公受到种种暗示，体会到那种“像冰一般寒气森森的感受”。我猜想你是希望能给教师包括家长一些提醒吧？

秦文君：常有小孩子给我写信说，生活中像我的作品中描写的善解人意的老师太少了。一些老师还有家长只看重“分数”和那些浅表的东西，用分数衡量一切，这是非常要不得的，他们忽略了儿童成长中一件至关重要的事，那就是“鼓励”，小孩子是多么需要鼓励！他们最怕的事就是被成人看死了，失却自信而一蹶不振，丧失了对学习对生活的兴趣。另外，不得当的处罚最容易让小孩万念俱灰。

对小孩的管教应该是启迪性的，不应是无理的或无端的，而是智慧的，顺乎人心的，最高明的教育应该启发人内在的良知。小孩们个个都有值得赞扬的长处，成绩永远不是判断好坏高低的唯一的标准。某国际机构在全球400名杰出人物的调查中发现，这些人从小自信，爱学习，但60%的人成绩不理想。

家长和教师应该去体会孩子的生存状态，去认识童心的珍惜可贵。它缺乏周全和周密，却发自真实的心灵，是一种令人仰视的、单薄的美丽，成人应该去尽力成全、保护它。因为如果可以选择，谁都不会让自己的孩子成为一个学的功课样样精，却不会思考、不会生活的人，而想要一个健康、心灵充满阳光、诚实、活泼的孩子。

我觉得要从应试的圈子里转出来，还需要绕很大的弯子，需要大家一起努力。

朱学勤：垂裳而治　让大学安静下来

采访时间 2002 年 2 月

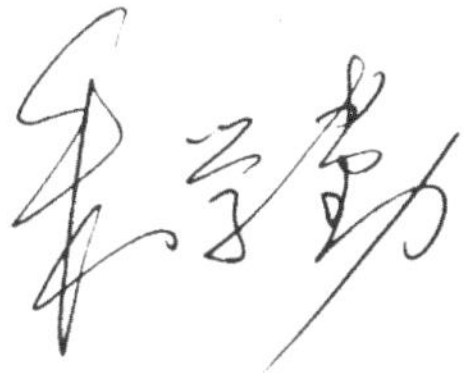

朱学勤，1952 年生于上海。历史学家，人文学家，上海大学历史系教授。

曾就读上海高阳路第一小学，继光中学，初中毕业后赴河南兰考县插队落户，后做过化工厂管道工、厂办中学教师。改革开放后以同等学力被陕西师范大学录取为研究生，先后在陕西师大历史系取得硕士学位，在复旦大学历史系取得博士学位。

问：有一段时间“博导剽窃”事件被热炒。据我所知，这类事情仅2001年一年里被媒体曝光的就有十几起，你觉得这给教育界带来哪些警示？

朱学勤：屡屡发生这样的事，当事人确实应该有深刻的反省，但我不赞成把火力都集中在个人那里，穷追猛打，教育行政部门也该想想他们的责任了。

更多的责任是在体制，而不在个人。

现在教育界的情况有点像“通货膨胀”，大学都在争发“大票子”，票面额在扩张，含金量却在猛跌。出现所谓“大票子”，是因为两头都在扩张，一是教师，二是学生。

从教师这头说，“教授”并没有到头，教授之上还有“硕导”，“硕导”之上还有“博导”，叠床架屋，这哪里是中国特色，快成为世界学术史上的笑话了，这当然会导致学术职称的严重贬值；从学生这头说，就是高学历“泛滥”，高、中级专业技术人员缺少，整个教育是“头重脚轻”。本科毕业生作为知识部类里的通才，本来应能满足就业市场的基本需要了，但现在本科教育正在降为就业市场用人的底线。这样一来，“博导”也不过是“教授”的含金量，“教授”则降格为“讲师”，而“学士”也就快成从前的高中生了。

问：教育领域的膨胀、浮夸风比其他领域的更可怕。你认为助推的那双无形的手在哪里？

朱学勤：造成教育“大票子”现象，我认为有两个因素：一是行政权力干预太甚，一是学术评价体系严重扭曲。这两者本身又互为因果。

行政权力干预过甚，使得教育出现新的“大跃进”，到处是争办一流高校，争“博士点”，争“国家重点学科”。可是全都“一流”，还有“一流”吗？在这样的催逼下，我若是大学校长，恐怕也不能免俗，除非下决心不做这个劳什子校长了。

这些大学校长、院长既是催逼者，也是被催逼者，“黄世仁”“杨白劳”

集于一身，有点类似现在高中阶段毕业班的班主任，被高考指挥棒催逼着，去片面追求升学率。作为普通教师，几乎只有一个身份："杨白劳"。可怜"杨白劳"不是每年，而是每天都要"扯上二尺红头绳"。我到学校去，见到系里的秘书，第一句话总是："今天有表格要填吗？"几乎成了条件反射。倘若没有，这一天如蒙大赦。

在这样的氛围下，教育的学术评估体系怎么能不扭曲？到处都在量化，一刀切，实行"数字化的管理"。黄仁宇先生是最早提出"社会实现数字化管理"的，倘若目睹此状，社会管理没有"数字化"，学术评估却率先"现代化"了，不知是该笑还是哭？

人心浮躁容易导致恶性竞争，有些青年教授一年出一本书，"十年一剑"，成了"一年一说"，哪有做学术研究一年出一本书的？又不是写小说。陈寅恪要放在今天，被数字化"学绩"一管理，他老人家早该不合格，下岗了。

问：撇开道德自律方面的事情不谈，你认为有哪些抵制校园学术浮夸的办法？

朱学勤：学者自有学者的工作周期，有积累，有突破，有高潮、有低潮，起起伏伏，这很正常。行政权力要做的，是给学术发展搭建一个平台，像搞经济先要搞"三通一平"一样，而不是总在那里定指标，要政绩。看看农民被那些只要"政绩"数字的乡官逼得多苦，你就能想象大学教师被"学绩"逼得多扭曲。行政干预太多，经济就发展不起来的道理大家都懂，教育也一样。蔡元培如果当年也向教师要数字，而不是提出学术自由、兼容并包，哪还有今天的北京大学？

至于职称，我以为还是按照原来简朴的做法，做减法，不做加法。如果要在教授中拉开等差，把正教授分一二三级比较好，那个贻笑大方的"博导""硕导"制度就该中止。

问：毕业生的高学历膨胀，客观上也有社会就业压力的影响吧？

朱学勤：可是高学历者多，并没能从真正意义上缓解就业问题，而只是把高中生变成本科生，把本科生变成硕士生。家长多花三四年的钱，只是把本来就存在的就业高峰向后延迟了三四年。有些就业单位，特别是文化单位、文化企业似乎总是要比需要的学历高一级的学历，去报社、出版社，甚至党政机关，都要求进博士、硕士，这样一抬，大学本科毕业生就很难找工作了，把本来应该到大学为止的“学历教育”，非要再拔高到研究生阶段，无形中把“专才教育”变成了“通才教育”，而合格的中、高等专科人才严重不足。

问：最近有报道说，深圳人才市场上高级技工与硕士一样招聘待遇，说明市场已经对这种教育的“通胀”亮黄灯了。你认为人才结构单一，棍子应打到哪儿？

朱学勤：主要是操作性技术较少受到重视，这从职称评定的价值取向上就看得出。不久前还有报道说，上海工艺美术厂需要专业技工，可现在美术学校毕业的人全都考大学去了，一些绝活一门一门面临失传。难道我们这个社会的形而下、形而中真已经发展过剩，非要集中精力都去搞形而上了？

大学里有不少人才，所谓“大学的实力在‘大师’”是对的，但是教师不能都是“只有设计的头脑，没有灵巧的双手”型的，也要形成人才的梯队。

发达国家对专门技术十分重视，比如在综合国力强大的德国，受中等职业教育的人的报酬、受社会重视的程度并不比大学毕业生差。我在工厂的时候，一个八级钳工得到的待遇和尊重一点不比工程师少。30 年了，我今天还记得那样的情景：碰上书本里没有答案的疑难怪症，一圈子工程师束手无策，现场只听得厂长对着电话里喊：“快，快叫‘段八级’来，派车接，把他从被窝里拉过来！”

问：你认为学校的管理者应该最操心什么？

朱学勤：一是钱，二是人。发达国家的大学校长也是操心这两件事。要尽可能争资源，也要利用社会资源，下大力气扶持、关心本校一流专家，人不要多，不要急着“催化”什么。

学术评估应该让给学术本身，要给教授更多的学术创新支持，这应该是最根本的一条原则。

如果把学术标准应放在教授委员会，如果每个学科有一两个过得硬的带头人，学科建设、学术发展不需要“大跃进”，“会”少开，“表”少发，不添乱，垂裳而治，让大学安静下来，不要“通货膨胀”，学校反而能够搞上去。

刘光鼎：学会学习比学习本身重要

采访时间 2002 年 2 月

刘光鼎，1929 年生于北京。地球物理与海洋地质学家，中国科学院院士。现任中科院地质与地球物理研究所指导委员会主席。20 世纪 50 年代曾组建中国第一个海洋勘探队，任队长。

曾就读青岛太平路小学、蓬莱第一小学、北京竞存中学、北京辅仁中学等，1948 年考取北京大学物理系。

问：你是提出“油气二次创业”理论的著名地球物理学家，但我在你办公室的书架上看到一排排武侠小说，办公桌上摆着文房四宝。听说你习武，甚至写过武术专著；你还是书法家、诗人，出版过个人诗词选集。想知道你当学生的时候是怎样让自己“兼学别样”的？这和你的专业成就之间有联系吗？

刘光鼎：我的武术是幼年向习武的大哥学的，后来他死在日本人手里。我十几岁一个人寄居在北京亲戚家上中学，拜师刘晚苍继续习武练身体，一生不辍，因而很少生病。我在中学是校铅球纪录保持者，校垒球队的家垒，篮球队的前锋，而我们那所中学的垒球、篮球是全市冠、亚军。强健的体魄是我从事地质研究的本钱，如今我的学生有些都“老态龙钟”了，我还能出野外考察，去年有半年在外面。

诗词、书法是我年幼时在蓬莱从母亲那儿得到的启蒙。母亲在油灯下背诵诗词、讲解典籍给我们听，并规定我们练书法。那时兵荒马乱，母亲受日本鬼子迫害早逝，远在西南联大的父亲给我们的生活费被人扣下，每周由我去钱庄领一斗玉米、一升黄豆的钱，全家勉强糊口。后来我到北京，少小离家的离情别绪，世态炎凉，国恨家仇郁积在心底，就偏爱辛弃疾、陆游的诗词，有时也想写一点。我初进大学时在壁报上发表了第一首诗。

对国学的这些偏好是一种心灵的熏陶，它开阔思维和想象。在这方面，许多科学家都是集才情于一身，比如已故地质学家朱夏，是大地构造和石油地质方面的世界一流学者，他精通英、法、德文，旧体诗写得特棒……

问：工诗词、擅书法是你那个时代许多学者的特征。现在的家长也希望把自己的孩子培养成多才多艺的人，但事倍功半的多，有些理科尖子人文知识方面相当干瘪，底气不足。你带的学生多，有这种感觉吗？

刘光鼎：这和现在教育摆脱不了“填鸭式”的通病有关。教师、学生围着考试的指挥棒转，知识面太窄，如果说文体明星文化底子薄情有可原，可普通学生的基础也不扎实，特别是一些基本的文化素养。好多学生别说毛笔字，连钢笔字也写不好。我带的一个博士后写平均的"平"，总是先写一个"干"，然后再左右加上两点，倒插笔。我想一个民族要在世界上站起来，还要靠自己的文化特色，走向现代化不等于丢掉传统，这方面不能一代不如一代。

我感觉现在的学生的毛病是老师讲多少知道多少，不大会学习。我的孙子考进北京最好的重点中学的重点班，算标准好学生了，可他平时忙的也就是老师教的那些，基本为了考试而学。说他没时间吧，其实给他时间他也不会用，离开老师讲的就没剩什么了，可以说除了计算机比我那时候强以外，和我那个年龄时差的不是一点半点。

我是学物理的，后来搞地质，有关大地的构造、地史演化、油气资源等知识全靠自己学习钻研。像现在的学生这样被动学，即使学得好将来又有何用？

问：如果你当校长，从哪些方面克服你眼中的这些不如意？

刘光鼎：要我说第一，课程不要太满、太多。基础教育的目的之一就是要让学生学会学习，就是将来给他们不断学习的能力和通达的眼界、心胸，明白事理而不陷入琐碎的事情。不必规定那么多课程，把本该属于学生自由发挥的时间空间都占上。学生们整天在课堂正襟危坐的，可谁知脑子里想什么？要相信他们都是向上、向善的，有识别能力，更何况也要允许他们犯错嘛。

我的看法是学生在学校期间要学会自己学，自己看，不要靠老师"填鸭"。即使看武侠小说，也不是光学点儿侠义之气，还有很多对人性的描写和深刻的见解。我在北大上学的时候，老师都不会把课填满，会留给学生自学的时间。

这就引出第二个问题，对老师的要求要高。我认为当老师最重要的是要给学生讲普遍性、规律性的东西，讲要领、方法，把知识框架搭起来，然后引导学生领会和发挥。这样的教师必定是研究型的，高屋建瓴的。我甚至想是否可以开一门课，就是讲科学方法、科学思维，从科学家创新的原始状态和轨迹讲起，告诉学生各科学习的方法、规律。教师起码要有这个意识。因为思维方法对做学问太重要了。

名师的影响是深刻的。过去北大有这样的传统，让最好的一流的教授、高手教基础课。记得当年我在北大念书的时候，教务长郑华炽教授教普通物理、曾昭抡教授教化学、王寿仁教授讲微积分等等。光明日报最近重提让一流教授给本科生授课的事非常有意义，我很赞成。

问：总觉得现在的学生总体上成熟较晚，你认为是什么道理？

刘光鼎：我看主要因为家长和学校都不够重视让学生参加实践活动。这其实也是学习问题。我认为读书有三种读法，一种是读真正有用的精品，要反复地读上一遍、两遍、十遍甚至倒背如流；第二种是浏览，对自己专业以外的要看懂，知道就行；还有一种就是在实际生活中、在与人打交道中学知识，也学做人。

我们都有这样的经验，有些课上特别费解的东西，到实际中一看马上恍然大悟，比如地质学常用的“脊斜构造”，在课堂上再怎么翻来覆去讲也不如到实地去看一眼。联系实际学，会事半功倍，一通百通。

另一个意义是让学生在实践中锻炼成长的，好学生不但要有全面的知识，还要有健康的心态。有实践才知道该怎样扎扎实实一步一步往前走，娇生惯养的孩子将来吃不得苦，做不成事，弄不好还会心理不健康。我大学三年级时，带着一个小分队到陕北搞地球物理实习，一切靠自己。现在回想起来，当年的北大同学，一面念书、一面积极参与学生运动，在社会实践中锻炼成长，毕业后很多都是佼佼者。现在光让学生读书会有偏颇，要在制度上多给他们创造真正到实际生活中学习锻炼的机会。

钱伟长：办大学要“拆掉四堵墙”

采访时间2002年3月

钱伟长，1913年生于江苏无锡。力学家、应用数学家、教育家，中国科学院院士。现任全国政协副主席，上海大学校长。20世纪50年代起曾任清华大学副校长、中科院学部委员、自动化研究所所长等。

5岁起随父亲、叔父就读各乡村小学、县初中，后考入省立苏州高中。1931年考入清华大学后弃文从理，6年后物理系研究生毕业，1937年考取留英公费生，于加拿大多伦多大学取得博士学位，后进入美国加州理工大学喷射推进研究所工作。1946年回国。

问：先生学生时代曾有过“弃文从理”的经历，后来交替从事力学、雷达、导弹、火箭、无线电、航空航天、中文信息处理等方面的研究，拓展科技、教育两个领域并成就卓著。如今先生近90岁高龄还在亲理校政，这是怎么做到的？是一专多能的知识结构驱动创新的吗？

钱伟长：我做任何事情，都是从实际研究提出问题开始的。无论搞科研还是做校长都是这样。我一直从事科学研究，当然晓得科技工作的任务，搞科技不仅要满足于懂得现代化提出的问题，还要传播知识、培养人才和梯队，这也是科技对教育的要求。但是无论搞科技还是搞教育，都需要尽可能多地了解社会科学的发展和进步，了解世界科技发展的态势，然后从国家需要出发提出和解决问题，这是实践对人的知识结构的要求。

我早年有幸接受了开放式的、适应性较强的教育，由这种教育获得的能力使我受用终身。科学研究需要这样的教育，因为科技发展是没有底线的，永远不可能有底线，只有“局部真理”，没有“全面真理”，每一项科学研究都是应时代的进步和需要提出来的，都是要靠其他学科的发展来帮助和推动的。

比如从1946年为计算武器的弹道轨迹而研制的第一台电子计算机，到现在可以应用于任何领域的计算机，经历了电子管、晶体管、集成电路为特征的几个时期。几十年前我在美国曾见过的那个有18000个电子管、1000多个灯泡的庞然大物，被一次次的创新发展成今天的概念，其间每一步质的飞跃，无不是多学科知识的汇集、融合、互动的结果。

科学的进步和创新就是这样一点一滴集合不同方向的信息发展而来的，社会越来越综合化，光靠某一个专业的东西显然是不行的。社会的发展、科技发展需要有广博的知识和有一定实践经验的人。

为此我国早已用法规的形式规定了高等教育的培养目标：“要培养德智体全面发展而有实践经验的人”。1994年以后加了一条，“高等教育要培养有创新精神的人”，这个提法当然是有深刻意义的。问题是什么叫创新精神？

我认为对教育来说，创新精神就是一种不光要给人家捋清楚已知的东西，还要主动把不晓得的东西都弄清楚的能力。人的精力是有限度的，而知识的增长是无限的。现在总说大学 4 年学不了多少东西，提倡终身教育，我想确切地说，大学阶段的教育应是一种针对专业教育而言的通识教育，是在为终身学习做准备、打基础的。有创新精神的人一定是善于学习、有较强社会适应性、能遨游各个知识领域并为我所用的人。

问：1998 年你曾在光明日报上撰文说："自然科学、社会科学与人文科学传统的分界即将消除，它们将结合成一个完整的知识体系"，你是从这个意义上把培养创新能力和"通识教育"联系在一起的吗？

钱伟长：我一向主张大学教育宜宽不宜窄，不能把专业看得太重。长期以来，我国高等教育受苏联教育模式的影响较深，主要特点就是教学方面过早专业化，本来目的是培养学生能够符合国家计划，但实际上有很多学生毕业后的工作与所学专业没有太大关系。过早专业化的结果常常是教师教什么学生懂什么，学生只在一个方向上发展，把这个方向上的东西学 4 年，别的都不懂，这不利于培养创造性思维。而社会需要能带着满脑子的问题从大学走出来的人，需要有创造性而不是模仿性的人。通识教育是对任何专业的学生的长远考虑，而不是急功近利，追求立竿见影。

我们现在谈教育，往往把教育的最终目标忘了，教育的最后目的就是要使我们的后一代能够继承现在的文化、科技水平。可我们不可能向学生传授全部的学问，却可以让他们在掌握一定基础知识的条件下，将这个专业最根本的东西教给他们，用这些作为媒介和载体，来掌握科学方法。

所谓科学方法是这样一个过程：针对某个问题搜集资料，了解教科书上所没有的、成功或不成功的经验，分析发展方向，对科学的本质性、规律性的东西进行总结和概括，得出共性的东西，提出进一步发展的办法，再经过实验证明这些想法是对的。

所以各个专业之间要互通，理科学生不可"重理轻文"，文科学生与理、法、工都要有一点交叉。

我在清华读书的时候就是这样的。包括后来的西南联大，集中孕育了一大批知名学者，包括搞“两弹一星”的优秀人才，他们都是样样在行、有很强的学习能力和系统观念、素质全面、富于创造力人才。那时许多学生毕业时的研究水平，现在博士生也未必达得到。

问：可以把先生讲的这些看成是上海大学近年来一系列改革的核心理念吗？

钱伟长：关于教育的一些基本主张，我从50年代在清华当副校长的时候就提出过。到上海大学以后，我一直在树立“拆掉四堵墙”的观念，这“四堵墙”分别是：学校与社会之间的墙；各系科、专业、部门之间的墙；教育与科研之间的墙；教与学之间的墙。

我们一直在这个方向上努力，并会不断地努力，使大学生学通、学会学习；使研究生能汲取新的、活的知识，从而改善知识结构，具有独立从事科学研究的创新能力。

魏明伦：独立思考　独家发现　独特表达

采访时间 2002 年 3 月

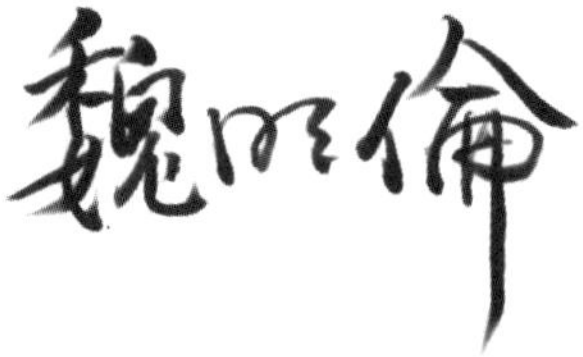

魏明伦，1941 年生于四川内江。剧作家、杂文家。现任中国戏剧家协会副主席。

曾上幼稚园，5 岁起就读内江大名小学，后失学。9 岁参加四川省自贡市川剧团。14 岁即开始发表习作。

问：你在戏剧文学方面的成就、学养与你本人的学历背景很不匹配，你认为哪些东西对你的成长、成才影响最大？身边常有高人指点吗？

魏明伦：我的学历在文化界最低，和我的个头一样的矮，连进修班、讲习所也没进过。我从 9 岁起在一个很闭塞的小城工作了 50 年，40 岁以后出川，50 岁以后出国。成名前未与任何大腕作家打过交道，没经过名师指点。

我童年失学主要因为是家里人口多，要挣钱养家。当然还因为我生长在一个和戏剧渊源深厚的流动性自由职业者之家，我小时戏唱得很好，有点像那个京剧小童星刘晓源。

我虽然只上过 3 年小学，但上学的时候都是拿头名奖学金的（我念的那个小学有奖学金），有一点天赋。我后来自学成才，逆境成才，得益于天赋、勤奋加机遇，这机遇主要是改革开放所提供的历史机遇。但如果非要说有什么与众不同，我想我从小思维方式就是逆向型思维，有独立思考、独家发现、独特表达的欲望和特点。

问：求异思维往往最难得，也是这些年来学校教育刻意培养、挺难培养的东西。你因卓越的文学才华出名，被称为“怪杰”鬼才，不乏求异思维的作用吧？想想你的生长环境还有什么特别之处？

魏明伦：我的父亲是戏班内场管事，也编剧本，母亲是没有多少文化但心智很高的那种女性，家庭有戏剧艺术的耳濡目染。思维方式是多种原因形成的，我的思维特点可能与我失学后练的三种“童子功”有关系——戏曲“童子功”、文学“童子功”、政治运动“童子功”，我是年龄最小的“老运动员”。三种功都不是后来补充的，确确实实从小练的，恐怕比较少有人这三种“童子功”一起练。

那时我小小年纪真的是台上唱戏，台下读书，阅读很扎实，什么书都看。我早在 1950 年就参加工作了，过早失去童年，进入社会，接触社会的底层，经历各种政治运动，并身体力行，饱尝人生忧患，遭遇着各种“变脸”，是地道的苦难人生，忧患人生。因为过早离开了学校，没戴过红领巾，比别人缺少了一些东西。但也正是这个原因使我在学习程序上少了些框框，不被动地被人牵着鼻子走，从小就不人云亦云，知识结构比较特别。

我始终认为“人云亦云，分文不值，独立思考，无价之宝”，学来的东西是举一反三，而不是“述而不作”，“述”是复述，“作”就是爱发挥，那几乎是我的癖好，不管是什么，越“大”越不迷信、膜拜，不想重复。

我的格言是“不迷信一切格言”，相信一切东西都有两重性，在一种情况下对的东西，另一种情况下就可能不对。这些大概有利于知识的融会贯通，产生思维的逆向辐射，也就是创造性思维。填鸭式的教学容易使人盲从，缺乏健康的心理素质。我上的是社会大学。

问：现在许多中学生就特推崇这种反叛性格，还出了以韩寒为代表的中学生作家，干脆离开学校去写作。你对此怎么看？

魏明伦：我不赞成放弃学校。如果我有机会选择，我会选择到学校系统读书，因为在解决了方法的前提下，人类需要按一定程序集中系统地学习。我这样的“失学也成才”是个案，不值得推广。我也曾寄语韩寒，他虽有叛逆精神，有天赋，但“学养不足，底子不厚”，远不及李敖、柏杨等名家那样从小博学。我的写作也从不是一气呵成，而是千锤百炼磨出来的。

我也只是一个特例，要知道我的知识结构是畸形的。比如理科完全不通，只会加减法，小九九表都不会背；国学、中文程度较高，但不会写借条什么的应用文，字也写不好。但有时能想到别人想不到的东西，别人觉得高深的东西我却能够领悟并发挥。

我的思维方式超前，但行为方式传统，成名之后十几年没有想到过挪挪地方，搬到成都是最近几年的事。总之我身上集中了很多矛盾，闭塞的环境、先进的潮流都影响着我。

问：现在很多孩子把电视剧中的人物当偶像膜拜，比如《还珠格格》中的小燕子，据说你对此颇有微词？

魏明伦：学生喜欢效仿，有时会不分良莠。很多孩子国歌可能不会唱，但会唱“有一个姑娘……”把小燕子当偶像去模仿，可小燕子是什么？是没文化、以无知为无畏的那种叛逆，不光撒小谎，搞点小恶作剧，还迎合了一种浮躁的痞子心理，向上钻营，攀龙附凤，本是平民身份，借小聪明拜皇帝当老子，挤进古代的公子太子党，很像弄臣韦小宝。金庸对韦小宝的描写是带有批判性的，而琼瑶写小燕子的笔调却充满欣赏赞扬。我看这个偶像会把孩子们带坏！

问：果然“独特发现”，小燕子现象真有那么可怕？请继续“独特表达”。

魏明伦：《还珠格格》借助电视的魔力，深入亿万人家，尤其深入亿万少年儿童内心。小燕子形象产生小燕子现象也是作者始料不及的。作者没想到小燕子会在如今这个浮躁的年代成了我们民族儿童崇拜的偶像。我们的东邻大和民族用电视剧引导日本儿童学习英雄少年：阿童木的勇敢，一休的智慧，排球女将的拼搏，阿信的创业……而我们的电视客观上却在引导中国儿童去崇拜小燕子。这小燕子与小痞子接近，以文化低劣为荣，以无知为无畏，是无耻之尤。自称“叛逆”，拜帝王当干爹，算什么叛逆？

神话中的哪吒才是叛逆，敢于闹海，反抗龙王。那个“海”是封建帝王的海洋化。哪吒是反抗帝制，但小燕子是依附帝制，是帝制的宠物。用游戏笔墨粉饰乾隆皇帝，巧妙地向现代观众灌输帝王崇拜。其实是鼓动追星族少读书，多钻营，争取跻身于太子公主、金枝玉叶丛中分享实惠。不过，小燕子是巧手攀龙，憨态附凤，做出大大咧咧、嘻嘻哈哈的样子。玩世不恭的小燕子不傻，被小痞子糊弄了的追星族才是傻瓜！

问：小燕子追求个性解放总没错吧？

魏明伦：真正的个性解放是没有偶像的。个性解放与偶像崇拜不可同日而语。个性解放与帝王崇拜更是水火不相容。一些青少年追逐小燕子，失去自我，还有什么“个性”可言？

我看，“中国肖邦”少年李云迪才有个性！不学李云迪，群起模仿小燕子，绝不是才子个性，而是痞子共性。这样下去，10 年之后，我们的东邻日本成长起大批阿童木、一休哥、阿信、排球女将……而我们中国的后代出了一批小燕子、小痞子，那会是什么后果？

前些年中日两国举办少年夏令营活动，已经对比出两国儿童的惊人差距，小燕子现象更使有识之士担忧。许多家长、教师与少年中的有志者都有感于此，忧虑“燕飞何处”。

赵宋光：教改的动力与范式

采访时间2002年4月

赵宋光，1931年生于浙江湖州。音乐理论家，美学家，现任广东星海音乐学院顾问。曾任中央音乐学院教授，广东星海音乐学院院长。在哲学、教育学、数学、工程学等领域研究深入。20世纪80年代，曾在北京几所小学、幼儿园实操他研究开发的小学数学“综合构建教学法”，取得成果。

3岁入幼儿园，在苏州、昆明等地读小学，后在江苏省立中学、东吴大学附中、私立光启中学等就读。1949年考入北大哲学系，两年后转到燕京大学音乐系（1952年院系调整后归入中央音乐学院），1954年曾被派往德国柏林音乐高等学校进修。

问：在20世纪80年代，你以中央音乐学院教授的身份在北京一些小学、幼儿园亲自操作一项数学教改实验。后来因你被调往广州工作，中断了。现在看，当年实验班的孩子长大后成才率高，普遍兴趣广泛，思维活跃。最近我在一次座谈会上听这些学生及他们的家长谈到，那段实验的特殊训练，对他们人生发展的影响极为深刻。作为实验设计和操作者，你觉得达到预期了吗？

赵宋光：有一个问题不知你想过没有，为什么中国孩子到了国外数、理、化分数总那么高？其中一个原因常常被我们忽略掉，那就是用汉语汉字材料建立的教学因素有一种潜隐的特殊优势。比如汉代就有的小九九口诀，音节那么简练，其成熟的程度当年已是世界第一。而英语的乘法口诀就非常艰涩，几乎没法背，德语更难，如“六六三十六”五字，德语要说成：sechs mal sechs ist sechsunddreiszig，相当于绕口令；珠算是我国古代筹算发展而成的，它把动作思维、程序思维、辩证思维全囊括了。其他各学科包括音乐、舞蹈的教学都有类似的元素可以提炼，把它们去粗存精，就能成为全人类的最好的“范式”。

所谓“范式”，就是从人类知识宝库里提炼出来的智能活动精华。如用说出来的语词，看得见的数字、符号、文字，以及用这些材料建立的算式、概括的公式、方阵、解方程的要领等等。

我想说的是，汉语汉字文化在这些方面有着特殊的优势，这是因为汉语音节简短，汉字是表意性的，有字序、词序、语序等许多活化的元件排，这些优势是拼音文字没有的。这一点那时李约瑟把东西文明一对比，就已经看到了，我们不能自己看不到，而简单提倡汉字拼音化，向人家的语言看齐。我想至少在英语越来越普及的同时，该促使我们想到如何挖掘、利用好我们文化的这些特殊优势。

所以中国知识界要有这样的责任和义务，不要让我们土壤里的肥料白白流失掉。我想我们应树立一个“汉语汉字文化圈”的概念，即世界所有有华人的地区的概念。提出这概念更有利于借助海外的力量，让汉语汉字文化的特殊优势提炼出来，与世界融合，成为全人类智能开发的范式。这是我搞教学实验的一个基点。十几年过去，我想实验班孩子身上应该能够体现预期的效果。

问：你设计实施的“综合构建”数学教改实验在当时甚至在现在看来都相当大胆，把传统教材的知识点内容大幅下放，完全打乱重组，打通来教，让人乍一听不是负担很重吗？

赵宋光：问题是什么是“负担”？“跑”和“跳”是不是负担？但没有这个负担，就不能发育，这种体力、脑力的支出就是发育的需要。学生之所以在学校感到负担沉重和压抑，是教材结构和传授方式有问题，缺少科学的方法结构，使得孩子们没有吃到多少他发育所需要的东西。所以高效的学习、智能活动需要两个条件：一是个体发育的需要；二是从人类文化中提炼的最带普遍性的“范式”。我认为在智能发育中，“动力发自个体，范式取自人类”。

第一，学习的动力必须发自个体，教学必须变成能满足学生天性、好奇心、表现欲的主动活动，调动起他们身心内部的活力，让他们充分体会到支配玩具、学具的自由感、成功感。

第二，要有人类最科学、最精练又普遍适用的范式。两方面缺一不可。没有动力，教学就成了“填鸭式”，使孩子们的创造潜能遭到压抑；没有“范式”，就容易形成“自由化”的学习，使孩子们的探索热情白白浪费。这两种偏向都会降低教学效率。我们曾在“向科技进军”的口号中在一些大学尝试办少年班，那个时期较强调人类文化的普遍性，不够重视个体发展的差异，有“填鸭式”偏颇；而现在强调重视个性发展，强调个体成长发育的规律，强调多给学生自由发展的空间，往往又忽视了另一面，使自由发展变成了放任自流。

问：记得你那时采用学具、配乐的口诀，还有把数字摆成“两岸阵”“四方阵”等很多新奇的做法。使用这些方法，最主要的依据是什么？

赵宋光：这就是在把人类最重要的财富变成普遍的、最易于接受的范式。

比如从幼儿园中班开始引入质因积，看起来好像不可思议，但是孩子们用积木块、配上一套新口诀，输入视、听、触多种感官信息，然后让动手操作和言语的传递互动，可以自幼熟悉它与十进制形式的互相转译。由于任何整数、分数、小数都有自己的质因积形式，就可以把质因积当作乘除法的基础训练来教，这样学起来非常容易，数学思维能力在实物形象、算术、代数三个层面上得到科学地培育，把一年级孩子的视野大大扩展了。

“摆阵”是利用了易经八卦阵的原理，借助空间关系进行逻辑思考。中国古代天文学就有代数特点，能把逻辑思维很清晰地图像化，“摆阵”借鉴了这种“理性直观”，把抽象的关系用具体的关系来表现。按照实验设计，小学一年级后半学期就可以很容易地学比例，用摆阵的图像化的方法把欧洲人发明的比例式消化了。总之实验是在用一种数量尽可能小、普遍适应性尽可能大的范式，重新理顺教材的逻辑关系，牢牢抓住了算术、代数、几何三科的内在贯通性来教。各课教学都可以研究提炼最科学的范式和教法。

问：这样把初、高中的数学引入幼儿园和小学，是否可以理解成教学生用简单的、浅层次的思维来解决复杂的高层次思维的问题，而熟练掌握和运用这样的“范式”，对人一生的思维方法和能力有决定性的影响？

赵宋光：运用这样的范式系统带来的一个结果，就是突破了儿童不能较早涉及抽象逻辑思维的难点。在传统教学中，抽象思维与形象思维的训练往往是拆开来进行的，儿童很难涉及抽象思维领域，所以代数只好从初中教起。

这个实验把抽象思维直观化，解决了思维“跳步”的难题，理性直观让形象思维和抽象思维相互补充发展，这才更符合人类的思维发育的规律。这应该就是那些实验班孩子思维活跃、联想丰富、兴趣广泛的主要原因。

问：你设计的实验教材、教法与现行的一套差别较大，教师培训难度大吗？“差生”学起来感觉怎样？

赵宋光：事实证明，青年教师几个月就可以学得用得很熟，困难的是习惯了常规教法的老教师。所谓“差生”，倒可能更适应实验设计。

有这样一件“无心插柳”的事：我曾编写了一本幼儿园数学教师手册，

一位刚从中师毕业的小学教师偶然从亲戚那儿看到了，读进去了，于是照此办理，教小学低年级的数学，结果她教的班上没有差生，最差的学生也有 80 分以上，她甚至因此出了名。

附：教学岂能一成不变

采访时间 1992 年 4 月

赵宋光，广东星海音乐学院院长，教授。国家教育发展研究中心未来教育研究室兼职研究员。从 1978 年起，在对哲学、心理学、教育学及自然科学进行综合研究的基础上，设计并着手在小学实施“综合构建法数学教改实验”，后扩展到基础教育的多学科教改实验。

问：开展超前教改实验在基础教育发展中具有特殊意义。作为未来教育专家，你设计的课程及教材教法新在哪儿？

赵宋光：人类科技文化和社会结构在 20 世纪发生了前所未有的变化，并由此导致传统学科从基础概念到理论框架的根本性变化，迫使各国教育家对延续多年、相对稳定的基础教育的内容、结构及一系列基本概念范畴进行全面的审视。不能不看到，有些基础概念已被科学的发展逾越甚至抛弃了，却至今滞留在小学教材里，给学生接受科学概念和定律造成严重障碍。

例如小学数学应用题和自然常识课里的“重量”概念，把质量和重力两个科学概念搅混在一起，无意中强化了“重物下落是物的本性”这种狭隘经验的错觉。这种非科学的观念大大加剧了学生日后建立质量和重力这两个物理科学基础概念的难度。课程和教学不应该是一成不变的。

问：“重量”这一类的教学内容似乎很难从现有教材中删除，就好比形式逻辑相对于辩证逻辑来说，虽不完美，但也必须肯定它的地位，是这样吗？

赵宋光：这样比喻并不恰当。形式逻辑与辩证逻辑的关系是像牛顿力学与相对论那样的关系，而重量对质量而言，只能像孩子们直觉印象中的“地心说”完全不同于天文学确立的“日心说”那样，是一种科学大门之外的经验观念。像这一类的教学内容在现有的中小学教材中还有许多，都应尽快删除。

另一个问题是，在现代科学中许多具有基础意义的重要概念，却没有及时增加到基础知识和基本概念体系中。例如，原子结构和核外电子壳层轨道填充的数量规律，是20世纪在物理化学接壤的领域所发现的真正的基础知识，但以往被认为是高深抽象的知识，只能放在高年级教，结果小学和初中生只是跟感性现象打交道，暗中摸索，死记硬背，使其积累的有关知识与经验无法按现代科学的结构形态来组建，学生早期智能结构发展中留下了一系列难以弥补的空穴，丧失了许多智力发展的有利时机。

还有像十进制与科学记数形式相互转换的方法；细胞的微观结构和胚胎发育规律；思维的逻辑程序框图……这类知识显然是现代科技大厦的基石，都应该通过直观化、模型化、操作化、系统化的教学手段及早进入基础教育的课程结构中去。

问：随着基础教育改革的深入，教学的进度在加快，深度在增加，而教学时间和教材总量却不容膨胀，否则会加重学生的负担。怎么解决这个矛盾？

赵宋光：这是世界各国的教育改革者们普遍遇到的难题。怎样使深奥、抽象的学科结构为儿童所理解和接受？我们在多年的实验研究中受到胚胎发育规律的启发。

胚胎学揭示出：生物个体的各个生理器官在胚胎发育过程中，不是一部分一部分先后生长，依次形成的，而是各器官的结构在胚胎发育的早期几乎同时孕育萌发，一开始就经历了从无到有的飞跃，而后在协调发展中各自经过一系列变形甚至质变，方能逐渐成熟完善。违反这一规律，势必形成畸胎。

这一规律在儿童身心发育中同样适用，并且是不能违背的。然而目前基础教育的内容结构以及每一学科的进度安排主要是按知识类型分块排序，各自封闭求全，严守符号系统自身的严整性和完备性，其结果一方面造成大量教学难点，另一方面又丧失了儿童许多潜能发展的最佳时机。

基于这个认识，我们主张并已开始实施，在课程结构和教材内容、进度的设计上，尽可能充分遵循和体现“胚胎发育原理”，要求依据人类心理结构的多层次性，让各个对应于表层、浅层、深层心理结构的不同器官同时得到发育。

问：胚胎发育也要按批量、分前后，你所说的“不同器官”能同时得到发育吗？

赵宋光：所谓胚胎发育的先后是说胚胎的萌芽有先有后，或者说分批，但并不是说第一批萌芽成形后第二批萌芽才萌发。无论先萌发的，后萌发的，其从萌发到成形的过程是同时的。

儿童心理结构中的浅层（如图像、实物、情景、直观操作）、表层（符号形式，如语言、数字）、深层（符号之间相互转换的逻辑关系）及与其相对应的不同器官如能同时得到发育，将能促使不同学科（如几何、算术、代数）、不同手段在同一时期出现在儿童面前，以诱发其多方面的驾驭能力，使各种身心器官、素质的萌芽彼此镶嵌，形成有机联结的整体。

李燕：人文素质教育不简单

采访时间 2002 年 4 月

李燕，1943 年生于北京。学者，画家。清华大学美术学院副教授，李苦禅纪念馆副馆长。

曾就读北京西观音寺小学，北京二中、中央美术学院附中，1960 年考入中央美术学院国画系。“文革”后期结束下放回京，曾入职荣宝斋，并协助父亲李苦禅工作。

问： 常有媒体披露，一些高学历的人发生犯罪或引起公众强烈不满的事件，人们常因此诟病现行的教育。你怎么看？

李燕： 这些问题如孤立看待，个案处理，只能扬汤止沸，不能解决根本问题。法制又只能治标不能治本。道德思想教育有时理论脱离实际，流于空洞古板的照本宣科，一些青年学生为应付考试“强耐而心不在焉”。学校、社会过于重视学习成绩的量化标准，使得学生拼命储存单调的专业技能，有些博士正在异化为知识的“窄士”，更有一些青年人表现为情感失控，心理变态，行为失常，有知识没文化，有智商没人性，受教育没教养。

人需具备两方面的基本素质，人文素质和技能素质，即做人与做事，二者缺一不可。文明人应具备方方面面的精神“元素”，如同情心、恻隐心、和而不流、直而不肆、慎终追远、自强不息、厚德载物、庄敬自重、礼让谦逊、言出行随、宁静致远等等，如缺失过多，就成为“人文残疾人”。这种不利或危害的潜伏期较长，爆发点无常，后遗症危害很大。我说这些预示着社会潜伏着人文危机，不是耸人听闻。

十年“文革”破坏了正常的人文环境。拨乱反正后，首先要解决经济崩溃和十亿人吃穿住的问题，以经济建设为中心，人文环境的恢复与建设相对滞后。人文素质正在下降，人文教育已到了非抓不可的时候了。

问： 在你眼中，中国特有的人文资源有哪些？

李燕： 作为历史悠久的文化大国，我国人文的资源不但深厚，也十分独特和精妙。比如中国欣赏好东西的时候叫“品”，如“品茶”，进而引申到艺术鉴赏，画画技巧熟练、格调低的叫俗品，然后依次是能品、神品、妙品、逸品，一层一个境界，这只有中国有。工业民族大都冷冰冰的，用 ABCD 或数字划分、解释、研究现象，这种脱离人文的纯科技驱动社会发展，人性自然趋于消失，弄不好就产生“科技动物”，制造出日新月异的危害人类的发明创造物。

人文是人类社会的灵魂，科技是人类社会的工具，人文要统领科技才能有利于文明。哲学是人文的核心，艺术是人文的外在表现。人文不能靠科技来加速发展，只能靠文化历史积淀的成果来推动。

中国的优秀知识分子都是人文素质很高的人，“两弹”元勋邓稼先的人文底蕴就十分深厚，很少有人知道他对京剧的痴迷，很少有人知道他的祖辈邓石如至父辈邓以蛰的文墨家风。先父李苦禅是第一个把京剧纳入中国画高等教育体系的人。他认为京戏是中国文化的一种综合产物。中国艺术强调文化底蕴，在画界，“文人画”丰沛哲理修养、文学修养、书法修养，并与意象绘画交融，所以价值最高。

现在有些年轻人觉得我们处处不如西方，甚至连自己的皮肤、头发颜色都不如人家，其实没有起码的民族自尊心，对祖先文化也没有一点点了解的兴趣，往往用盲目的、支离破碎的、片面的审美眼光理解生活，这正反映出他们的知识结构人文营养不良，不是缺“钙”，就是缺“钾”。我就不信有起码人文修养的人会为了证明动物嗅觉而拿硫酸去泼狗熊。

问：人文素质在教育中强调得不够，需要加强。而学校里有些事情一说加强就要考，可人文的东西多是靠感觉、悟性得到的，主观色彩多一些，难以量化考核，你怎么看？

李燕：我认为人文素质、人文学科的成绩不适合量化考核，否则容易陷入形式主义的误区。人文是灵魂里的东西。古今人文知识分子的观点、成果从酝酿到产生效果的时间较长，让人们认识接受也有一个过程和条件。条件不出现，很难让多数人认识接受。

比如半部小说《红楼梦》曾被判为不及格，是禁书，后来才成了红得不得了的“红学”。马寅初先生的“人口论”一出来就判了个“不及格”，挨了多少年大批判！直到他快一百岁时，才成了“迟到的胜利者”。学生人文素质高低，多年后才能最后证明。人文类选修课主讲教师可用评语的形式与学生互动。写评语也有主观性的问题，不一定都能判断正确。北宋时出现的写意画当年就不被官方看好，代表皇家观点的评价是“粗恶无古法，诡形殊状”，后来还不是成了我国绘画的主流。

当然也有评价高明的。古代老教师对学生作文滥用“而”字就有这样的评语：“当‘而’而不‘而’，不‘而’而‘而’，而已而已”，即俏皮地指出了用“而”不当的错误，也示范了正确用法，学生看了服气。因此文科评语带有某种互评的双向性，对学生、对教师同是检验。

就是说培养人文素质还要有高人文水平的教和带，而且是不宜全用科技手段代替的。

问： 计算机教学的优势再多，毕竟“人机对话”和“人人对话”有很大区别，特别是人文课程。你的学生认为你课讲得漂亮，有课堂魅力，可否分享一下你的教学心得？

李燕： 我最怕听人文方面的学术报告时，主讲者离不开电脑，讲着讲着说“等一下，什么什么是这样的”，然后摆弄机器，这样一来整个场子一气呵成的氛围就散了。对于文科教学来说，教师语言、声调、手势、眼神、面部表情这些最基本、最朴素的授课元素是最有感染力的，再加上肢体语言，可以说“手、眼、身、法、步”一举一动都是教育。这些从孔圣人那儿开始就是如此，现在不宜代之以身外物的什么机器工具。

教师不能全指望电脑帮他记忆，那太窒息人的思维了。本来各种教学元素、原料之间应该有一种最佳的有机组合，在传授知识的同时还要传达给学生激情、感情，甚至是“心心相印”的感染，那不是录像和电脑投影器代替得了的。

我父亲当年教书讲课从不带稿子，但不带稿子不等于不准备，他说你要讲的一定是自己烂熟于心的东西，否则干脆就别讲。都说文怀沙老师的课讲得特别好，他也是一张纸片也不拿，但听众场场满座，中无退场者。我的老师包于轨是国学大家，记得他说过，文科教师要有三个基本功：一是谈吐；二是文笔；三是风度。风度不是摆架子做戏，是说行、动、坐、卧、走都要合乎场合，表情神态都要对听众有感染。

的的确确，几十年过去了，我只要一闭眼，老师形神兼备的讲授就在眼前了，真是言犹在耳！就是这么有魅力。我是被这样的老师带出来的学生，不把这些风范在我的教学中表达出来简直是罪过，这些优秀的人文教育传统方式不能从我们这儿失传。

谢晋：光坐在教室里成不了才

采访时间 2002 年 4 月

谢晋，1923 年生于浙江省绍兴市上虞区。导演，中国文化艺术联合会执行副主席。是迄今国内外获奖最多的电影导演。

在上海读完小学，抗战开始曾到香港读初中，后回上海读大夏附中、稽山中学高中，业余参加电影训练班学习。1941 年考入四川江安国立戏剧专科学校（中戏前身），中途到重庆中央青年剧社工作，1947 年在南京国立戏剧专科学校导演专业复学。

问：家庭、学校和环境三个因素，哪一方面因素更影响你成才？

谢晋：三个因素都有影响，环境影响要大一些。我生在一个封建家庭，祖父是读书人，当时与秋瑾、徐锡麟等革命人士交往甚笃，是上虞县（今绍兴市上虞区）第一个剪辫子的人。我是家中的长房长孙，受到祖父的宠爱和影响。他对我影响最大的一件事就是我 9 岁生日那天，他花了七八块大洋，给我买了商务印书馆出版的一整套《小学生万有文库》。那套书整整 500 本，全是古今中外名著的节本，除“三国”“水浒”“西游”外，还有《伊索寓言》《安徒生童话》，许多爱国主义小说统统在内，是郑振铎、茅盾等一批最优秀的知识分子编选的，在当时称得上是代表先进文化的东西。

那个时代有能力并舍得花钱给子女买那么多书的家庭不多，我很幸运。那些书让我读得如痴如醉，可以说影响了我一辈子，还影响了我的许多同学。经过那么多年，至今我家里还保留着其中的一部分书和那个原装的柜子。

除了看书，我小时还看了大量电影。我家迁居上海后，一有机会，我就拽上母亲去看电影，30 年代的中国电影我很少有没看过的。我觉得光坐在教室里学习不行。中国有句话叫“读万卷书，行万里路”，这两件事我在青年时期都在做。我小学毕业时抗战爆发，整个中国非常动荡，我先后从上海到了香港，后来在重庆、南京求学和工作，转了大半个中国，可以说人生最好的年纪都是在颠沛流离中度过的，这一段生活对我认识中国和中国的文化，影响太大了。看书、看电影，加上曲折的经历，这些人文的积累奠定了我的人生和事业的基础，比坐在学校读书更影响我。

问：那时虽然生活动荡，但对学习的渴望和自由的学习方式难得。今天的孩子要被动得多，是考试多的缘故？

谢晋：现在的学生不好说。反正许多家庭只要有一个孩子考试，就搞得亲戚朋友全都失魂落魄的，社会太看重考试了。其实考不上大学有什么关系？我小时数学很差，可是一接触艺术我就游刃有余，能发挥得很好。加上后来又给焦菊隐、曹禺、马彦祥、黄佐霖这些优秀的艺术家当助手，就顺理成章地走进艺术之门。

我父亲和家人希望我念理工科，认为那样什么时候都有饭吃，搞艺术在当时是最穷、最没保障的职业，可事实证明这条道路很适合我。凡事都不能强求，教育更不能拔苗助长。可惜许多家长都看不到这一点，反而会耽误成才。

问：青年学生都有将来成就一番事业的梦想，对于选择在文科方向发展的人来说，你认为哪些知识、素质的积累最有用？

谢晋：人都会有所追求的。比如我喜欢拍能留下来的电影，写小说的也希望留下万古流传的作品，但是取得这样的成就需要很多条件。除了个人条件，还需要许多微妙的历史条件。有人立志要写一部超过《红楼梦》的小说，但后来知道写不了，就是这个道理。许多大作家的儿女当不成大作家，首先是因为他没有和父辈一样的经历。

所以我认为人的学习过程不是走出校门就完成了，经历、阅历对于人文、艺术方面的人才来说也是一种学习，某些意义上比在学校学习更重要，因为它最能丰富和提升人的综合素质，对艺术人才来说，决定和影响你的创作。

比如，我拍《舞台姐妹》，就是因为袁雪芬等越剧艺人少年时代受苦，天天睡在船上的那些经历我也见到过，自然成了我拍电影的首选题材。我五六十年代拍的电影《红色娘子军》《女篮5号》等片子多是写新旧社会对比的，但“文革”后拍的《天云山传奇》《芙蓉镇》《牧马人》，包括《鸦片战争》，在片中多做了一些带有较深理性思考的悲剧处理，这是我们整个民族经过十年“文革”后，学会了思考这种变化的一种折射，这种觉醒势必影响到我的创作。

每个时代都有每个时代的矛盾，所谓第一代到第五代、第六代导演，每一代拍出来的东西都不同，就是因为他们在不同的背景下有不同经历。张艺谋这一代导演成就较人，也是因为他们所受的教育是在艰苦的磨炼中获得的。没有一定的阅历，任何人要成为大艺术家都是不可能的，特别是痛苦的经历，那是一种最深刻的学习。阅历积淀人文修养。

问：人文素养的提升也有赖于人文环境吧？

谢晋：很多人以为加入世贸组织后中国经济发展速度更快了，人文的东西自然而然也就上去了，像 APEC 会议，开得让外国人目瞪口呆。其实我们在人文环境、人文意识形成方面有很多问题。人类也有同样的问题，在经历了两次世界大战后经济上去了，科技上去了，而很多宗教、民族等人文方面的问题并没有解决。科技曾非常发达的苏联解体就有这方面的原因，美国也有这方面的问题。

我们经过十年“文革”的劫难后，一些被摧毁的东西并没有真正建立起来，这是教育需要面对的最大的问题。教育要走向世界，不能不重视人文教育。前不久听到杨振宁先生在讲话中大谈师长冯友兰先生，我听了很有感慨。又记起四次文代会上，夏衍同志专门请钱学森先生给文艺界讲文化，许多人吃了一惊。杨振宁、钱学森都出自清华，清华当时的文科也非常棒，和理工科互相渗透，融会贯通。这样的办学思路仍然值得今天所有大学很好地借鉴。

问：看到你刚刚买了这么一大堆新书回来，不用问就知道你有多年读书习惯。每天都看吗？

谢晋：读书学习是我每天必需的功课，人需要继续教育，终身教育。我拍一部片子要看几百万字的资料，才不会出纰漏。比如有的古装片，皇帝、大臣出场不论何时何地必穿龙袍、朝服，我片子中的林则徐是打着蒲扇穿着无袖夜服出来的，这就是从学习中来的。

冯小宁：历史教学缺了什么

采访时间 2002 年 4 月

冯小宁，1954 年生于西安。导演、编剧、摄影师。

曾就读原北京石油学院附小、原北京钢铁学院附中，初中毕业后在工厂当翻砂工。1978 年考入北京电影学院美术系。

问：你拍摄的系列反战题材的电影给人印象很深，2001 年拍摄的《紫日》获第 21 届美国夏威夷国际电影节最佳影片大奖。但听说这部影片在国内放映时，有的学生场出现了反常的“笑场”现象？

冯小宁：是去年 5 月的事。当影片出现日本鬼子把一个农妇绑在树上当靶子练刺杀、她的儿子惨叫着看母亲被一刀刀地杀死的时候，一些小学生笑了，而且不是一场。一些大学生、研究生在观影时，也不太理解，认为日本兵可能这样做吗？曾有大学生提出，拍这样的影片是不是会伤害日本人的感情，特别是加入世界贸易组织后，会不会影响国家关系？影片《黄河绝恋》在一个名牌大学放映后，一位女生发问：“不知道现在拍这种写战争、血腥的片子还有什么意义？”这声音被一片嘘声淹没，这时抢先站起来的也是一个女生，她说：“我认为日本法西斯这些暴行，不是表露得过分了，而是远远不够，还应该继续不断地说下去，永远不能让历史上的这些罪行在我们这一代身上滑过去！”然而这是一位韩国人，她的同胞同样有当亡国奴的历史，为什么如此强烈的激情声音是出自韩国人而不是我们？《紫日》在美国放映时，连日本观众都哭了，我们的孩子怎么了？

问：这和当年我们这代人小时候看《小兵张嘎》，看日军屠杀中国人的时候，有巨大反差。说明什么？

冯小宁：因为我们这一代人对这段历史的了解还有，那种民族感情还有。这也反证了这一代不少孩子对这段历史的模糊，那种应有的感情的丧失，这是让许多人感到痛心和担忧的地方。鲁迅当年正是在影院看到屠杀中国人却有中国观众笑，才愤然弃医从文的。尽管这些孩子还未成年，但日本侵华战争是一个历史常识问题，是和知道自己的爸爸、爷爷是谁同样的问题。当然并不是大多数年轻人都这样，同样是小学生，有的场次一个笑的孩子也没有。说明孩子们在不同学校和环境中接受的教育不同。

问：分析一下，这样的反常事件给教育亮出了哪些信号？

冯小宁：我想首先一点，就是孩子们不知道事实。尽管有社会课、历史课，但他们很少能得到关于那场战争的真实印象。去年我的儿子准备高考，历史成绩老上不去。把书拿过来一看，发现我也看不下去，尽是累积各种各样的条款，这些条款以及为这些条款定性的词句都要背得一字不差，如此枯燥、教条、干巴巴，能引起孩子的兴趣吗？对低龄孩子应该以知识普及为主，本来没有必要把这种普遍的教材弄得面面俱到，搞得学来学去，连我儿子那样挺大的高中生都逆反。

高中生、大学生的问题也是从小学来的。如果抗战这段是这样讲法，孩子肯定不愿意接受，他烦。历史是很形象的，可我们却把有些课本弄得不如县志生动，让他似乎知道抗战但又没有直观的、真正印到他血液里去的东西，等他们把考分给熬下来以后，谁还管什么历史？他们懂什么叫中国劳工？懂什么叫集中营？他们知道侵略者怎样把活人刀劈两半，把老百姓集合好，拿日本军刀一个一个砍头，然后比谁让血喷得高吗？这些血腥事件，难道我们不该让孩子知道，就因为它血腥？孩子都是有良知的，你只要告诉他事实就够了。

日本鬼子修改教科书是成心不让他的后代知道这段历史，而我们没有修改教科书，我们的孩子也不清楚这段历史，这就奇怪了，最起码我们愧对在那场战争中死亡的数千万中国人，愧对我们的长辈。这个不忠不孝是对民族不忠、对祖先的不孝啊！

《紫日》的演员用了一个 18 岁的日本姑娘，她妈妈从日本寄来大量真实史料辅佐她，可见多数日本人是尊重历史、愿意让他们的孩子接触这段历史的。而我们的教育似乎总在给孩子吃甜枣。我也理解编教材的为难之处。但是总不能看着我们的孩子，往洋奴那儿变吧？不妨给他一段日本侵华暴行实录，把历史真实告诉他。我们教孩子爱，同时要教他恨，恨“恶”的东西，他才能珍惜“美”的东西。重提侵华战争中的血腥和暴行，这对孩子来说就是种牛痘，牛痘这东西严格说是变异过的病毒，多可怕，但一针下去，解决一辈子的问题。

我们可以钻进那些笑的孩子心里去想，他平时对干巴巴的教材没兴趣，对什么东西感兴趣呢？游戏机。孩子很少有没玩过游戏机的。他们不断“杀死”自己的对手，而且是自己操作，在不断的“杀人”中取得快感，杀人狂往往是他们眼里的英雄。因此当在银幕上看到一个人杀另一个人的时候，这种快感便自然产生，于是他们笑了，此时拿希特勒残害犹太人的电影来，他们还是会笑。

问：所以你拍电影，更重视其社会教育功能？

冯小宁：每个人都有把历史的真实告诉后代的责任。总有人问我为什么老拍战争片？我说我是在拍近代史的故事，而我们的近代史几乎就是一部战争史。我 10 年的创作，提出的问题都是一个——人类为什么要互相残杀？对于战争恶魔、法西斯主义，如果不把它永远钉在人类历史的耻辱柱上，并且隔年就增加几颗钉子，谁能担保它哪天不会复活了呢？这也是有关人文教育的大事，如何让青少年一代珍爱生命、善德善行是中国教育很急迫要做的事。西方许多东西确实优秀，我也喜欢。但有一点，不能太追求时尚，特别是文化时尚，它作为一种调料尚可，但毕竟不是主食。

敬一丹：农村人口、流动人口子女的教育是大事

采访时间 2002 年 5 月

敬一丹，1955 年生于哈尔滨。电视节目主持人，在央视主持多档时政、财经类金牌栏目。

曾就读哈尔滨文昌小学，国庆小学，44 中学，在小兴安岭清河林业局林场工作时被选送北京广播学院（现中国传媒大学）学习。1983 年通过北京广播学院播音专业研究生入学考试，1986 年取得硕士学位。

问：你在不同栏目组任主持人时，都策划主持过有关教育的节目，包括财经类节目中的《一丹话题》。前不久在《东方时空》看到你在贵州山区学校的采访。这是一种怎样的教育情结？

敬一丹：这种由问题、由忧虑产生的情结我宁可没有。我们这一行经常会目睹生活的巨大反差，以至于需要有较强的平衡能力才能适应过来。4 月份我们节目组到贵州桐梓县采访，确实又有不少触动。

我在那里接触了教龄以几十天计算的教师，教龄二十多年的校长，一大群孩子和其中的三个孩子的家庭。

一个叫卢友顺的 15 岁孩子是我在看学生作文时注意到的。他写道："妈妈给我寄来毛衣，问我穿着是不是合适"，我感到奇怪，妈妈难道不和孩子在一起吗？原来这孩子的父母在他 13 岁时就双双出去打工了，更让我吃惊的是我们到了他家里，看到这孩子真的是独自一个人生活，而且是边上学，边种地，做农活的动作极熟练，"别人家怎么种地我就怎么种"，他说。这学期他母亲给他寄了 100 元钱，交学费用去 81 元，剩下的是半年的零花钱。家里没有表，每天上学都要到别人家里看表。那天是我们工作强度最大的一天，因为从学校跟着他回家单程走了一个多小时山路，而他每天都是这样往返。

在村子里，父母在外打工的孩子很多，一个教学班上大约有一半学生家庭有民工，卢友顺不过是被我们碰巧遇到的。一个老师说，他教的那个村子里年轻人不多，一些劳动现场多半是老人、妇女和孩子。

面对流动人口大量涌入城市这个改革开放时期特有的社会现象，不知有多少人会想到，这个庞大人群在动态地影响着城市的同时，他们留在乡间、留在大山的某个角落里的孩子。把孩子留在一个闭塞的小山村，安全倒很安全，但是让正在成长中的孩子远离父母，这对他的身心发育会有怎样的一种影响？

还有一类孩子跟着父母生活在城市的边缘，很难进普通学校。能上的打工子弟学校由于种种不合法，三天两头被清查清理，有的学校在摧毁棚户区的行动中被一起推倒，有的孩子会亲眼看见这一幕。我常想，这在他们的小小心灵中会留下什么样的痕迹？那些在菜筐边、垃圾车旁的孩子在用什么样的眼睛看待周围的这个世界？

这还让我联想到一些城市雕塑和灯箱被毁坏的报道，那种破坏是带有敌意的，行为后果并非能够“利己”，而是一种最直接的发泄。所以对这部分人口的生存状态，以及产生的特殊社会心理不该被我们忽略，对他们的子女的教育也应特别关注。因为他们数以千万计、万万计，而且他们的孩子会很快长大。

问：尽管还面临许许多多的问题，但应该说“普九”任务的初步完成也是教育的进步。你怎样体会和看待这种进步和变化？

敬一丹：尽管巩固“普九”成果的任务还很重，但是我在采访中还是感受到了社会进步对边远地区的影响。我问贵州村里的孩子们为什么上学？回答多是为了将来出去打工，打工需要有文化。我觉得这些也表现着某种观念进步。

由于进城打工者所传递的新鲜信息，使整个山村都在把眼界挪到大山之外。比如我们与村民交谈，他们大都局促不安，不知道说什么好，但有一个小青年，穿着很城市化，说话大大方方，他在外打工 5 年了，在这里他或许也是一种成功的榜样。

山村的这种变化，是农村教育背景的变化，我们在关注教育问题的时候不能忽略背景。虽然都是在贫困山区，但这次采访的印象与七八年前不同，从村里人的眼神看得出来那种对未来的向往。打工促使他们走出家庭，走出大山，也为山村带来新鲜的气息。

90 年代初，我在大别山采访时，豁然看到这样一条标语，“再穷不能穷教育，再苦不能苦孩子”，当时只觉得心被猛烈地撞击了一下，这条标语后来成了深入人心的一句流行口号。这次我在贵州铜梓又看到这样一条标语，“依法入学是青少年的权利”。我在这条标语前站了很久。

如果说十多年前大别山那条标语更多传达了一种情感的话，这条标语更多表现的则是一种理性的力量、法律的力量。我们关注的其实是一个历史性的过程，是一个历史进步的过程。如果农村的学生、家长和教师都有这种法制意识，国家在经济上能保障每个学生实现这种权利，国家就有希望了。尽管这些孩子生在大山的某个角落，这种受教育的权利却是平等的。

问：师资和经费投入最能代表这一点。请谈谈这两方面有哪些见闻？

敬一丹：这次我们采访了一个叫戚谊的只有几十天教龄的美术教师、班主任，她刚从师范学校毕业，教态、眼神都特别“标准”，成为这次采访中的一个亮点。虽然她教的是色彩最为丰富的美术课，但她说给孩子们上课的时候，只能提一支笔要求，因为全班40多个孩子只有六七个人有彩笔。教画画使她离学生很近，她说印象最深的是学生干裂的手，他们每天放学后都要去打猪草。她不知道她在这里的路有多长，但她爱这里的孩子和她的工作。

山村里难留住素质较高的教师历来是当校长最着急的事，这件事现在有了变化。戚谊刚参加工作就拿全额工资，每月600多块钱，比镇长的工资还有保障。当然不能因此要求有志于农村教育的人都一辈子留下来，他们也有选择生活的权利，但这至少说明社会在进步，教师的地位即使在这样不发达的地方还是提高了。

这次我们带去了要为山区学校安装远程教学设备的消息，教师们的反应也极不一样。像刚从师范学校出来的戚谊就高兴得跳起来，另一个同工不同酬的代课教师则马上想到自己会不会因此被淘汰，就连那个教龄20多年的校长也在思考，今后自己是否能胜任工作。的确，教师的观念在变，教师的待遇也在变。

问：义务教育法赋予少年儿童受教育的基本权利，你认为在贫困地区如何保证这种基本教育权利的实现？

敬一丹：实现这种权利，靠多种力量，公众关注会产生力量，慈善之举也会产生力量，但最持久、最有决定性意义的力量来自国家。国家的行为具有刚性，具有力度，是其他力量不能替代的。

何振梁：体育要强调“育”的功能

采访时间 2002 年 5 月

何振梁，1929 年生于江苏无锡。中国奥林匹克委员会名誉主席，国际奥林匹克委员会执行委员及文化与奥林匹克教育委员会主席，2006 年获我国首个电视体育终生成就奖。曾任国际奥委会副主席，国家体委副主任、党组副书记。

曾就读无锡源康丝厂子弟小学，抗战爆发后移居上海，进入中法学校（现光明中学）学习，就学期间曾三次跳级，1950 年毕业于上海震旦大学理工学院电机系。

问：通过多年在奥委会的工作和国际交流，你认为我国中小学体育教育比较国际水准有哪些不适应？

何振梁：长期以来，我感到中国的中小学体育教育有这样一种倾向，就是强调在青少年身体成长方面的作用多，不大注重体育在素质教育方面的特殊作用。强调体育强身健体的作用和培养学生健身习惯是对的，但这只是体育含义的一部分，体育对于一个人的心理、意志品质的锻炼更为重要，它不仅激发克服困难、超越自我、奋发向上的力量，还有培养团队精神、公平竞争、诚信等道德品行的功能。而体育的这些“育”的功能似乎总是被忽视。

我曾问过美国大企业的老板，“你们怎样挑选优秀的人才到企业？”他回答说：“到名牌大学体育队的队员中挑选优秀学生，因为他们是在竞争环境中锻炼出来的，更具有在社会环境中克服困难、战胜对手的勇气和力量”。

问：这个说法很有意思。是因为国外的体育教育重视了“育”的功能吗？

何振梁：英国教育对体育的重视程度令人吃惊，在各个学校，体育课至少与文化课并重。所以威灵顿在滑铁卢打败拿破仑以后说过意味深长的一句话：这场胜利是从伊顿公学的球场上开始的。伊顿公学的运动训练所以著名，就是在培养永不服输、拼搏奋斗的体育精神上。国际奥委会的创始人、法国教育家顾拜旦，当年就是在分别考察了法国和英国的教育后，学习英国，在法国积极倡导体育，后来立志恢复奥林匹克运动会的。

而我们的学校体育常忽视体育的这些功能。有些学校几乎把体育课上成了康乐课，好像带着孩子玩玩就行了。这个动机也许是好的，或者是必要的，但毕竟体育有“育”的特殊功用。毛泽东早年曾在用“二十八划生”笔名发表的《体育之研究》中说：“体者，载知识之车而寓道德之舍也……体育之效，至于强筋骨，因而增知识，因而调情感，因而强意志。”

国家体委有一个专职委员早年曾在英国上中学，他就深刻体会到，英国对体育的重视远远超过了国内。他个儿不大，那时天天要和比他个子大得多的英国孩子在拳击台上拼胜负，只能进取不能退缩，这种意志的锻炼对他影响很大。后来他回国读书，1958 年成了第一个打破国家田径纪录的大学生。

我的小孙子考高中时要参加 1000 米跑，他开始一直在中间跑，并不急着抢先，到最后，不断给自己加油，一个一个奋力超，最后追到前 3 名。事后他说，他从跑步中体会到人生的拼搏的意义。这就是体育给 15 岁的孩子的切身感悟。前几年中日少年夏令营中的素质比较也说明了我们的体育在育人方面的不足。

体育功能的全面发挥又牵扯到体育教师的素质，乃至教务主任、校长的素质，他们是不是有这种自觉意识非常重要。

问：体育界出现的“黑哨事件”也给体育道德教育带来警示，你认为体育应怎样使高竞技水平和高素质统一起来？

何振梁：“黑哨事件”从一个方面反证了以往我们看待体育太功利了，急功近利的考虑太多了，也和我们不重视体育的育人功能连在一起。奥运精神之一就是费厄泼赖——公平竞争的精神，反对任何不正当方式和手段换取虚假荣誉。体育最讲诚信，讲真实的成绩，在成绩里掺杂利益关系是严重违反奥运精神的。

另外，我们对运动员文化素质的培养抓得不够也是一个大问题，当然运动员中也有不少出类拔萃的高素质人才，但从普遍现象看，文化素质、综合素质没有得到足够重视。以往关于加强运动员文化素质培养的呼声常常被另一些理由淹没，虽然这也是世界性的问题，但在这方面我们与一些国家是有差距的。当年美国女排在世界上是数一数二的，但他们的队员在旅途中都会带着功课来做。

问：目前我们要兑现申奥时的承诺，在教育方面有哪些具体任务，特别是在软环境方面？

何振梁：说老实话，奥运筹备工作中，我最担心的是软环境。因为人文环境不是一朝一夕就能创设出来的。我们是第一个举办奥运的不发达国家，各个方面都需要有大的、跨越式的发展，需要培养大量的人才，现在对中小学的素质教育的结果到那时正好显现出来。奥运会尤其需要大批熟悉业务，了解国际事务，能与国际接轨的人才。

关于国际人才，有很多素质要培养，我想顺便说一下的是，其中有一个方面的问题常常因为是“生活细节”而被忽略，就是些待人接物的礼仪修养。国外这些教育其实是在家庭教育中完成的，从坐姿、讲话、吃饭时的仪态最可看出这方面教育的水平。而我们这方面的意识不强，这是国际交往中的重要一课，也需要引起人们的注意。

问：你一生经历过多次转行，这当中你是怎样完善补充知识结构，从而出色胜任工作的？

何振梁：我小时可能受我哥哥影响，特别爱看书，喜欢中国文学、历史。后来我在上海租界进了中法学校，每周只有两次中文课，虽然连中国地理、历史都是用法文教的，但并没有消减我对中国文化的兴趣和喜爱。在学校我一直保持前三名的成绩，那时家里很潦倒，是哥哥变卖了东西供我读大学的。在大学，我还是对什么都有兴趣，但接受的教育比较杂。

我在学习期间跳过三次级，第一次跳级使我从中文授课的班级跳到直接用法文授课，一下子堕入“五里雾中”，后来的两次跳级也是同样的感觉。我只有拼命学，拼命去赶上，渐渐就形成了一种习惯，一种自觉跟上时代的愿望，对未知的东西有强烈的渴求。比如一个公式，决不满足于强记会用，一定要知道它为什么，是怎样一个推导过程。我参加工作后马上感到所学的书本知识和实际工作之间的巨大的差距，就在实践中向同志们学。好比我曾用多种方法弥补我长期在法文学习环境中，中文水平的不足，其中一个方法是拿经得起推敲的人民日报的社论做范文，反复琢磨第一段怎样写，怎样展开，怎样结尾，然后再准确翻成法文。对翻译业务也一样，对拿不准的法文材料马上记下来细究，绝不不懂装懂，有时就在工作现场请教外国人，不怕不好意思。每次翻译任务完成以后，我都对自己作一次小结，想一想哪些地方翻译得不理想，再去查书、查资料。

我在外事工作中学习的楷模是伟人周恩来总理，他在外交活动中所表现的坚定的原则、灵活的策略、缜密的思维、儒雅的风度是我一生追求的榜样，即使我只能学到万分之一。

问：*在终身学习的能力的培养方面，你觉得我们与国外相比差距大吗？*

何振梁：我没有专门比较过，但从直觉上讲我觉得我国的教育水平很高，只是我们学生的书本气太重。书本知识学了很多，实践能力比较差，不如人家适应得快，有些学外语的人，出去连封信怎么写也不知道，所以特别需要培养终身学习的素质能力。

一个人所学的专业与他实际所干的工作不是一回事的情况很常见，在国外也一样。根据生活需要，善于学习、适应生活的能力对一个青年的成长很重要，这需要培养持续学习的兴趣和方法，还有归纳总结分析和解决问题的能力。我在大学读工科，对我的逻辑思维能力的形成影响较大。

问：*终身学习与胜任工作应该是互为因果的吧？*

何振梁：有校友让我总结自己的格言，我说就是："尽力做好应该做的事情"。比如让我起草材料，不是竭尽全力搞出的东西，绝不拿出来，宁可通宵不睡。从搞外事到搞体育，从科员到处、司、副部长，无论做业务干部还是行政干部，我都是这样学习和做事。做体委副主任、党组书记的时候，分管的部门很多，除了外事，还有办公厅、计划、财务、群众体育、机关党委等，我花很多时间来学习不熟悉的业务，并在此基础上提出自己的主张。

我曾在第七、第八届全国政协担任委员和常委，过去体育组委员除了一年一次会议外，没有什么活动，后来经过我们共同努力，全国政协的体育组在调研基础上提出了一些有分量的建议。1995年以后我在国际奥委会文化与奥林匹克教育委员会任主席，在体育与文化结合方面开展了一系列的活动，举办了世界性的体育与美术大奖赛、体育与文学竞赛。此外每年有不同题目的论坛，萨马兰奇主席说我给原来无声无息的文化委员会赋予了新的生命。总之，我不甘于碌碌无为，要想做到这一点，首要的一点就是不断地学习，不断地充实自己。

我喜欢荣高棠先生的字，就请他题字给我。他问我写什么，我说就写"知无涯"，我觉得这也是我一生最深切的体会。知识总要时时更新，每一秒钟都会发现新事物。我现在相当忙，不仅忙工作，也忙学习，退下来以后也一样。我儿子给我找来CD盘，想帮我放松、娱乐，下次来换新盘时，我还没来得及看呢，真的是没有时间。

黄苗子：好的教育应立足中国面向世界

采访时间 2002 年 5 月

黄苗子，1913 年生于广东中山市。书画家，曾任中国美术家协会理事、中国书法家协会常务理事。80 岁以后被澳大利亚格里菲斯大学聘为客座教授、名誉教授。

幼时在香港入学，8 岁习书，从师邓尔雅先生，其后就读香港中华中学。14 岁起从事书画创作。

问：先生77岁以后在国内和澳洲之间往返，至今十多年了，还曾在昆士兰格里菲斯大学讲授中国文化课程，这中间你对中国教育的看法有变化吗？

黄苗子：首先声明我不是教育家，没资格谈这个问题。但教育能够反映国民素质，举两个例子。在澳洲，一个按门铃送邮件的普通邮差，看到我在作画，很礼貌地问我是否可以进来看看，得到准许之后，他边看边和我交谈对中国绘画和欧洲绘画的看法，头头是道。另外在国外尊重隐私权的意识非常深入，家庭内部也不会有私自拆阅别人的信件的事情。自然，街道整洁，绝对没有随地吐痰扔垃圾的现象。这些都是人的文化素质普遍较高的表现。

相比之下，我感到目前我们的国民素质水平是有差距的，我想根子上还是在教育上，尤其是我们基础教育不够普及，特别是农村教育。这是在蔡元培时代就有许多知识分子特别着急的事情，那时国家没有那个力量。辛亥革命近百年来，我们主要在解决两件事，就是吃饭问题和教育问题。现在我们温饱较前能基本解决了，教育经费还是非常少，应花很大的力量，大力解决这些问题。澳洲大、中、小学生的教育政府都大力支助，大学生可以向银行借贷，将来有了职业再还。我们在教育经费、提高师资方面，有关部门还需进一步担起责任，拿出办法。

问：除了国民素质，做过教育微观方面的比较吗？

黄苗子：我到澳洲之前从未做过教师，对国内的教育了解不多。我总感觉城市教育是较为普及了，但现在国内学生和我们当年念书时候的劲头不同、动力不同。

我和哥哥小时在帝国主义殖民统治下的香港念书，对饱经忧患的祖国是那样关切和向往，我中学毕业后赶上淞沪抗日战争，就偷偷离家想去上海参军，我哥哥是抗日战争爆发之后跑到延安去的，其后在陕西参加左权部队牺牲了。我们谁也不愿当亡国奴，有一种精神激励我们向上。那时青年人精神颓废的极少，都是主动用功，自觉把自己的前途与国家前途紧紧连在一起，在国家艰危的时刻都在奋发向上。

现在学生的精神追求似乎不在于此，上学读书全是个人需要，是为将来个人前途做准备，好像与社会的事情、国家的事情关系不大。包括家长培养孩子进大学也是这样考虑多。

这些年生活安定了，但不能不讲奋斗精神，讲爱国主义——当然爱国主义不是空洞的说教，它应该是一种融进血液中的精神动力，这是社会安定时期需要教育来面对的一个很重要的问题。澳大利亚只有200多年历史，但当年来自欧洲的囚犯在岛上拓荒的艰辛已逐渐形成了一种坚韧不拔的民族精神，体现在一代代人身上。我们的民族精神也要通过教育来培养和体现。教育是立国的根基。

问：都说你的作品具有“青铜器铭文和大篆风格”，但听说在晚年有变化。改革开放后广泛的对外交流和长居澳洲的经历，对你的文化观、教育观有怎样的影响？

黄苗子：我在艺术上受中国文化的影响比较深。但是与国外文化的接触令我想起陈寅恪先生说过的话，不要认为中国文化是世界上最高的，中国在文化方面的成就未必样样都是世界第一，各国的历史、社会、文化有差异，也都有许多成就很高的东西值得借鉴，古希腊的雕塑比我们的早，我们无法拿维纳斯像和秦始皇兵马俑相比，不能否认他们某些具有优越性的地方。文化和教育都应该有不断吸收和融合世界文化的思想，当然就文化来说不是什么东西都可以融合的，但总不能看不到人家的好处，否则就无法进步。

我的某些书法就是尝试把欧洲现代艺术的感觉融进中国古文字，许多用中国传统原料的书画家也在或多或少地尝试吸收现代的东西，这种结合很普遍。但也不能过分，有些艺术太离谱，完全没有根基，就荒唐了。

教育更应该不断吸收东西方优秀的文化遗产，并列入课程。改革开放后，什么文化思潮都来了，需要在对我们传统文化和西方文化都进行系统研究的基础上，去粗存精，不断把全人类最好的文化遗产纳入课程。真正让学生接受、吸收先进的文化，融入飞速发展的世界。

问：怎么来把握这种融入和吸收？

黄苗子：并不是说接触了西方的东西就不要自己的文化了，这种融合应该有利于培养国际人才。我的孙女 9 岁随父母到澳大利亚，她在接受国外教育的同时，家庭对她的影响使她对中国文化有浓厚兴趣，她读了法国罗曼·罗兰的《米开朗琪罗传》，就用中文写论文、评论，深入阐述自己的见解；同时鲁迅、郁达夫、沈从文的著作也看了许多。她在这种中西文化环境中成长得比较健康，眼界开阔。

总之，国际化的人才应该是在开放的教育环境中培养出来的，我们闭关锁国那么久，要赶上去不开放不行，中国要长成强大的民族，必须面向世界，把世界文明的精华灌输给我们的下一代。当然民族的子孙应当立根于中国，并不是我们把孩子早早送到国外就好，留学最好还是在积累了一定的本土文化和树立一定的民族意识之后。现在有的孩子在国外忘记了自己是中国人，自己的语言也不愿说了，这又牵扯到华侨教育的问题。

问：像先生这样年近九旬仍天天上网的老人实不多见。这种不受年龄影响的求知欲太棒了。是受了什么鼓动？

黄苗子：求新求知应该和年龄没关系。关键要有了解世界的兴趣和追求。人的眼界越宽，越有学习知识的渴望和创造的欲望。

学电脑时我 86 岁，是在澳洲向孙子学的，因为我知道这是直接地与世界沟通的工具，科技发达可以改变人的生活。我觉得国外学生听课很自由，也没有明显的班级界限，课堂气氛很宽松，比如介绍唐代文化，我概括性地讲完以后，主要是学生到图书馆找资料深入用功，好学生学得非常主动。

相比之下，国内学生的学习就被动死板一些，是一种方法上的被动。我没进过大学，知识就是靠主动学习获得的，齐白石是如此，丁聪、华君武、叶浅予、张光宇、张正宇等画家，都没进过大学，但都是靠知识兴趣的渴望与追求学成的。

王选：远见和洞察力与读书、实践、思考

采访时间 2002 年 6 月

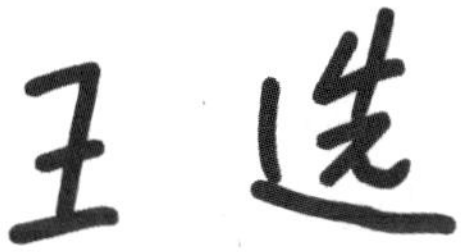

王选，1937 年生于上海。2002 年获得国家最高科技奖，汉字激光照排技术的发明人，中国科学院院士，中国工程院院士。任北京大学计算机研究所所长、文字信息处理国家重点实验室主任、北大方正集团董事、全国人大常委、中国科协副主席等。曾主持研制华光和方正电子出版系统，其成果两次获国家科技进步一等奖，两次被评为中国十大科技成就，拥有 9 项国内外专利。

4 岁起在上海南模幼儿园、小学、初高中就读，1958 年毕业于北京大学数学力学系。

问：很少有人会像你那样，在人生面临的每一次重要关口都能做出成功的抉择。能否回顾一下在学习阶段，什么样的教育给了你有准备的头脑？

王选：在人生的重要关口把握机遇，取得成功，需多方面的知识和实践经验、对社会需求的敏感、对技术发展方向的正确判断、一丝不苟和锲而不舍的精神等等，这些应该说得益于我各个时期所接受的教育和训练。

我感到非常幸运的，是能在高中和大学阶段碰到一批优秀的老师。在南模高中，教我物理、化学、历史的三位老师1955年都被调入到大学，他们本来就够大学副教授的水平。如那位历史老师也是一位历史学家，经常在电台广播和发表文章。教数学的特级教师非常有名，他就是后来担任上海市政协副主席的赵宪初。这些名师的教育给我打下坚实的知识基础。

我在北大读书时，有一个风气很盛行，就是由水平最高的教师教基础课，特别是教一年级。教我们数学分析的是程民德先生，他1980年当选为学部委员；教代数的是才华出众、现任全国人大常委会副委员长的丁石孙先生；教解析几何的是江泽涵教授，他是1955年的学部委员。那时不仅任课教师水平高，而且辅导课教师也非常出众。如数学分析辅导教师吴文达20世纪80年代就是北京市科委委员、北京市计算中心的主任；解析几何辅导教师陈新民也很有水平，后来被打成右派。我还听过周培源先生教的力学课。黄昆先生当时就有很高的学术成就，但他曾说，他备课和教课的时间比差不多是10比1，可见当时老师的教学之认真、质量之高。

从高中教学一下子迈到大学有一个很大的台阶，这些老师的教育使我们顺利跨过了这道坎儿。大学基础课对人一生的发展都非常重要，不管将来做什么，都可能产生意想不到的作用，这也是名师教基础课的意义所在。

我能取得今天的成绩，和一些关键时刻能想得比别人早一点有很大的关系。比如我大学学俄文，但从一年级结束后的暑假里就决定开始读英文专业书，这也是一种自我设计。我曾谈到过自己很多的不足，但也有一个优点，就是有一些远见和洞察力。有了远见，就不会受潮流的影响，不急功近利。

问：这种远见和洞察力是否由学习能力决定的？是在教育过程中培养的吗？

王选：我想不是光在课堂上就能培养的。我在大学二年级选择了计算数学，是因为当时非常兴奋地从报上看到国家12年科学规划把自动控制、计算数学和原子能作为发展的重点，看到讲未来计算技术应用、信息控制作战方面的文章，也看到了这门学科的未来发展前景。我想恰恰因为这项技术不成熟，而有更多发展的机会。

后来我选择从硬件转向软件，走两者结合的道路。这个选择也不是在课堂上做的。

1961年毕业后，我决定训练自己的英文听力，提高阅读速度，因为听力是锻炼对英语反应灵敏度的最好的训练。这个决断使我在毕业后能大量阅读原文文献，英美科学家的知识背景给了我很大的启发。

与此同时，我在最早研究计算机的前辈学者张世龙的带领下，参与大型计算机的设计、调试，经受了实践的锻炼。毕业后三年摸爬滚打的实践和读英文受到的启发，使我做出了一生中最重要的决定，走硬件和软件结合的道路。

1975年，我决定搞激光照排，从事印刷业，这在当时是许多同行看不起的，因为计算机当时有很多时髦的项目，实际上都不适合中国搞。我想到当时数量最多的工厂是印刷厂，这个现实必然导致未来巨大的革命。后来我选择走科研成果商品化道路，也是看到了未来的发展前景。有了远见，就不会为暂时的发表论文、评职称左右，我坚持认为中国最需要的是让创新的成果实现产业化。科研成果产业化是在80年代末才得到承认、成为主流方向的。

所以就我个人来说，远见和洞察力主要是靠大量的一线的工作实践和大量的阅读文献，加上经常的思考获得的，也与坚实的基础课训练给予我的学习能力有关。

问：你曾说过，在计算机领域，从来不动手的人出不了大成果。你是怎样在读书时养成动手习惯的？

王选：我的动手能力的锻炼其实主要是毕业以后，在研制红旗计算机时培养出来的。我从搞裸机设计到电路设计，甚至管了一段生产，到最后负责调试，这对动手能力是一个极大的培养锻炼的过程。现在青少年动手的条件要好得多了，他们从小接触电脑。国外计算机专家许多也是在少年时通过分子系统在终端上编计算机程序，比尔·盖茨少年就搞网络上的浏览器；安德森被称为“抱着键盘长大的”。现在中国的青少年也有不少是“抱着键盘长大的”，电脑教育已经被普及到了中学甚至小学，需要加强的是电子线路机械方面的锻炼，只偏重于电脑的编程联网，是不够的。

问：你被公认是人文底蕴深厚的科学家，请现身说法谈谈人文知识对于“跨领域”研究有哪些意义？

王选：我喜欢历史，上小学时就开始看《三国》《西游》，各种“武侠”什么都看，有的武侠书一看一百多本。对历史偏好也影响了我对京剧的喜爱，喜好京戏多多少少影响到我后来的工作。比如京戏讲“一招鲜”，要有一两出绝招，给我的启发是我们搞科研、搞商品经济也必须有“撒手锏”或“一招鲜”。京剧里还有一句行话叫“一棵菜”，什么意思？一棵菜要有菜心、有菜帮子，就是强调舞台上的团结合作、协调一致的精神。这无论对搞科研还是搞企业都是极其重要的。

现代科学技术离不开合作，离不开团队。像陈景润那样，只靠阅读文献和异常刻苦的独自钻研，而在某些基础研究领域取得突破的可能性越来越少。特别是对高新技术产业而言，团队精神和组织管理能力尤其重要。我从小学五年级开始做学生干部，直到大学毕业，有12年当学生干部的经历，使我懂得要团结人，要为大家服务，要能接受别人的批评，甚至经受各种委屈，而这种磨炼对我后来取得成绩起到了重要作用。

我小学和中学语文成绩都比较好，虽然文笔说不上华丽，但有条理，思路清晰，这对我后来写文章、作报告的表达能力有很大帮助。理科学生学一些文科知识是很重要的，当代学科都是互相交叉的。比如把数学与经济、与金融的交叉，都产生了新的学科；用电子数据库研究文献已是考古的重要方式。过去一些老先生，像胡适、郭沫若、冯友兰、钱锺书、王力、季羡林，都是中国国学的底子很深厚，同时出国留学，把西方的现代学术思想和方法引入中国人文、社科的研究中，学贯中西，取得的成就也高于他们的前辈。

跨学科领域的研究无疑是今后研究的重点，没有“跨领域”研究就没有创新。世界上第一台电子数字计算机就是数学和电子技术相结合的产物；20世纪后半期一批低耗高效的高技术，都是从跨领域的研究中诞生的。搞科研必须要有跨学科、跨领域的综合能力。

多方面的、跨领域的知识会提供更多的成功机会。我在从事了三年计算机硬件的研制工作后决定转向软件，转向软、硬件相结合的研究，这种结合的结果，使我能够做非常灵巧的硬件设计，也极大地提高了软件的运行效率。

问：你曾说有科学家头脑的管理人才最难得。这类人才应如何提前培养和塑造？除了读MBA还有哪些更好的方法？

王选：中国当前最需要三类人，一类是在基础科学研究领域做出杰出贡献，能够冲刺诺贝尔奖的一批科学家；第二是能够有重大的技术上的创新，同时能够形成产业，在国际上有竞争能力的应用技术方面的科学家；第三种人就是最稀缺的有科学头脑的企业家，他们与科学家有共同点和不同点。

先说共同点：一要有良好的道德品质，这对科学家而言可具体到不浮躁，不把别人的成果窃为自己的成果，搞剽窃抄袭，学生做的工作形成成果时不署名，或把名字署在学生后面。对企业家来讲，最大的道德就是不能搞以权谋私、不拉帮结派搞小团体。

第二要有远见卓识，科学家需要对未来发展方向有高度的敏感和远见、洞察力；对企业家而言就是对市场的未来需求以及对市场变化有高度敏感性和洞察力。

第三就是要有锲而不舍、长期艰苦奋斗的精神。我听一个名牌大学的学生讲，他准备创办一个办公室，打算几年之内赚到几千万美元，30岁以后就不再工作了，到处旅游。我想这也许想得太简单了。创业是非常艰苦的过程，是要付出极大的辛苦，甚至要把命搭上去的艰苦过程。所以企业家要锲而不舍，做长期艰苦奋斗的精神准备。科学家也一样，每一个重大成就都要经过十几年、二十几年长期奋斗。

第四是前面说到的团队精神。对科学家来讲，特别是从事应用科学、搞高技术的，往往每前进一步都是几十人合作的结果；企业家要领导的团队可能是几千人甚至几万人，比科学家更需要具有团队精神和管理能力。像我这样，做科学家可以，但要做企业家就明显不足。

第五点也非常重要，就是企业家需要对财务、财务报表敏感、敏锐，要懂得理财，能控制成本，控制物流，必须懂得资金运作，这是科学家不大需要的。我天生对财务不大敏感，不善于理财，所以从本性上不适合做企业家。

所谓“有科学头脑的企业家”，是说企业家，特别是高新技术企业的管理者最好要有点技术背景，或者懂得重视科技人员的意见。台湾宏碁集团总裁施政名有一次在马来西亚和我交谈，说他手下的部门主管都有点技术背景，否则就容易做出不明智的判断。也有些出色的企业家技术背景并不强，但对市场相当敏锐，重视科技人员的意见。IBM 刚刚退下的总裁果斯纳并不具有技术背景，是卖食品的出身，但他凭着对未来市场的敏锐，用两个月时间，泡在工程技术人员那里，听取他们的看法和意见，和他们打成一片，大刀阔斧改革，最终使企业扭亏为盈，重新走向繁荣。

高新技术企业家的培养可能还有一个途径，就是理工科出身的人，在企业有了一定的工作实践之后，再学点经济管理方面的知识，读 MBA，然后再到公司工作，积累各种各样的知识，我想这是培养未来好的企业家重要的途径。光有 MBA 是不够的，也许有了实践背景以后再来学 MBA 可能收获更大。

问：你眼中的“情商”是什么？怎么培养？

王选：我觉得情商包括艰苦奋斗的精神，锲而不舍的精神以及经受挫折、不怕磨难、重新奋斗的精神。还有就是懂得为别人考虑，要考虑别人和考虑自己一样多，同时要有团队精神。情商需要从小培养，大学毕业以后再培养就晚了。虽以后水平会不断提高，基本品格也形成了，不太会有很大的改变。在情商的培养方面，家庭、学校、社会的教育是不可分割的。

问：你认为高校怎样在保持理论深度、学术纯洁和面向市场、服务社会之间取得平衡？

王选：一所大学，尤其是重点大学，首先应在基础研究方面狠下功夫，形成自己的特色、学派和某些领域的优势；同时要在应用技术方面有重大的发明创造，并使之向社会和自己的企业转移，形成生产力和新的产业，这样才能向超一流大学迈进。

大学只有在基础方面，在重大领域的研究中做长期的奋斗，有自己长期的积累，保持自己的特色并创造自己的学派，才谈得上去冲刺诺贝尔奖；同时要有在应用学科方面的重大发明创造，并可用转让的方式，使这些发明创造变成商品和生产力，这可能是未来使用较多的一种形式，像美国、英国的一些大学都是靠转让获取大量专利费的。

此外还要搞好校办企业。现在有些校办企业办走调了，不管主体科研，什么赚钱办什么，必然导致急功近利，目光短浅，这是不合适的。校办企业需要体制改革，慢慢和学校分离，尤其重点大学的校办企业，一定要突出高科技的性质，要有比较长远的打算，要能把学校重大的科研成果转化成生产力和产业，不能以赢利为唯一目的。

陈祖芬：最基本的教育是劳动观

采访时间 2002 年 6 月

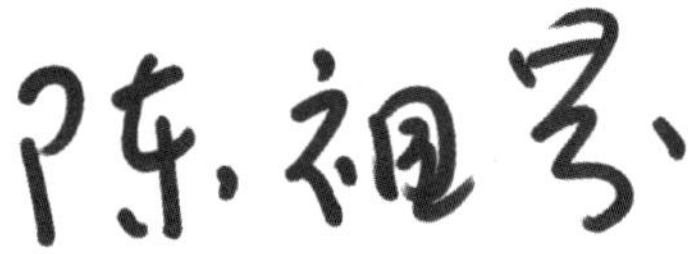

陈祖芬，1943 年生于上海。作家，曾任北京作家协会副主席，中国报告文学学会副会长。

自幼在上海读书，1964 年毕业于上海戏剧学院。

问：在你这样一个关注现实的作家眼里，什么样的孩子最有出息？

陈祖芬：爱劳动的孩子。我在日本看了一部名叫《千与千寻》的卡通片，它的内容很简单，就是告诉人们必须劳动，不劳动就会变成动物，艰苦奋斗是永远的，不能玩世不恭。这样一部卡通在日本居然家喻户晓，一出来就很高的票房，这很触动我。

因为我们这里看不到这种片子，孩子们熟悉的是小燕子、哈利·波特。现在“人必须劳动”这种基本道理我们似乎对儿童讲得少了，听到的都是该怎样休闲，怎样享受。有句话叫作“生活水平提高了”，我觉得讲得太多了。生活水平是提高了，这毫无疑问，比如坐在这儿随时可以接国际传真、留言，一切在走向现代化，但走向现代化不等于可以懈怠，玩世不恭，没有必要你说、我说、大家都说，好像只剩下休闲、享受这件事要讲了，会讲得大家都松松垮垮起来。

我们现在还是不发达国家，就是发达国家也没有把这个挂嘴边上。当然这不是针对孩子教育讲的，但却有关孩子成长的环境。讲“生活水平提高”不如多讲讲“怎样提高生活质量”，这是任何大人小孩都要思考的问题。

问：你认为对教育工作来说，“提高生活质量”意味着什么？

陈祖芬：提高生活质量需要靠提高人的素质来实现。生活水准是提高了，包括随时能享受现代化的工具，扬手就可以“打的”，包括可以自由支配我们的收入。要提高生活质量，不是靠节约每个铜板，“一分钱掰开两半花”，而是用我们提到的收入去买时间，买生活质量，这当然也包括穿款式漂亮的衣服，吃美味的东西，但更多的还是要讲奋斗，比怎样以较快的速度和效益工作。社会进步是这样来的，对个人来说，自古又有哪种成功不是在艰苦的磨难之后获得的？

在美国硅谷我听到一句话，“看谁都像计算机似的”，硅谷人以快节奏的工作闻名世界，在那里人人是分秒不能懈怠的。我们周围很多人也是这样。

莫德格玛是蒙古族舞蹈家，也热爱笔耕，她家里摆着两台电脑，她告诉我每天她都在凌晨三点半准时起身，坐在桌前写作至八点半。我也讲休闲，连衣服也喜欢休闲装，但是更多的时候是在紧张工作。

一提艰苦奋斗的教育总好像是老生常谈，其实这是教育最需要强调的一种人文精神。仔细想想，这是国家、民族立于不败之地的根本。我总在想，为什么大学 77、78 级出了那么多人才？比如北京电影学院 20 世纪 80 年代初毕业的张艺谋、陈凯歌，还有那个走向世界的摄影家邓伟他们，邓伟和张艺谋可以相差十几岁，但为什么工作后也能够在极端艰苦的条件下一步步走向成功？就是因为他们同样都在入大学前经受过磨难，吃过很多苦，学成后都拿出百分之百的力气奋斗。直至今天，他们可曾松懈过吗？

问：你和你的弟弟陈祖德、丈夫刘梦溪都是成功人士，这也得益于你们在那个时代接受的观念、教育。但那种教育还适于今天这一代人吗？

陈祖芬：我想，老给孩子们讲过去我们怎么怎么样也是不行的，他们会觉得现在不是那样了。我觉得现在最强大的儿童教育是电视广告，许多学校教育强调的问题无形中让一些低俗的广告抵销了。有些广告很成问题，个别的干脆就是教人怎样去自私。我们为什么不能去拍一部像《千与千寻》这样的卡通？可能用票房标准这样的选题不易被看好。

有些媒体宣传似乎太商业化了，我认为媒体应该用很多的篇幅着力宣传奋斗过程如何艰苦，而不是渲染成功，成功是最容易被了解的，要把光大艰苦奋斗的意识渗透到舆论宣传和文艺创作中去，要有“人必须劳动”这样的创意的作品；还应该拍一些英雄片，拍成功者是如何在艰苦的条件下奋斗的，因为生命是很珍贵的，我们要享受每一天，关键是怎样享受？不一定非要大把大把花钱才是享受。

对我来说，工作累了，冲杯咖啡，听听音乐，就非常惬意和幸福；过节放长假时我整夜制作洋娃娃，也很享受。其实最大的享受是做事，是事业。实际上没有任何愉快可以与工作着相比，工作着是快乐的，是美丽的。要把这些观念灌输给孩子，包括人必须要劳动这个最基本的观念。

问：还有件事想听听你的看法，我们的孩子一登台或者在“正式场合”说话，总是带有很重的把教的痕迹，特别是在学校读书的孩子，不如国外的孩子那样本色和放得开，你看为什么？

陈祖芬：有同感。我在加拿大、美国等也看过一些学校，感触最深的师生之间那种天然自由的空气，孩子看到老师来了会由衷的高兴，他们可以同教师一同坐在地板上聊天、玩耍。再有，那些学校从楼梯到教室的布置都非常人性化，到处张贴着孩子们自己画的小动物、植物什么的，那种感觉真的好纯净，每次都让我生出一种感动。

在这样人性化的环境里成长的孩子恐怕不大容易会做作，而且根本不讲究穿名牌，孩子们的衣服非常随意朴素，教育需要这样人性化的环境和自然宽松的氛围。

滕矢初：没有什么比身心健康更重要

采访时间2002年7月

滕矢初，山东莱州人，1947年生于哈尔滨。指挥家、钢琴家、作曲家。中国广播艺术团交响乐团钢琴独奏、指挥、编配作曲。

4岁上小学，学钢琴，后考入中央音乐学院首届附属专业音乐小学钢琴班，毕业时保送进音乐学院附中。其后9年师从潘一鸣、朱工一学钢琴；师从刘庄、戴宏威学作曲，师从徐新学指挥。

问： 你曾多次担任全国青年歌手电视大奖赛特聘评委、参赛歌手综合素质考核评委。你是怎样看当代青少年的素质状况和成长环境的？

滕矢初： 总感觉现在学生的生活从小就太单调了。不知怎么了，20世纪80年代以前许多家庭都有三五个孩子，父母收入不多，但孩子们都健康地成长着；而现在家家都一个子女，父母收入不知多出多少倍，而且主要都放在孩子身上，孩子反倒什么怪毛病都来了。前几天有个外地家长费尽周折找到我，说她的孩子要轻生，向我讨"药方"，就因为学习压力大，家长要求高。

我小时候随外公在哈尔滨长大，回想起来，那段童年生活特别丰富多彩，尽管那种早期教育是"杂烩"式的。周围有那么多热爱音乐的人，到现在我脑海里还常常闪现这样一幅画面，晚霞给松花江水和江边的大树、洋房抹上金黄，太阳岛传来悦耳的手风琴、口琴声和阵阵歌声，篝火燃起，我们这些小孩披着毛毯忙着放鱼钩、钓嘎鱼，熬鱼汤……

现在的孩子们在水泥建筑里的生活单调得可怜，人与自然、人与人之间的隔膜越来越大，而做父母的总是忽略他们的精神需要和年龄特征，让他们从小拜师学这学那，成了一种国民教育的风气。可是这些父母恰恰忽略了一个最基本的东西——首先让孩子健康快乐地活着，这比什么都重要，没有健康的身心、健康的人格，将来干什么也都没戏，无论成名成家还是家财万贯都不是幸福。

中国家长老讲智商，其实情商比智商更重要。三国的刘备，汉高祖刘邦，还有水泊梁山的宋江，除了他们的政治韬略，其他才能都高不到哪里去，为什么能成事？主要就是情商高，有人文精神，有凝聚力，我们祖先那么博大精深的历史文化就是情商的底蕴。

问： 你指出了目前家庭教育普遍存在的一个误区，就是以为孩子学习好就一好百好，将来就有了参与社会竞争的武器和本钱，真是这样吗？

滕矢初： 不止一位成功人士说过，做什么也没有做一个健康的人、正常的人更重要。怎样做人包括很多精神素质和能力，比如宽容、善解人意，比如与人沟通的能力、协调能力等等，总之绝不只是知识技能那点事。我总是说，要做钢琴家，要先做音乐家；要做音乐家，必须做触类旁通的艺术家；做艺术家，必须先会做人，做善良、正直、会思考、精神健康的人，这样才能驾驭生活。有人说我教大大小小的钢琴学生教出了奇迹，其实技术是基本的，主要是思想的表现，是文化底蕴，我重视这种熏陶。所以我认为教育最重要的是让学生学会做人。

做人方面还有一个特别重要的问题，就是要教育年轻人树立民族自尊，讲爱国主义。我常对学生讲，我们每个人都要通过自己的奋斗，来证明我们这个民族是有能力在世界民族之林走在前列的。当年丁汝昌、刘步蟾到英国学海军，边学边把民族道义放在自己的肩上了。在甲午战争中，弹药用尽，拿铁甲船去撞日本军舰，那叫民族气节，宁死不屈的壮烈。现在时代虽已不是那个时代了，但这样的爱国气节和情怀是永恒的，那些代表国家参加国际赛事的年轻人，怎能那么心安理得地认输呢？

即使论学问本事大小，与学历、智商其实也没有绝对关系。学校教育总的来说还是打基础，是为将来到社会上学习做准备。我之所以能做点事情，就是有这种长期学习的打算和严谨的治学态度，工作后用作学习的时间不比在学校少，缺什么补什么，更加系统地学，一直到今天。

前不久有场音乐会请我去指挥，歌唱家和音乐制作人先让我熟悉他们的教学片，我看后发现片中有两个常识性错误。搞音乐的人常有这种只知大概其，不求甚解的毛病。纵观音乐史上的大师，巴赫、亨德尔、斯卡拉蒂、海顿、莫扎特、贝多芬、肖邦、李斯特……未必有那些闪光的学衔，但他们在音乐领域巨人般的成就是载入史册的。我总和学生讲，要有真才实学，必须不断充电，对知识如饥似渴，活到老，学到老。

问：你在电视镜头面前优雅得体的谈吐，渊博的学识给观众留下了深刻印象，这些良好的修养主要得益于哪些直接和间接的教育？

滕矢初：自身修养和我搞严肃音乐有关，但我想主要还是得益于家庭教育，还有老师在一对一教学中的言传身教。为我改了名字的外公，给我“五日三省，力争鳌头”的教育，要求我争第一，第二就是失败，未免有些苛刻，但也正是这种“求法乎上”，使我“得乎其中”。父亲从小教育我要尊重每一个人，直到这次大奖赛结束，我父亲还是这样对我说。现在有些人为人父母却又不知道怎样做父母，可他们言谈举止对孩子成长的影响是不可避免的。

我的修养还得益于教过我的老师，教过我的许多音乐界的前辈师长都是极有修养的绅士，无论是做人还是做事。记得朱工一先生有一次给我上课，让我停下来试试他设计的处理方法，又让我再试自己的方法，然后说，“对不起，还是你那样处理好”，那是让我高山仰止的老师，居然和一个普通学生这样说话，是何等的客观、平等、诚挚。

确实不是什么人都可以做教师的。幼年的教育太重要了。所以除了家长，还有老师，尤其是幼儿园、小学的教师，应该是最棒的。这个头开好了，哪怕以后再换差一点的老师都好办。尤其不能单纯只为谋生教学，因为这样弄不好会无异于“谋财害命”。我们的师资水平是不高的，其个人修养水平、独立思考的个性等方面的欠缺需要尽快弥补。

经受挫折也是一种特别可贵的教育。我小时考入新中国首届专业音乐小学，班里有很多文化名流、达官显贵的孩子，每餐有人送，练琴有人陪，让我这个普通干部子弟感到压抑、受冷落。好在学校每年要甄别淘汰，我只有发奋用功，凭自己的本事学和练。后来一些优越感很强的孩子被淘汰了。我第二年就在音乐会上钢琴独奏，北京晚报还发了消息，而我们班成绩特别好的几个人，可能比我的挫折感更强。现在的孩子心理承受力差，就是因为没有逆境的磨炼和准备。

问：你在提高个人修养方面，也就是“小德”建设方面有哪些心得？

滕矢初：我其实是一个挺严肃的人，脾气算不上好，有人甚至说我在排练场上是“暴君”，我带乐队最不能容忍懒惰、不敬业和明知故犯。有的队员腿不放好，我不开始，当众请他把腿放好。他觉得我伤他自尊，我说，那是因为你不尊重所有在场工作的人。要想让别人尊重你，必须懂得尊重别人。人做任何事都是在书写自己的历史。

增加修养还包括要把与人为善、明理诚信、独立思考等东西内化成自己的习惯，成为一种人文素养。我经过无数次选拔考试，深知评委不经意的一句话会给你带来怎样的伤害；你弹完一首曲子，评委一个赞许的目光，对弹奏下一支曲子的信心又有多大鼓舞。我小时候练琴，老师常在我忐忑的时候说，“别急，孩子，你弹得非常有光彩……”等我“多年媳妇熬成婆”，做评委当考官的时候，决不会不尊重“小媳妇”似的考生。

要有爱心和为对方设身处地着想的换位思想，善于发现考生的优点，随时想到他们的感受。任何时候不能讲不负责任的话，要把对人家讲的话过滤、思考后再说，绝不能无端伤人。与人为善不是针对某一个人的坐标，而是对所有人，应尽力让对方感到舒适、快活，他一定也会带给你快乐。我常想，要想得到人家尊重，首先要学会尊重别人；能给别人幸福的人才能够得到幸福。

朱丽兰：要有牵动体系结构的改革力度

采访时间2002年7月

朱丽兰，浙江吴兴（湖州市）人，1935年生于上海。现任全国人大教科文卫委员会副主任委员。原科技部部长，曾在中科院化学研究所从事高分子反应动力学等研究，并获国家级重大科研成果奖及应用成果奖。

曾就读上海中西小学，第三女中。1956年赴苏联敖德萨大学高分子物理化学专业学习。1979年至1980年在德国费拉堡大学高分子化学研究所进修。

问：从1986年起，你在科技部做了15年部长，很想知道在这段阅历之后，你会以怎样的视角思考中国教育问题？

朱丽兰：我对教育的确很着急也很关心。当年科技部提出“科技兴国”口号时，我就认为单纯提科技兴不了国，科、教必须放在一起，因为教育是基础。我觉得中国教育目前带有根本性的战略思考还不够，其后果是缺乏教育发展的紧迫性。

我认为21世纪的教育必须在三个非常具有挑战性的背景下来考虑，这就是经济的转型、人力资源的开发和数字鸿沟的填补。

首先看最核心的问题——经济的转型。1988年，邓小平提出科技是第一生产力，而后知识经济渐渐兴起。今天的经济是以信息和知识为生产力发展要素进行的，它对劳动力的要求变了，这种转型对劳动者来说，更多的是就业结构的转型。

按照美国科学家托夫勒的看法，这种转型在美国1956年就开始了，标志是那时美国的白领工人超过了蓝领工人，这是一个很大的转变。这是市场对各种层次人才的需要决定的。在蓝领转向白领的同时，还出现了钢领工人，就是工人在某种程度上脱离了生产线，运用机器人干活。后来钢领工人和灰领工人（计算机）一起干活。现在又出现了所谓圆领工人，这些人靠自己的智慧，只要有网络，只要有计算机，不用西装革履，穿T恤衫在家就可以上班，或在任何地方工作。这些人才不仅容易找到工作，并且能得到高回报。如果在这样的社会还要依靠出卖劳动力为生，就难免要失业。

从我国实际情况看，出现较多失业下岗是有特殊原因的，是计划经济到市场经转变中的冗员下岗，但也要看到经济转型带来的就业结构的变化，它越来越要求用较高素质的劳动者，否则就让你找不到工作。所以教育必须着眼于经济结构、就业结构的变化，要使劳动者具有现实社会需要的技能和智力。在这一点上，不打破传统思维，不从整个体系结构上着眼，就缺乏在高层次上改革的力度，只能就事论事在某个问题上改，虽然这种小改也需要，但不是一下子就能奏效的。要是不这样去认识，不采取措施，有可能过了多少年以后还是就事论事。这就像人生病一样，必须全系统调整，增加免疫能力，今天这儿长了一个包，那儿长了一个瘤，把它手术拿掉，整个身体机能没有根本性的改变。这是从就业结构看劳动者的素质提高这个大的背景。

第二个背景，就是中国现在处在开放的世界里，尤其是加入世贸组织以后，国家实力的竞争，归根结底是人才的竞争。可是中国有一个很大的矛盾，我们有 13 亿人，如果把这 13 亿人变成人力资源去开发的话，这是一笔财富；如果不开发，那就是包袱，这是个很严重的问题。因此，我说中国的教育和其他国家的教育不一样，要把人多的现实情况变成人力资源，要靠教育来开发，开发了就有竞争力，不开发就要面临很多问题。所以教育多元化、多层次和社会化的任务要比人口少的国家重得多。包括西部大开发也一样，首先是要开发西部的人力资源，多一个文盲就是多一个失业者。光是引进几个人才、几个项目，解决不了根本的问题。

第三就是所谓的数字鸿沟。现在世界上的贫富差距越来越大，谁掌握知识，谁掌握信息，谁掌握知识产权，他就有竞争力，反之亦然。由此造成的社会贫困差距只会越来越大，并且有边缘化的可能，根本无法参加全球竞争。像我们中国，农业现代化远没有完成，工业现代化也还在进行当中，这种社会的断裂，可能会使一部分很有能耐的人很富有，但是大部分人处于社会边缘，社会就不会稳定。所以所谓数字差距的实质，是信息的差距，知识的差距。要从根本上缩短这些差距，还是要靠教育。

我觉得只有把教育放在这样大背景下考虑和理解，才有可能去着眼建立一个社会化的大教育体系，而不是局限于学校的教育而已。

问：在这样大背景下，看到的是中国未来的全景大教育。能否对这种大教育观做一些具体描述？

朱丽兰：我想 21 世纪的大教育应有这样几个趋势：

第一，教育从基础产业向主导先导产业的转变，就是说教育不只是一个基础产业，不只是与科技、社会的发展适应不适应的问题，而是教育要有先导和主导产业的功能。比如，印度的软件产业为什么有这样大的发展，这和印度软件人才的培养观和他们所采取的非传统的教育手段是有直接关系的。

第二，教育的对象需要从以前的宝塔结构、从精英教育向全民教育转变，人力资源的开发要着眼于多数大学生，而不是单纯的精英人才，社会要发展能使每个人找到自己的位置、能够就业的全面的教育。

第三，以书本为主的学历教育要向以人为本的创新能力的教育转变，教育的目的不只是为了上大学、考博士。

第四，从实践方面来看，要从阶段性的学历教育向终身教育转变。

第五，从教育内容上看，要从学科专业教育向综合性的大教育转变，也就是我们通常说的素质教育。

问：那么，这些趋势和转变会对人的全面发展和自我设计带来哪些影响？

朱丽兰：关键的一点就是适应前面讲到的背景，要培养几种能力。

学习能力：大学毕业不等于就有学习能力。通用公司总裁威尔奇说得很清楚，没有学习能力对个人来说是悲惨的，作为一个组织来说，是致命的。现在知识更新技术发展的速度这么快，有没有学习能力，对于学习的兴趣、方法、效果上是不一样的。江泽民总书记也强调说，我们这个社会要成为学习型的社会。

创新能力：不仅要会学，学了还要会用，用了还要有创造力。

沟通能力和协同能力：从用人单位的情况看，一些大中型国有企业总裁喜欢用当过学生会干部的人，因为他们沟通能力、协同的能力较强。

解决问题的能力：谁也不喜欢死读书的人，或者说得头头是道，但遇到问题束手无策的人。

获取、处理信息的能力：学习在一定程度上就是获取信息，然后去处理信息、分析信息、运用信息。所以在我们这个学习化的社会中，必须要有信息素养。

问：不同层次的社会教育是学校教育的延伸。如果通盘考虑，你认为其改革应各有哪些侧重？如何结合？

朱丽兰：学校本身的改革当然要从培养能力入手。最近韦钰同志在做一个试验，叫“做中学”，在幼儿园搞，因为进入中小学就不行了，一切全是围绕考试的，做起来就很难。

学校教育难就难在现实中占主导地位的学历教育上。升学考试这根指挥棒的作用如果不改变，不削弱，其他改革很难推得动，这涉及评价体系问题，就是怎样评价一个学生是好学生，一个学校是好学校，一个老师是好老师，要从建立新的评价的观念、评价体系、评价方法方面来推进，才有可能慢慢改变升学指挥棒的问题。

学校的教学方式方法也要改变。如果一份教材教上多少年都不变，在我们这样高速发展的时代简直不可思议。我曾在德国做访问学者。德国大学，特别是高年级，老师讲课的同时也搞研究，所以他能够把当今世界上先进的东西和自己正研究的活生生的东西，那些“生猛海鲜”拿给学生，而不是老掉牙的那一套。教材教法的改革直接和老师的素质有关。现在中小学的师资队伍、校长的水平有些也成问题，需要很好的培训，用先进技术手段，如远程教育或网上教育，把好的教材通过网络、软件等等媒介普及、推广起来。

撇开普通学校，社会化的教育培养体系更应该改。印度的例子很值得深思。印度软件人才有几个培养渠道，一是学校的培养，如印度理工大学比其他大学要厉害，数学基础打得特别扎实，同时强调金融知识、经营理念的培养，所以印度理工大学毕业生到了硅谷特别适应。除了学校，他们还调动企业办各种各样适应市场需求的培训班，培养大量的软件蓝领工人。

而我们国家基本只有通过学校教育培养的一种体系，软件的从业人员不仅总体不够（印度 40 万，我们 25 万），而且结构很不合理，是橄榄型的，一方面高精尖的人才缺乏，拿不到国外的订单；一方面又缺乏蓝领工人，只好由大学生做程序员，造成队伍不稳定，又找不到干得好且不易跳槽的程序员，高、低人才都缺。这就需要结合软件业的发展趋势设计教育结构，按不同需要层次来培养，而不是反过来，单纯为了培养而培养，把目的和手段倒置过来考虑。

有些国家调动各种社会力量办教育，社区教育、企业的教育等都很发达，值得我们借鉴。比如我们民办教育不能看到目前的问题就因噎废食，可以更放开一点，用增加检查考核的办法，把好“出口”的质量关就行了。在鼓励发展民办教育方面，全国人大正考虑出台有关法律。

问：有些教育问题，不是没有讨论，该议论的早议论透了，但似乎就是改不动。怎么办？

朱丽兰：也别着急。今天教育的这个体系是多年形成的，有一定的稳态和惰性，要改确实不那么容易，这在国外也一样。以美国的斯坦福大学为例，它能形成今天这样的整体思路，有了今天对硅谷的支撑力度，是从多年前两个主要的人物非传统的办学思路开始的，不是一天两天形成的，需要长期积累，逐渐形成一定的文化的氛围和教育理念。

我因为“863 计划”和很多大学有接触，感觉到一所学校的风气是和它的价值观联系在一起的。有的学校特别讲苦干实干和团队精神，这是长期形成的校园文化。但是要有人出新的思路和办法。

总之一下子全改做不到，但是因循守旧没有突破更不行。像我们围绕高等学校扩招曾有许多争论，学校有“扩”的积极性，家长有拿钱的积极性，老卡着不是办法。后来定下来扩招，学生多了，质量有些下降，这应看作是正常的，是发展过程中不可避免的，我们只有在发展过程中提高。

改革基础教育更难一些，全面起步全改不可能，要有示范引导，在一些地方突破。比如在开发西部问题上，中国与当年的美国不一样，美国当年是骑着马去的，而现在完全可以用现代化的手段来实施，如充分利用互联网等。

我们台湾企业家温世仁先生领导的英业达集团，在甘肃做了一个试验，就是把那里的中小学作为扶贫重点，为他们配备计算机。他们总的设想是，要让那个“年轻人感到没有希望、老年人梦都不敢做”的地方与外界连通，通过网络远程对年轻人进行培训，以期将来解决就业问题，使他们既能找到工作，又不离开本土，并和其他发达地方交流合作，慢慢发展成小城镇和当地的经济中心。这个把教育、就业和整个地区经济发展结合起来通盘考虑的做法十分难得，要让教育解决就业和经济发展的问题。我们的政策应该向这些方面倾斜。在教育经费比例的分配上，我们在基础教育、贫困地区教育的投入与高教投入的比例上还需要斟酌。

关键在政策引导。不要这个不许干，那个不能干，而应反过来，只要法律上没规定不许干的，都可以尝试，大家积极性和创造性就能得到充分的发挥。

温世仁：西部教育要立足“留才在乡”

采访时间2002年7月

温世仁，中国台湾企业家，台湾英业达集团副董事长，集团总裁。

1948年生于台北市，幼年在台湾中部山区农村度过，曾就读台北中山国民小学、台北师大附中，1970年毕业于台湾大学电机系。

问：近年来，你提出了一些让国内外瞩目的西部开发理念和办法，如“十年有成”“留才在乡”的教育、就业计划等等，这样开发的依据是什么？有多大把握？

温世仁：对现代化的理解，一般人认为就是要修路、盖高楼大厦，可是人们常常忘了，做这件事最终目的还是为了让人们过上好日子，所以开发西部首先要研究西部人们的生活形态。我2000年第一次提出“西部开发，十年有成”，是脱口而出的，因为当时的直觉是东西部的差距主要是在10年内拉开的，那么用10年时间来消除并不是没有可能，“10”是个好数字。真正提出“10年可成”是在经过整整一年的西部实地调查、研究、论证之后，觉得这是真正可以做到的。从哪儿突破？就从学校。

从十几年前起，我们开始捐助内地的希望工程，但希望工程仍无法解决把人才留在本地的问题，西部考上大学的青年不少，但大学毕业后回到西部工作的不多。指望东部发达后自然带起西部是没有保障的，东部发达了不等于西部发达，好比美国富，中南美仍然很穷一样。光是送钱、送项目、吸引外来人才，也未必是靠得住的办法。只有把自己的人才培养起来并且留住，才是有保证的。因此答案要从“留人”上去找。

开发所依据的条件至少有三个方面。

第一，中国西部是文化的发源地，有深厚的文化基础，并非美国西部当年那样的不毛之地。

第二，西部大开发是在强大的科技支撑的背景下提出的，飞速发展的科技，已经迅速降低了科技产品，乃至现代化的成本，这也是西部可加速开发的理由。比如手机，功能越来越好，但价钱只是10年前的几十分之一。

第三，如果说10年前开发西部，在人、财、物方面的困难较大，现在政府拿出那么大的力量，有人，有钱，有经验，这是很大的优势。我1996年从上海到苏州，100公里路用了6个小时，而前两个月，我从甘肃的兰州到武威，300公里路只用了2个小时，说明西部的基建速度已经超过了东部当年的建设速度。很多迹象表明，西部包括中部开发不需要比 10 年更长的时间，但关键是要找到正确的方法，授人以渔，而不是授人以鱼。

问：“人往高处走”是社会规律，你是用什么办法把人留在“低处”的？

温世仁：很简单，把培训直接与就业结合起来。首先利用公司的条件和优势为乡里的中学安装电脑、建立网络，每台电脑都连到公司总部，依靠网络进行远距离、低成本培训。这种培训不为考大学，我们的责任是训练学生成为能留在本地创造财富的软件人才。

培训内容有三方面：软件、英文、打字。三个阶段的远距离培训完成后，由我们公司实行远距离雇用，使他们一毕业就有工作，成为远程做软件的工程师，然后把学校建成为城乡中心，以校带乡，以点带面，帮助当地建设自主生财体系，就是说发挥电子商务的作用，与外界交流沟通，慢慢吸引散居的各个自然村的人主动退耕还林，放弃自给自足的农业社会生活，靠网络发展互助互利的服务型经济，建设网络化乡村。

这是一个让西部农民就地创造财富，就地改善生活，就地保持文化的办法。西部每个乡至少都有一所中学，如果都能按这个模式“以校领乡”，把数码科技、设施和相关的服务引进到乡镇，我们完全可以跨越工业时代直接进入网络信息时代，把新的信息和科技经验就地推广，大大加快西部开发的速度。

这个办法我们已在甘肃古浪县叫黄羊川的地方尝试了一年多时间。古浪是在国家 2000 个贫困县里排在第 41 位的最贫困的县，黄羊川又是全县最穷的一个乡，缺水，驴子磨磨，但是有电话线，这就有了方案提出的基础。黄羊川中学原有 300 多名学生，我们介入后，学校学生人数一下暴涨一倍，说明原来不念书不是学费问题，是因为看不到希望。现在学生学习热情空前高涨，将来学成就地工作后，也不排除有的人会离开，但多数不会走，因为这里很快会变得方便舒适。

学生们现在就有了体验，你可以看看初三孩子的作文怎么说：“有了网络，我们的未来，将不再是黄土、梯田和沉默！”

问：确实是激动人心的图景。但是那么多人，企业都能用起来吗？

温世仁：最好的软件工程师不是大学生而是中学生。如果 5 年内能在西部建立 1000 个像黄羊川一样的网络城乡，我们就可以建立上万名的网络工程师队伍，让他们就地创造财富，就地改善生活，就地保持文化。这应该是西部开发的一种重要思路，有人说这是“四两拨千斤”的思路。

问：听说你投资 5000 万美元去发展这项事业，我想这不会是做慈善，应该也是企业行为。怎样处理经济效益和社会效益的关系呢？

温世仁：我认为企业参与西部开发，一定要以社会公益目标为出发点，这是我们团队的使命，但还是应该用企业行为去经营这件事。因为所有公益行为都是射出的箭，不可回收，只有企业才能实现效益的循环，实现更多的创造。何为企业？企业就是要以劳动创造给社会提供机能，但是首先要有社会之需。中国有解决 8 亿农民问题的迫切需要，消灭贫穷本身也是最大的企业市场。所以一定要在公益性和企业化之间找到一个结合点，才能在实现社会效益的同时，最终使企业产生经济效益。

现在我们已经在西部 23 个乡这样操作了，同时在陕甘宁等地区做了大量调研工作。

“企业人”就是找答案用的，不是找借口的。我们投了 5000 万美元实施“千乡万才”计划，预想 5 年内在西部建立 1000 个像黄羊川那样的网络城乡基地、办事处，5 年后培养上万个掌握英语的软件人才，通过网络，实现远程雇用。把人才留在西部不仅仅为了提供电脑培训，还要通过网络，传送无形资产，把最新的观念和信息传达过去，引导西部农民掌握适应信息社会的方法，尽快缩短与东部的差距。令人高兴的是这个设想得到了西部各地政府的认可和支持。

问：你多次提到对西部和西部的教育有感情，你这种“西部情结”是从哪儿来的？

温世仁：和我的经历有关系。我的祖先是随郑成功一起到台湾的。我小的时候，父母把我从台北送到一个叫卓兰的山区，那里当时很穷，没有电，要点油灯，孩子们打着赤脚，没有鞋穿。在西部看到的一切让我感到熟悉，因为我有过体验，也叫作感同身受。西部的生活环境必须改变，我必须为中国西部的开发尽一份力。

崔永元：我对教育就是个着急

采访时间2002年7月

崔永元，1963年生于天津。电视节目主持人，策划、主持央视新闻评论部《实话实说》节目。曾参与策划、创建、主持新闻资讯类节目《东方时空》。

曾就读北京良乡小学、北京市丰台三小、北京第12中学，1985年毕业于北京广播学院新闻系。

问：“实话实说”节目很多期是谈教育问题的，可能说明你花在了解和剖析教育问题上的心思也比别人多一些。请说说这带给你哪些思考？

崔永元：教育这事其实谈起来没什么乐趣，它是让我感到特忧虑的事情，其中最大的忧虑是教育在教人做人这方面。我个人认为，无论是小学、中学，还是大学，这都是最大的问题。比如我常带女儿去溜冰场，碰到和接触一些小学生和他们的家长，发现这些小学生之间交往时的表情、语言习惯、对别人的态度，表现出毫无教养，简直让人无法容忍，而他们父母的本意是想通过这项运动促进他们情感、身心的全面发育。

中学的孩子也特别复杂，早恋已司空见惯。我为此和一些中学老师交换过意见，老师说，他们不能管，“因为现在的孩子不像你们那时那样了，现在是强调个性解放的时代”。谁不知这个年龄不适合谈恋爱？我那时谈过，现在看来，很荒唐，那个年龄的恋爱对双方都是不负责任的，而且不会有任何结果。但现在却成了普遍现象，而且不限于学习不好的孩子，学习好的孩子也一样。

我认为对孩子而言，无论是情感教育，还是人格的教育，主要是在小学和中学阶段完成的，到大学阶段就基本定型了，再去塑造什么几乎没有多少可能性。我给大学生做过报告，有些大学生的想法让人心里很不舒服，糊涂到让人难以置信。大约两三个月前，我在北京现代文学馆做了一个反对电视庸俗化的讲座。有学生提问说：“庸俗有什么不好？”这话让人听了内心发凉。

我觉得在大学生的阵营里，如果我们找不到反对庸俗的同道者，这个社会就可能会真的庸俗下去，因为大学生对于我们这个社会还是很重要的。其实我不是什么忧心忡忡的人物，心挺大的，想不了国家太大的事，但就面前这点事，让人没有什么信心。

问：即使是这样，你的教育观还可以在家庭教育中实现，不必悲观啊？

崔永元：我的女儿今年上小学一年级，我也不知该怎样教育她，在她很小的时候，有一阵我看她对我们家小阿姨不好，有时伸手去挠她，我就批评她，告诉她不许挠姐姐的理由，后来她不那样了，可我又觉得她表现对姐姐好是为了让爸爸高兴。我要求她乘电梯时，要叫电梯工“阿姨、姐姐”，忘了我会提醒她，想给她一些最基础的教养，但又总觉得她是在做给我们看。我们希望她有对人的发自内心的尊重，对人的劳动有发自内心的尊重，但总是支离破碎的教，没有特别有效的手段。所以教育一定要有主流意识和手段。

去年、今年我去韩国比较多，看世界杯什么的，发现韩国的教育有很强的主流意识。刚去的时候，我见了韩国的孩子也不适应，他们染头发，皮鞋比我们的长出半个来，特显眼，这样打扮的孩子在中国可能就是不良少年，缺教养。但是接触才知那些孩子教养特别好，包括一些细小的行为习惯，他们给我的印象一方面是非常时尚，比中国孩子还要时尚，一方面教养特别好。

我带回我的一个韩国朋友的孩子写的书稿，叫《我是韩国人》，我看到了特别感兴趣。这孩子叫申世庸，是我这位韩国朋友的老二，他哥哥早早去了美国留学，他也想去，于是13岁时，他参加韩国的绘画比赛，得了冠军，就真的因此去了美国。在那里他被当作外乡人受欺负，鼻梁骨被美国的孩子一共打断13次。但是他毫不示弱，并发愤学习，他和他哥哥后来都在牛津大学毕业了，可以在世界上任何国家找到很好的工作，但是哥俩都毫不犹豫地回到了韩国。

联想到我们中国学生有一点特让人头疼，要么孩子没出息，要么就是孩子出息了又不爱自己的国家。我问这个韩国孩子的母亲，用什么办法让他们又有出息又爱国？他母亲想了半天说，每个假期我都要求他们一定回韩国，看看韩国的变化。我准备把他们请来做一期节目，看看这位母亲是用什么方式培养教育他们的。要说孩子不好教育，这两个孩子的教育应该是最难的，因为他们家太富裕、太有钱了，他父亲参加过韩国总统的竞选。你看这个20多岁的韩国现代青年是怎么写的：“把此书献给将肩负起国家重任的年轻人和我热爱的父母、哥哥、朋友们”，好像我们四五十岁的人说的话。他们头发都是红的，服装都是最时髦的，身心都是很健康的。

我不太知道，教育的养成怎么回事，它应该是很系统的教育过程。我们目前如何做人的教育不如人意，的确不能赖孩子，大人就做得不好。我是搞媒介的，媒介就做不好，也出假新闻、假广告，当孩子知道成人世界有这样的廉耻的时候，他们会怎样想怎样做？

问：有人觉得这是社会振兴高速发展期不可避免的代价，你觉得呢？

崔永元：我看过陈凯歌写我们台湾，我也到实地看过韩国、日本、新加坡和我们香港，这些亚洲国家和地区在振兴的过程中是付出过一些代价，我们采访过一个洋打假公司，他以前打假的主要对象是韩国、日本，曾经也有过满街假东西的时期，现在他们不必去那些地方打假了，全跑我们这儿来打了。

社会进步是有一个发展过程，但如果说韩、日那时没有什么现成的样板可参考，我们现在有的是前车之鉴，本来可以少走弯路，甚至走近路，可很多人总要用这个做借口，说别的国家也是这么过来的，也要付出这样的代价，可我们付出的不光是染头发、穿暴露的衣服，而是生命的代价——两个孩子一把火，多少条生命就葬送在那个网吧了，这样的代价谁付得起呀！

我们节目组每周都去一个中学打篮球，和学生有一些接触，我总是乐观不起来，包括他们写的一些东西。我那本《不过如此》社会评价怎样先放一边，起码可以看出我对生活的热爱和积极态度，而现在有些小孩写的东西都灰灰的。

问：从职业角度，你看消极的东西可能多了一些。能否从个人的角度给教育的问题开开药方？

崔永元：教育我外行，药方就是有也是媒介方面的。孩子们接受的很大一部分社会教育是通过书、刊、广播、电视。最近我在研究国外的“电检条例”，许多发达国家都有广播电视节目的分级检验制度。我在网上查到，英国和美国都有《低俗行为法案》，而我们从没有分级检验条例，电视节目中有伤风化的行为从不避讳孩子。过去总认为我们在政治上管得严，低俗的东西出不来，现在看来，没有分级条例是另一种形式的宽松，公开的电影、电视中的暴力、色情，打开电视就能看到，我就没法和女儿一起完整看完一部片子。

做媒体的人，大多数都有孩子，对别人的孩子负责，就相当于对你自己的孩子负责。我们的节目至少应讲究一点，有点主流意识，尤其是娱乐节目，至少不能误导，让孩子不知道什么是美，什么是丑，他们甚至觉得连歌星撞车都是美的，因为他们的车好，怎么出车祸都死不了，他们自己也渴望这样，不愿这样平静地生活，宁愿开着豪华车去撞一下。有的电视节目以浮华为美，晚会上一个歌星唱四首歌恨不得换八身衣服，浮华得超出社会的发展指数，让我们所有的孩子都觉得自己寒酸，但这种感觉成不了前进的动力，只会让他们仇视社会。

孩子觉得做F4（台湾歌手组合）是最美好的，最富的，对社会贡献最大的。他们心目中没有英雄。我们小时候，有雷锋、王杰、时传祥、张秉贵这些榜样，现在对孩子讲这些不被耻笑就算好了，其实我们都知道，维持社会健康发展、形成社会的良性循环十分需要这样的人。

这也有我们媒介的问题，我在给大学生演讲时全是批评我们自己，做正面报道老是漫不经心，英雄人物、劳模老是摆脱不掉假、大、全，让英雄成了异类、另类，都是泡沫的，人格扭曲的，孩子们想照猫画虎，比着葫芦画瓢都画不出来。

前不久我们做过一期节目，是关于一位空军指挥官的，有关方面提供的资料是这样说的，当年他参军之前的一个晚上，他参加过抗美援朝并当过飞行员的父亲和他谈了一晚上话，说他们那会儿由于我国没有制空权，怎样吃了很大的亏，他因此立志如何如何。我们还是自己重新做了仔细调查，结果发现这些都子虚乌有，他想当飞行员，是因为那时看了一部电影叫《长空雄鹰》，里面飞行员穿的皮夹克和毛衣特别好看，在那个时代特别吸引他。到了部队，他对开直升机也有过想法，闹过情绪，是一点一点走过来、成长起来的。别人怎么宣传不管，我们反正严格尊重事实，人物真实了才能立体、可信，打动观众，结果这期节目做得不错。

我这两年还在干一件事，就是把我小时崇拜的英雄生前工作所在地、出生地访问一遍，去重新了解英雄的历史真实，然后把他写出来。出版社的同志告诉我，《不过如此》所有章节都被转载，只有《寻找英雄》这段没有人转，这是媒介的取向，可见媒介对这个也不感兴趣。

问：你女儿马上到学龄了，你希望她接受怎样的学校教育？

崔永元：孩子们所接受的教育除了来自社会，主要是学校教育，家长的作用排在这两个因素后面。许多家长在拼命工作的同时，把孩子交给学校，交给电视机，交给书，在孩子教育问题上心有余力不足，有时好像站在学校和媒体的对面去争夺孩子。我们总是说，孩子不好，家庭要负很大的责任。是有很大责任，但什么样的家长能抵得上老师的一句话？我女儿去参加入学考试，回答了一个问题，老师就夸了她一句“真聪明”，让她足足亢奋了一个星期，我天天说她聪明也没用。从这个意义上说，学校教育是最主要的。但是老师要承担起做人的教育要付出很多工作量。

我总想起我上学那会儿，老师在做人方面对我们要求很严，但这个严是建立在对我们那个年龄的孩子充分理解基础上的。那时风行跳交谊舞。别人跳，我们心里也痒，过节开联欢会时，等校长到各个班走完了，老师让我们把门关上，窗帘拉上，然后带班上一个女孩跳给我们看，我第一次感受到舞蹈的美感和高雅，然后我们一起跳。最后老师说，到此为止，明天谁也不许再想。老师还和我们一起春游秋游，一起玩儿的时候从不提学习，不提思想动向，否则我们会以为有不良分子掺入，觉得不是自己人。我们在颐和园后山划船，老师带我们把船从一个湖搬进另一个湖里，还和我们一起挨了工作人员一顿训。我们曾编了个理由逃课去看电影，后来学校也组织老师看电影，我们的老师没去，把票给我们说“爱看就去看吧！”我们在操场一圈一圈地走，最后还是主动和老师说了自己逃课的原因。

“什么年龄干什么样的事”，老师的话和他的高明的诱导，让我们一辈子都忘不了。他在乎的是教育的主体而不是细枝末节，不让枝节的东西掩盖了主流。现在老师好像顾不上这样带学生了。

我更小的时候，小学三年级以前随部队在一所农村小学上学，经常拣麦穗、抱白菜、护秋什么的，没有任何报酬，大家互相比赛，都很高兴，有一种追求荣誉的美好愿望。不像现在有些孩子互相不能容忍，个性高于一切。

我们不是研究教育的，也说不出什么来，就是个着急。我总想，现在的孩子为什么心中没有英雄？心目中没有英雄，将来他们长大成气候了，非打仗不可怎么办？一个民族心目中没有自己英雄是挺可怕的。

美国人其实很重视主流宣传，再烂的电影都讲弘扬民族精神，他们电影的精良制作掩盖了其中的宣传。如果按一般题材、主旋律题材来划分，我认为美国电影70%都是主旋律电影。该让孩子们知道的，要让他们知道。

问：现在孩子常常不知该怎样与人交往，缺乏得体地与人交往的常识和幽默感。你说呢？这方面你很有发言权。

崔永元：我认为这还是因为他们不懂得宽容、不懂得容人，不懂宽容必然不会和人打交道。他会患得患失，自我中心，总是在用自己的利益来衡量对方，想划算不划算，这和不会交往两件事是连一起的。

我们小时候受到的教育是要让别人高兴，哄别人高兴，所以我们当时衡量事物的前提是让别人高兴，而不是自己高兴就行。还有，幽默感首先要能够自嘲，没有宽容哪儿来自嘲。

问：很有道理，但在这方面也还应有一些可以训练的技巧吧？

崔永元：我听桑新民教授讲得好，他说孩子的这些能力是在群体游戏过程中完成的，而不是学校教育中完成的。游戏有竞争，肯定有领头的，一大帮跟着的，然后定规则，你一定要竞争到第一，才有可能制定规则。然后要守规则，守规则才能在小集体里和大家一起玩，破坏规则，就会被开除，就没人带你玩。我们小时都有这样的经历，没人理你了，那是很难受的，不守规则就要付出代价。在这个过程中要讲合作，合作才可能让身边的人越来越多，才有可能使你成为一个领袖。在这个过程中还要讲让步，不是所有的事你说了别人都得听，有时候你还要听别人的，这些没有人给他总结，是孩子在这种群体游戏中自己概括、完善并自觉遵循的法则，在游戏过程中自然而然完成的。我们小时在大院里分成两拨，今天那边“叛变”一个，明天那边挖过来一个，有些交往技巧就潜移默化过来了。

现在这种群体的、有时有点野蛮的身体接触的游戏太少了，这种游戏和幼儿园、学校老师组织的游戏不同，后者有老师介入，规则已经在他们手里了。

我觉得这些说法特有道理。我女儿小时候，有天晚上她在街上怪叫，我后来发现很远地方也有一个小孩怪叫，两人呼应上了，就好像芦苇荡里的两只野鸟，他们这些独生子女交往的机会太少了，教育应该有意创造一些机会，弥补这个缺陷。

余秋雨：要重现文科的魅力

采访时间 2002 年 7 月

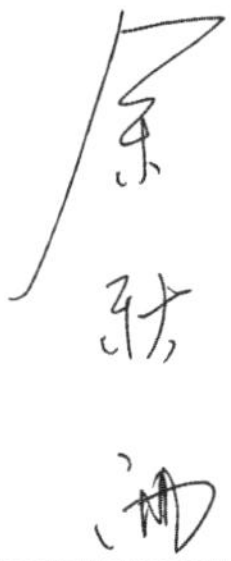

余秋雨，文艺理论家，作家。1946 年生于浙江余姚（现划归宁波）。20 世纪 80 年代中期曾任上海戏剧学院院长，1991 年辞职，开始大规模跨国界旅行文化考察。

在家乡读完小学后，就读上海晋元中学、上海新会中学、上海培进中学，1963 年考入上海戏剧学院戏剧文学系。

问： 以往大学文科走出许多声名显赫的人物，与文科曾经的辉煌相比，目前文科教育似乎不够景气，成绩特别优秀的考生好像更多集中在理科，报考文科真正出于兴趣而非理科成绩差的学生也在减少，你认为这是什么原因？

余秋雨： 文科教育的确比较明显地落后于社会的发展，也落后于理工科的教育，尽管理工科教育比较世界水平也有距离，但文科教育的落后更为明显。其中有考生质量不高的原因，但更主要的原因是文科多年来落后于社会发展，正在失去时代的魅力，无法吸引考生和他们的家长。

文科的魅力这个问题说起来比较复杂，但最基本的一点，就是所培养的人应具有人格上、职业上的职业吸引力。学生在报考大学时会思考希望将来成为什么样人的问题，文科毕业的人理应广泛赢得尊重，被社会接受。但现在在文科毕业生中似乎很难找可广泛仿效的人，有一段时间文科的吸引力还来自外语，由于外语的普及，它作为单独的学科也没多大吸引力了。在其他方面，文科与其他学科的可比优势也不大。

问： 你说的“文科”不是泛指按现行高考划分的所有“文科”吧？

余秋雨： 我谈的是纯人文学科，不包括经济学、社会学等社会学科。人文学科缺少吸引力的原因我想有这样几个方面：

第一，整体文科的落后。这主要表现为文科的思维方式和知识结构落后时代发展。文科教育在文化构想上最典型的思维方式就是记忆性、考证性的，而不是创造性的。我们常说某教授水平高，有学问，一般就是指他肚里东西多，而这些知识都是记忆性的，不是创造性的。但是由于数十年来时代的发展变化，特别在进入电脑普及的时代以后，这种靠记忆一门学问里的学术细节见长的学者的力量越来越薄弱，魅力也在减退，创造性方面的空白越来越突出地显现出来。理科也有缺乏创造性的问题，但相对要好一些。当一个学科的几个门类都缺少创造性的时候，它的整体魅力就减少了。

问：文科天然地缺少创造魅力？

余秋雨：也不尽然。记得80年代初期，文科的创造魅力还是有的，那时人文科学、社会科学都在思考和关注中国现实问题，一些新概念、新观念的大量引入，却又不是一般介绍。如把传统文化的魅力与世界文化的特点反复对比，思索封建主义的桎梏与中国长期保守的关系、酿成“文革”灾难的原因等等，理论思考与中国的社会现实是紧紧连在一起的。

现在这些问题都大体解决了，很多人逐步转向做学问。中国式的做学问，与改革初期中青年学者的创新思考有些是不一样的，常常还没有进入到扎实的研究，就回到资料汇集了，结果资料是集中了，深厚倒也深厚，但就是缺少学科的后劲和影响力，文科的这种记忆性、资料性结构本身就是落后的。

文科落后的第二个原因，就是严重脱离社会的转型，过多追求所谓“精英层”的内部消耗。我在文化圈里的时间较长，感到人文学者和社会实实在在的发展关系不是很大，与广大民众最需要解决、最需要普及的东西的关系也不是很大。他们常孤芳自赏，反对流俗，觉得什么都不行。其实社会特别需要思想文化的启蒙，需要文化圈与全民的对话，需要与广大民众一起思考社会转型时期许多精神领域的问题。也就是说，社会精神层面的问题要由人文学者来引领，而很多人文学者却放弃了这个责任。

还有一个相关的问题是，文科毕业的人比理工科毕业的人更容易把自己看成是精英。怎么就可以确定自己是精英呢？文科毕业生来自民间，也就是接受了一遍文科教育，时间也不长，其现实生活并没有脱离民众，精神生活也没有走多远，怎么就成为精英了？理工科毕业生学的东西更实在，外语水平可能更高一些，却很少把自己当作精英。

问：中国的文科生爱拿自己当精英，为什么？

余秋雨：我们那么多大学有文科专业，有些学生毕业后能写一点文章，知道一点外国人文、社会科学的常识，懂得一些表达方式，就自视为“精英”了，这支队伍浩浩荡荡。他们似乎可以傲视理工科学生，更可傲视社会民众。可社会民众真的是可以傲视的吗？时代在变化，现在教育普及了，社会民众同样了不起，许多企业家的水平不低，公务员的文化水平也不低，很可能有些就是他们的同窗。即使文化程度不高，中学毕业的学生、工作人员，在工作实践中，在平时上网、看报、读书读杂志的过程中，所接受的信息、掌握的东西不比“精英层”少，所以不必自鸣得意，自我欣赏。

国际上确实有知识分子精英层，但人数很少，有自己的理性操守和精神立场，有自己独特的批判方位和研究重点，并且确实进入了真正的学派。学派一定有自己的思考规则，其理论思考具有完整性、深刻性，有上下的继承关系，可以影响好几代人。他们人数不多，需要很多条件，而且确实有精神优势，社会上很在乎他们这样的人。

在社会不断变化的情况下，我们的文科居然缺少对社会的感召力，某种程度上是文科人给自己砌了一堵墙。问题是这堵墙是半透明的，里面看不到外面，可外面看得到里面，你在思考什么，想什么，外面都看得很清楚。老百姓可能不知道他们具体谈论的问题，但至少知道他们生态的局促和思维的低效。在变动的社会中，他们其实是比较封闭的一群，封闭在过去的思维中，封闭在自鸣得意的内消耗中。

问：一些文科青年学者把视线移出校园，也在参与社会批判。有人认为这是理论联系实际，也有人说这是在走快速成名的捷径，这个问题你怎么看？

余秋雨：有些中青年快速成了缺少方法论的社会批评家，批评的方式很尖锐，但细看结构又非常陈旧，如最典型的是对文化的商业化操作的批判。其实随着社会的转型，今天很多文化活动都避不开市场行为，必须要有文化企业的参与，不能总在一般意义上批判商业化。比如各地有不少剧种、剧团，国家每年要拨给很多钱，但仍没有票房，这样的剧团的比例非常大，确实需要借助一种力量，比如文化企业家的力量来推动，帮助剧团在经济上摆脱困境，但事情还没有做多少，就会遭到批判。说明有的人文学者脱离现实太久，对面前的社会变化很不习惯。

剧团的问题和旅游的问题对照起来看，就更能说明问题。比如像黄山、庐山那样的风景胜地，中外游客在太阳落山以后，常常不知道看什么，干什么，这时如果有精彩的文化演出，肯定受欢迎。而有演出能力的大量剧团却闲置在困窘当中，这件事也需要文化企业家穿针引线。然而刚有动静，又被社会批评家批判为文化商业操作。缺少文化企业机制，又怎样沟通旅游和文化，从整体上解决问题呢？

再比如图书被反复盗版的事，真实原因是缺少书籍发行的实实在在的、强有力的机制，有这样的机制才能和盗版集团竞争市场。但是这方面的研究还没有认真进入到主题，就开始批判文化商业行为了。这是我们文化人社会批判可笑的地方。我个人见到的最大的批判，是说我反盗版反得太多了，上电视上得太多了。这些都是文化批判落后时代的反映。

问：你认为文科的教学哪些环节问题最大？

余秋雨：我认为第一是教材方面的问题。中小学的教材变化比较快，也比较大，但历史教材似乎无论中小学、大学变化都不大，很少能反映20多年来中国在历史研究上的新进展。大家习惯地认为新观点尚有争议，因此不宜进入教材，因此教材里留下的是老观点。

其次是文科学生缺少的创造性思维的问题，学生总是习惯接受结论性的东西，很多结论来自时代的成见，并不是立足于文化判断的多重可能性。有一些刚毕业的二十几岁的学生会染上老师的一些毛病，总忙于在一些肤浅的概念里打转，拿着这些概念去套各种社会现象。文科教育应教会学生学习的方法而不是结论。一个人如果从学生时代就形成这种思维习惯，在以后的学术生涯中很难谈到创造力。

但是如果扩大文科范围，把社会科学都包括进去，我就有乐观的理由了，尤其是经济学和社会学，非常重要的变化是这些学科已经纳入数字化规则，因而比较有力地改变了学科的生存状态。这些学科着力于与国际接轨，把许多问题放在统计学基础上梳理，使学科思维方式有了实证性思辨，这就从根本上改变了我们过去在这个领域喜欢拍脑袋、武断下结论的思维方式。

美国华裔历史学家黄仁宇教授曾经说过，中国历史有一个比较重要的问题是缺少数字管理，古代皇帝是不讲数字管理的，历史在很多时候成了一种情绪化的存在。经济学、社会学在这方面做出改变，因而较早进入了国际规范。

在教学过程中还有一个很大的问题，就是缺少一个厚实而有活力的基础教育平台。经常有一些教师，把自己的研究兴趣和正在写作的论文题目当作普及人文教育的内容，在课堂上大讲特讲，看似高深，实则不负责任。

我和文科学生接触，总觉得他们常识差，在歌曲大奖赛中也有这方面的反映，常感觉一些基本概念远没有建立起来。究其原因，在大学课堂上有时尽钻牛角尖了，该知道的却没搞清楚。我赞成教师既要搞教学，又要搞研究，要有自己的论文发表，但是不要把普及教育和个人研究混淆起来，把写论文用的东西拿来主讲，这不是方法问题。

我认为当教师，包括带研究生的教师一定要了解教学对象的实际需要，谁也没有理由小看常识、丢弃常识。

问：启功先生说他带研究生总要自开一门“猪跑课”——即文学常识课，就是要为学生打好这个底子，你同意吗？

余秋雨：我非常赞成启功先生的灼见。文科教学的首要任务是把中国文化、世界文化的常识讲好，发挥好，让年轻人生动、活泼、有力地接受。谁也不能小看常识，再大的教授也很难在常识层面上把世界和中国文化的精神讲得清楚、概括得精彩，相比之下钻牛角尖要容易得多。应该把如何在文科以及理科大学生中普及人文教育作为专门课题来研究，只有在厚实的基础平台上，教育才能造就启发性思维。

总之文科教育严重滞后的结果之一，是学生不愿考文科，而且表面的损失变成了内在的损失，那就是各专业学生都缺少应有的人文素养。

问：你认为大学给各专业的学生开人文讲座的做法如何？

余秋雨：大学里的讲座泥沙俱下，但任何时候有魅力的讲座都是受欢迎的。有些讲座的确很好，特别是一些海外学者的。我就听过美国学者讲知识分子与专家的区别，很精彩。对中国文化界很有启发性：专家是专业人员，如学建筑的，学冶金的，学造船的，不能对他们有更多的要求。对知识分子来说，就不一样了，需要整体社会关怀，需要全人类的终极关怀，需要把社会的道义担在肩上。

在这个问题上，文科知识分子有点错乱，有的人只有专家的知识结构，没有经过知识分子的心理陶冶，有时只立足于一个小点，就表演社会道义，比如那种情绪化的社会批判就是一种。

问：处在社会经济的高速发展期，文科学生该怎样面对环境浮躁？还像你们那时那样，“读万卷书、行万里路”？

余秋雨：新的时代要有新的人文精神。在浮躁的时代，用什么样的精神治理浮躁？法国革命的时候浮躁过，工业革命的时候浮躁过，人文精神恰是使浮躁的社会安静下来的一贴良药。文科应潜心研究在计算机时代、电子时代的精神创造、精神节奏应该是什么样的，这些都是创造性的问题。

书还是要读的，但书的形态结构也发生了变化，可直接在电脑上读书，还有音像读物，都不能拒绝和偏废。

振兴人文学科，最基本的一点就是要认识我们现在的普遍不足，不要钻牛角尖，自鸣得意地在小圈子里消耗，要知道时间和生命比这重要得多。振兴人文学科也需要少数智者的引领，由他们在实践中创造人文科学的当代魅力，用启发式思维来影响和打造学生的思维方式。

我对文科的振兴还是挺乐观的。

杜祖贻：现代化不是盲目西化

采访时间 2002 年 8 月

杜祖贻，祖籍福建同安，1936 年生于香港。美籍华人，香港中文大学医学院讲座教授，主持脑神经科学与教育的跨学科研究。美国密西根大学研究院讲座教授，北京、上海及新加坡、英、美、韩等地大学名誉客座教授。

曾就读香港培英中学、金文泰中学，1959 年毕业于香港联合书院社会科学系，后赴美留学，1963 年在华盛顿大学取得文学硕士学位，1967 年在美国南伊利诺大学获得博士学位。

问：中国与国际社会的关系越密切，对普及外语的要求越高，对外语教学的要求也越高。如此一来，怎么处理学外语和学习其他，特别是学习本土文化的关系？

杜祖贻：要达成现代化，要深求进步，必须与国际接轨。可是要接轨就必须投入大量时间和精力去学习外文。如此，教育就需有相应的措施，要腾出大量时间和投入大量资源去加强外语教学。从现在的趋势看有点手足无措：在中小学阶段不断增加外语课程，到了中学和大学，则提倡用外文课本，用外语教学，研究生院更要向英美看齐，让研究生用英文撰写论文，一些大学的教师也非用英文著书及在国外刊物上发表不为功。以至中文成为次要语文，出现舍本逐末的现象。我们赞成国际化，但现代化是不是就要盲目西化，这值得讨论。

问：发达国家不是这样吗？

杜祖贻：这个问题有人做过调查，由于西方国家，特别是英、美、加、澳等英语语系的国家，学生用于语文学习的时间和精力仅为中国学生的小半。因为他们的母语本身就是今日的国际学术语言，对他们来说，英文以外的语文知识并非是必需的。他们学外语，一般是选一门与英语可互通的西方语言（如法文、德文、西班牙文），学它三年便算。

我们的情况却不同。在不同的学习阶段，中国学生学习中国语文的负担已经不轻，而学习外语的时数又十分庞大。以香港为例，一个学生从小学到中学上英文课的时数约为 2400 小时，再加上用英文去学习其他学科的时数，以及下课后自习英文的时数，用于学英文的时数可达六七千小时。这与西方学生用于学习外文不超过 1000 小时比较，每名学生须多消耗 5000 多小时的光阴，去博取一门外文的起码能力，这无疑是极大的消耗。

问：中国人苦学英文的值与不值，可在一些成功人士身上找到例证。比如王选先生。先生靠外语优势极早获得信息，从而抢占专业制高点的范例，不值得效仿？

杜祖贻：王先生在大学时用功，取得英文为科研工具，这是值得的，不过也付出了时间上的代价，可是比起香港的学生，损耗还不大。试想爱因斯坦当年在瑞士专利局公余的有限时间中，还要战战兢兢地用英文写报告的话，他那五篇用德文写的划时代的物理论文就不可能及时面世。

如果我们的大学生、研究生，以至大学教授，能省去一部分学习外文的时间用于深入的科研、缜密的思考和直接的写作，他们的成就会较今日的表现为可观。

西方儿童不必用太多时间学习外语，因此，他们除了一般的学习和训练之外，还有时间去学习烹饪、卫生、急救、水电、驾驶、木石、建造、修理等。即使他们花费了3000小时于消闲游玩，仍然比中国学生多出3000小时的学习时间。当前的情况是一种弱者追赶强者，并自动向强者让步几千个学时的畸形学术和教育的竞赛。

问：使用非拼音文字的国家学习外语确实有比较吃亏的一面，但又不能不学，不止我们国家存在这个矛盾吧？

杜祖贻：学习外文既是求进步的先决条件而非学不可，同时又造成了时间和精力的极大消耗。在这种“水能载舟，亦能覆舟”的情况下，我们究竟该如何在中国教育和科研走向现代化的同时，正确解决学术语言问题？这个问题不解决，若干年后中国将会被融入以西方为主载的文化和语言体系中，进而还会导致全民对本土文化自信的消减。

以印度和日本为例，印度二战后虽取得独立，但这个语言复杂的国家不得不以英语为国语，其语文课程变成教育的重负，教育的成效打了很大的折扣，文教科技也因此无法与西语系统的国家相比。反之，日本百余年来面对西方的文化扩张的优势，一方面不断汲取他人之长，同时又积极建造对本土文化的自信，如教材与技术是外来的，但要保证东京大学的毕业资格必须优于他国名校；科研情报是外来的，但书籍期刊都是用日文印刷发行的，结果这个岛国不但称雄东亚，还可傲视国际。

问：从国情出发，你认为中国人该怎样分配学外文的时间？有关部门该做哪些改进？

杜祖贻：至少需要考虑这样几个方面的问题：

第一，国家投入力量支持教育科研机构进行改良外语教学的科学实证研究，如用脑神经生理试验去研究验证母语和外语的学习效果。以此审定最有用的教材，设计最有效的方法，务求以有限的人力、时间和资源，谋取最佳的效益。

第二，不必让数亿人都成为外文专家，学而无用，便是浪费。一般人如能专心学习约 1000 小时，熟习基本外文词汇语句，便足够应付日常生活之需。全国人口只要能训练 20%精通中西语文的人才，对科研、外交、政治、工商、贸易、旅游等事业，就可应付裕如。教育部门应设计不同外语课程，给不同类型学校的不同学生修读。大学可按涉外专科、半涉外学科及全涉外专科而适当分类。

第三，外文教材应以准确及实用为原则，不必限于语文，也可采自历史、科学、哲学、社会、经济等不同来源，使学生在学习语文的同时学到西方文化的精华。

第四，教育部门应设立最合理而明确的国际化与文化本位并重的学术评价标准。优秀的科研成果，不管是中文英文图表，都应享有同等的承认。

第五，应迅速发展中外文翻译工作，从速设立高效率的翻译馆，有系统地将来自世界各地的最新的精尖知识和讯息，以最快的时间和最准确的文字译成中文，广为刊布，提高民智。

此外，还应采取措施，发扬中国语文的科研功能，使优秀的中文论著同外文论著在世界上享有同等的学术地位。

黄宗英：人之初　自有梦

采访时间 2002 年 8 月

黄宗英，1925 年生于北京。电影演员，作家。

4 岁上北京第一蒙养园，就读北京笃志小学，青岛江苏路第一小学，天津广东中学、耀华中学。

问：你们黄氏一家出了你和黄宗江、洛、汉四个文化界名人，今天极少有像你们那样热闹的文艺大家庭了，但你们幼年受到的教育会启发今天的家庭教育。你们是在什么样的家庭氛围里长大的？

黄宗英：我生在一个温馨自在的家庭里，父亲在清末留学日本，崇尚自由、民主、博爱，有一套"淘气教育"的说法。他常说"不淘气的孩子将来做不成事"，所以我从小就和哥哥弟弟们一起爬树打枣、下水游泳，跳个沟、翻个墙什么的都不怵，很小就自己骑自行车上学。黄宗汉淘得让我妈受不了，让二姐带到齐鲁医学院去了。住在天津的时候，我还从二楼阳台直接爬到楼顶去看书。我的这个"淘"曾帮过大哥的一位被日寇搜捕、住在我家的同学，正好领他到楼顶平台看地形。

1937 年 7 月 7 日我去学校看发榜，走着走着日本坦克就进了天津，12 岁的我亲眼见到坦克履带辗过我的国土，当天晚上南开大学那边就被日本飞机投下的炸弹炸起火。所以我的童年和青少年时代和祖国深重的苦难，和反法西斯战争是连在一起的。

"淘气教育"使我们身心健全，并有较强的生活本领，再往后延伸，就是自由发展兴趣爱好。我们都特别爱读书，大哥黄宗江还带着我们自办家庭文学小报《黄金时代》。父亲喜爱戏剧，给我们埋下了根，让我们这个书香世家锣鼓家伙刀枪棍棒一应俱全，至今还留下一张我们江、淮、英、洛四兄妹戴着面具的"儿戏"合影，那时是玩，阴差阳错，竟真的由此结下艺缘。人之初，自好奇，做父母的切忌压抑孩子的兴趣和好奇心。

问：你的几个哥哥弟弟差不多都进过大学，你虽然只读到初中，但在表演艺术和文学创作两个领域里的成就并不亚于他们，这很了不起。你是怎么学出来的？

黄宗英：从小到大，我从来没有觉得自己有什么特殊才华。小时候读《小妇人》，觉得自己像三姐佩斯，心里想的就是做全家人的小太阳，为爸爸妈妈姐姐妹妹做点什么。由于父亲的早逝，家境骤然变化，我就成了做活能手，不光织毛衣，还会絮棉鞋，做鞋帮、打袼巴、上滚条、絮棉花、帮里子，是和家里老阿姨学的，一心就想早点挣钱养家，供那四个哥哥弟弟们上学。所以，我们八口之家快要山穷水尽的时候，我就跟随从燕京大学休学的大哥到上海“闯江湖”去了，那一年，我 16 岁。

我老称自己所受的教育是“刘姥姥式”的——越没有什么，就越想要什么。好比我喜欢钢琴，家里又没有，就自己用纸做成琴键空弹，后来进了有地下党领导的剧团，在演出间隙我一个人偷偷跑到后台，摸着黑在钢琴上弹几下。学习也是这样，我因被迫失学，一生都对上学、对读书馋极了，最大的愿望，就是坐在课桌后面。前几年，我 70 多岁还到北京中医药大学自费旁听两个学期，每天 6：20 准时打车上学，坐在课堂上开心得不得了。我还学习电脑，跟着冯亦代学习英语。

由这种“刘姥姥式”的教育想到，我们其实不需要给学生的东西太多、太满，过多的知识也会把他们揣成精神胖墩，比胖墩更糟糕的，就是厌食症。无论饭还是药吃多了都不行。填得太满，他会失去学习欲望，而欲望很重要。

问：除了学习欲望，对于自学者来说，还有什么比较重要？

黄宗英：习惯。所谓“风俗胜过法律”，谁也不能小看习惯的力量。首先是要养成读书的习惯。爱书也是一种习惯，要有环境熏陶。我有家庭环境的熏陶，也有社会环境的熏陶。我读的是社会大学，社会关系特别多也特别好。我和大哥黄宗江在上海剧团里的时候，白天排戏，晚上租一个亭子间用，大哥的同学像李德伦、黄裳等好多才子住在前客堂，天天高谈阔论，我听得明白听不明白都听，困了、睡了隐隐约约还在听，我管那叫“梦教”，“梦教”的熏陶使我知不足，不懂的知识就得把它弄懂，所以就到处找书看，找人问，好在身边有那么多大学问家，越问越想学。

排戏的时候我多演主角，出场多，但我还是抓住间隙，在后台看书。所以我特推崇陶行知的教育思想，他的“生活即教育，教育即生活”影响了许多人。我零敲碎打地学，居然也学成了剧团的秀才，大家都比我学历高，但写完东西总要让我看看才放心。

我还有个习惯，就是把一些感兴趣的知识抄在小纸条揣着，随时背诵。在剧团的时候，连四分车票钱也想省下来，到哪儿都是走路，就边走边背字条，要是乘车更背得欢，怕把时间浪费了。直到老了，我还保持着抓空背字条的习惯。

问：背诵习惯的养成像背台词似的，也需要有一定的训练吧？

黄宗英：那是当然。我觉得我们有时过于强调“死记硬背”的不好了。我认为知识的积累离不开记和背，化学元素表、数学的口诀、公式定理、定律不背行吗？

对低龄学生来说“背”尤其是必要的。因为有些东西小孩子背诵起来不费什么力气，很好玩的，背下来会很开心，长大后理解起来却能事半功倍。记得小时我看二哥黄宗淮背李密的《陈情表》，我也学他的样子摇头晃脑地背着玩。等到我上了中学，才在课文里发现小时跟着二哥背熟的是这个。后来发现许多小时熟记的诗文定理，长大理解起来颇为有用。我国自古以来不是就有口诀、儿歌等等很多便于记忆的知识吗？现在有学校让小孩背诵一些古代典籍中比较上口的东西，我认为很好。舒乙办的学校就在做这样有意“背诵”的试验，这对人文教育的普及有好处。渴望学习，就会去琢磨“背”的道道，找到窍门，巧记巧背。

在某种意义上，我甚至觉得作家是靠记忆写东西的。前几年我患脑血栓后，许多东西忘了，所以我现在还在想办法锤炼记忆，比如每天早6：00听电台的空中英语。

问：你和冯亦代老的晚年生活仍然离不开学习，真是名副其实的“活到老，学到老”，你们是怎么学习的？

黄宗英：人一落生就想着做力所难及的事，人一旦停止了追求，余下的就是机械的生理重复，生命就原地踏步了。在这样飞速发展的社会，没有学习愿望和学习能力是不可想象的。

我和冯亦代一起生活后，每年都订阅两千多元钱的报刊。到了老年，我又开始换笔，学电脑，因为小时候学的是注音字母，只好重学汉语拼音，家里长年挂着一张“儿童学拼音图”。去年一场病，学会的东西又忘了一些，那张拼音图还得找出来挂上。我现在身体不行，出门不易，在家读季羡林、费孝通二老送给我的书，补看一些有强烈责任感的作家、记者关于半个多世纪的党史的考证。季老的《沙恭达罗》中有的外国名字记不住，我就一次次念出声。我总挣扎着想，至少要活得不能让他们这些大学者失望，明天最好不要比今天更笨。当然也不去做挡道的事。

作家离不开生活，我现在出门有困难，没法写了，我曾对照公共汽车沿线，计划到我有能力去的地方实地采访，但现在看来实现不了。我就想趁自己肺活量还可以，把以前的作品录制成口语版，读给有眼疾的老人听。人之初，自有梦，学习是我永远的梦。一个梦圆了又追另一个梦，圆梦也是我的一个梦。

关于现在的教育大家议论纷纷。但我想，时代总在进步，现在的老师比我们那时的老师辛苦，要难教得多，家长也难当。最近一些中年作家朋友们打电话来说：“孩子的大学录取通知一下来就来看你”，他们都在为子女考大学的事受罪呢。我说你们那是过昭关呢！什么时候教育发展到谁想上什么学就有什么学上就好了。

柳松柏：给孩子们一个诗化教育背景

采访时间 2002 年 8 月

柳松柏，祖籍福建漳州，1946 年生于台湾苗栗县。电影编剧、导演、作曲家。台湾“唐诗新唱”活动推创人，曾创作《妈妈，再爱我一次》等数百部影视剧本。1994 年开始集中为唐诗谱曲，并在台湾中小学推广传唱。现任台湾唐诗新唱推广中心执行长。

曾就读苗栗县后龙小学，竹南中学，1973 年毕业于台湾艺术专科学校（现台湾艺术大学）电影系。

问：你先后为二百多首唐诗谱曲，并数年专心致力于在台湾少年儿童中普及推广，当初你是怎样想到要做这件事的？

柳松柏：我是学艺术的，对音乐、绘画、文学都有浓厚兴趣，还受一位叔公的影响，崇尚祖先多姿多彩的文化。在90年代初，我为古诗词谱曲开始是因为拍电影剧情的需要，记得李瀚祥导演就讲过，诗里面有镜头，是很好的养料。

我渐渐体会出以唐诗为代表的中国古代诗词中充满了“乐”意，无论形式上的韵律，还是表现在内涵中的境界，都与音乐十分相近，唐诗本身就有歌的音符，“歌即是诗，诗即是歌”。我谱好以后大家都说好。不光是歌，唐诗与其他艺术形式也有关联，实在是“诗中有歌，诗中有画，诗中有舞”。

总有人叫喊要光大台湾的“本土文化”，我听了不舒服。都是炎黄子孙，应该首先让大家都来关心、了解祖先留下的文化瑰宝，一起分享和发扬光大，而不能丢了，这件事尤其要从少年儿童做起。这样我就带着浓厚的兴趣开始围绕唐诗为青少年创作，之后我还和一些热爱中国传统文化的台湾书画家、演奏家合作，出版了《中华儿女唱唐诗》，以诗歌为中介，做成诗、歌、画三位一体的范本和光盘；又发展到配上手语，编成舞蹈，让少年儿童来学。

问：今天的孩子面前是五光十色的生活，让他们爱上唱古诗词，你觉得有这种把握吗？

柳松柏：信心和把握首先取自我的儿子。我有三个儿子，小时我带他们做过有关的智力测试，大的被测为“资优生”，老二被认为“有创意，没有记忆”型的。其实老二很会编故事，在幼儿园给小朋友讲得绘声绘色。但是幼儿园里要求背诵的知识，他都背不出来，包括诗歌，弄得最小的老三总讥笑他。我和太太商量，必须想办法让老二有自信。我们都认为孩子是理解型的，只是背诵能力差一些。想到他爱唱歌，我就把一些唐诗谱上曲教给他。没想到他学得很快，而且兴趣越来越大，不光能唱能诵，还能理解，慢慢生出对祖国传统文化的喜爱。

那就是我最早的创作，在儿子身上的实践启发了我。我想，与其让小孩子自己去接触、分辨一些乱七八糟的东西，不如用一些他们易于接受的形式，直接给他灌输一些经典的高雅文化。于是，我就抱着这个信念，不断精心为孩子们选诗、谱曲，尽可能使每首歌的曲调都特别熨帖、上口，歌唱与吟诵交织在一起。先组织“妈妈吟唱班学唱”，后来干脆直接到一些中小学推广。

一种新的形式让人接受，这个过程当然是不容易的。但是我很有信心，因为“唐诗新唱”无论内容还是形式，对孩子来说，都应该是有魅力的。

问：孩子们学唱后都有什么样的反应？这种“诗化教育”在他们的成长过程中起到了怎样的作用？

柳松柏：有没有这个训练肯定是不一样的。小孩子是一张白纸，对教育的选择性很大，他们在“人之初”所习惯的东西，常常会影响一生。音乐使诗中含义丰富的文字有了生命，儿童沉浸在带有传统艺术韵味的画面、音乐、诗歌里，心灵得到升华，渐渐对中国传统文化产生兴趣。这些优美的诗歌其实成了他们生命的某种背景。

到现在为止，我们已经在台湾培训了三万名左右的教师。许多学校都是孩子们自己在教室放唱机，自教自唱。台湾有 2000 多所中小学，现已经推广到 600 多所学校、90 多万人。有一所有上万名学生的很著名的学校——秀山学校，这个活动得到推广后，一些教室门口挂着诗牌，随便谁拿起其中一首，学生就会唱、会背，班级之间还组织竞赛、表演，学生自己评选“诗圣”“诗仙”“诗魁”，加深对诗的亲近感。

唱唐诗不仅给了学生节奏、韵律感、美感，诗的意境更会影响他们的气质、性情。附近学校见了，也纷纷要求学唱。由于这种形式非常贴近少年儿童的年龄特征，他们接受起来很容易，传唱很快。

问：大一些的孩子呢？还需要做这种努力吗？

柳松柏：让高中学生接受起来是要难一些，因为他们接受的东西已经太多。开始的时候，有学生说，“广播里放的什么？可不可以关掉？”但久而久之，听惯了，他们自然会去和流行的东西比较，去认识鉴别“高雅”。有的学校的学生在学唱唐诗以后，一些建筑，包括厕所都被学生做了很有文化味的命名。

我们不光在大城市推广，也向边远的地方推广，像金门我就去了五六趟。不光是在普通学校，我们还到劳教所教未成年犯唱，有的还配上画、手语，让他们渐渐进入到诗化的意境。真正静下来，他们的心也会变得柔软。

问：大陆也有相当数量的少年儿童在接受背诵古代经典作品的训练，很多民间力量热衷于此。海峡两岸在这方面有不少交流吧？

柳松柏：这是最让人高兴的事，两岸许多人都在做同样的努力。大家的目的就是让炎黄子孙一起分享中华民族文化宝库中的精华，从中吸取传统文化的养料。最近我们组织台湾国学夏令营来内地交流，也参观访问了内地一些幼儿园，我们教小孩子唱唐诗，且歌且舞，他们兴趣大得不得了，要走时还拉着衣角不放。

在台湾，台中师范大学的王财贵教授也在做同样的事情，他的工作重点是把古代典籍中比较上口易背的精华抽取出来，让孩子背诵吟诵。

十年树木，百年树人。相信两岸接受这些经典文化熏陶的孩子，身心一定会大大受益。我那个老二，后来心智、身体各个方面都发展得很好，崇尚中国文化和高雅艺术，现在已考进台湾艺术大学电影系，成为我的“学弟”了。

袁隆平："全才" 未必都豪杰

采访时间 2002 年 8 月

袁隆平，祖籍江西德安县。1930 年生于北京。中国工程院院士，2000 年获得国家最高科技成就奖，我国杂交水稻研究领域的开创者和带头人。先后获得联合国知识产权组织授予的"杰出发明家"金质奖及英、美、日等国授予的八项国际奖。

曾就读武汉市扶轮小学、重庆市龙门浩小学、武汉博学中学，1953 年毕业于西南农学院。1964 年开始从事杂交水稻研究。

问：你的外表说实话是“非典型”科学家的样子。一定还有人想问，像你这样取得这么大成就的人，在读书的时候是什么样的学生？

袁隆平：读书时我特别好动，不是标准的好学生。一直到大学，同学给我写鉴定还要笑我：“爱好：自由，特长：散漫”。

我读书时的特点是太随意，感兴趣的就读，不感兴趣的就不读。我喜欢外语、地理、化学，最不喜欢的是数学。因为小学在学正负数的时候，我搞不懂为什么负负相乘就得正，就去问老师，老师说，“你记着就是”；学几何对一个定理有异议，去问，还是一样的回答。我因此得出结论，数学不讲道理，于是不再理会，学数学兴趣一直不大，成绩不好。可见教师的一句话有多重要！

2001 年我和数学家吴文俊一起去领国家最高科技奖的时候，我还向吴文俊讲起数学没学好的事。我很仰慕地说：“数学是科学之母，任何科学到了最高阶段都要数量化。”吴文俊马上回了我一句：“农业是数学之父，中国数学就是源自对农作物产量的计算。世上万物，哪一样离得开农业？”这是题外话。

问：无论高考怎样统一标准，照样会有偏科的孩子。对学生个体的这种差异，有的大学网开一面，破例招收确有特殊才能、又不够专业录取线的孩子，这事你怎么看？

袁隆平：我看很好。高考也应该把如何鼓励偏才的问题考虑进去。如果什么都整齐划一，可能会把真正有创造力的学生箍死，埋没一些人才。

我身边就有这样活生生的例子，有个远房亲戚的孩子，外语成绩特别突出，但数学特别不行，由于偏科，高考考了 3 年都没有考上，弄得面黄肌瘦，腰也弯了，眼也近视了，一点精神没有，整个人都枯萎起来，像个小老头。我就说，不要考了，你外语好，我用你所长。正好我这里要与美国公司合作，需要翻译，就让他来试试看。没想到他来了以后竟如鱼得水，干得很顺手，外语水平、综合素质越来越高，现在整天奔波于世界各地，人也胖了，神气了。

所以我认为考试要改革，要突破一些框框，允许一些偏科的孩子发展自己的兴趣特长。学生平时在学习当中要少考、多学，知识面要宽，学校要特别注重学生自由发展兴趣特长，甚至鼓励“偏才”。循规蹈矩的孩子没有创造力，“全才”不见得今后都会发展，有些是书呆子，没有什么戏唱。过于统一的考试会埋没偏才，将来通过高考改革，学校有了一定自主权，有些专业的考试，考两科基础课，再选一门专业课未尝不可。

问：农业、石油、地质勘探等等许多老专业设置直接关涉国民经济的基础，但不再是热门专业，甚至被冷落，你怎么看这个问题？

袁隆平：关于学农的人不多，是一个比较复杂的问题，是时代潮流使然。当然人各有志，具体到个人，有一个对农业的认识的问题。

我立志学农始于读初小，一次学校组织郊游，到一个美丽的园艺场参观，那里一串串的葡萄，红红的桃子，让我陶醉，再加上卓别林的无声电影里吃葡萄、挤牛奶的农场场景，我觉得那太美好了，就决定学农。这当然带有小资幻想，离现实太远，当我后来真正看到农村落后的现实状况时，曾经失望过。但是选择了这条路，我始终没有后悔。

真正认定这条路走到底，是因为我在60年代亲历了大饥荒。那时我在一个农业中专教书，带学生去实习，大家都饿得浮肿，还亲眼见到倒卧在路边和桥下的5个饿殍，那情形深深刺激了我。

常有人问我，你搞发明总要有灵感，那灵感是怎么来的？我说所谓灵感，它是知识、经验、追求、思索几种因素综合后升华的产物，由于某种外界因素的刺激，一下子火花出来了。所以，灵感除了要捕捉思想火花，还必须有其他的积累，特别还包括一个人的追求、责任感。

应该让青年人了解，真正学农是会有出息的。农业真正是包罗万象的事业，包括那么多作物、动物、微生物，样样与人的生存休戚相关。无非要常在田间工作苦一点，但无论自然的天地，还是科学研究的天地都特别宽广，有广阔的前途。

问：你看上去身体很棒，听说你读书时是运动健将，还拉小提琴、跳踢踏舞？

袁隆平：我小学上的是一所教会学校，现在看来学校在德、智、体、美、劳几个方面都兼顾得比较好。我兴趣广泛，但成绩最突出的是体育。在体育项目中，我玩各种球类的水平都是二流、三流，但游泳是一流。有一次汉口市举办游泳选拔赛，体育老师全抽调那些彪形大块头参加预选，而我还没发育好，特别瘦小，怎么要求老师都不带我，我就偷着跳上别的同学自行车后架去比赛了，结果我拿了自由泳和蛙式泳两个第一。

这成绩当然不是偶然的，我那时特别好动，正值抗日战争年代，我在重庆上学，经常上着课就响警报，大家就躲进防空洞。可是我在洞里怎么也憋不住，就偷偷溜出去跳到长江里游泳，后来简直是有点盼着响警报，可见我那时有多淘气。我们班上有一个同学数学学得好，我们俩曾达成一个协议，我教他游泳，他帮我解题。可是他很快学会了游泳，而且后来在单位上还当了游泳冠军，也当了院士；而我倒是靠他帮我解题，可成绩更糟！这是玩笑。

我觉得学生时代重视体育，加强身体锻炼特别重要，不能小看体育。我现在 72 岁了，天天下田。年年体检，凡是老年病，什么高血压、白内障、前列腺炎……都与我不沾边，只有眼睛是 100 度“老花”。我的体重按照标准体重一算，只差 0.1 公斤，肌肉一点没有萎缩。有一次在广州，一个盲人给我按摩，说我的肌肉很有弹性，问我多大年龄，我谎说 35，他说差不多，我又说，是 35 公岁，他不信。前几天我们单位游泳比赛，我参加两个项目，结果，72 岁了，又拿了两个第一。

问：听说你现在还每天骑摩托车率队到试验田？

袁隆平：现在不是骑摩托车了，条件好了，改开汽车了，下次见到我，但愿能开上直升机。

胡亚美：还是应当把“劳”写进教育方针

采访时间2002年8月

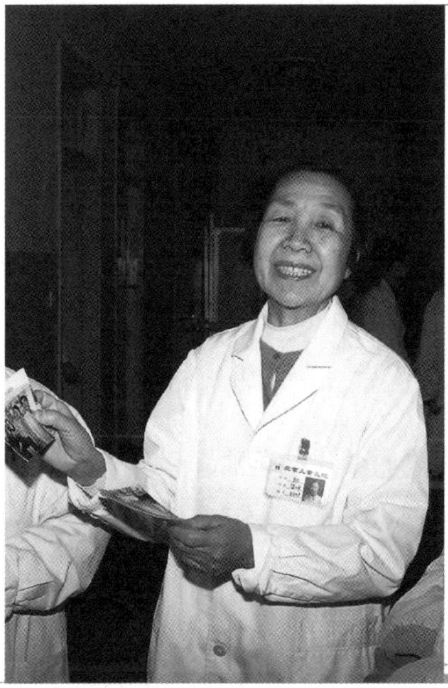

胡亚美，1923年生于北京。儿童白血病专家，中国工程院院士，中华医学会副会长，北京儿童医院名誉院长。

早年就读河北省立第三模范小学（现北京分司厅小学），北京崇慈女中，北京慕贞女中，中学毕业后被保送到燕京大学生物系医学预科。1941年太平洋战争爆发，协和医学院停办，遂转入北京大学医学院。

问：真没想到你的头发这么黑亮，几乎没有什么白发，哪里像79岁的人！怎么做到的？

胡亚美：谈教育问题，和头发的事还真有点关系。我从小读书的学校都特别注重养成教育，我在北京慕贞女中住校时，学校配有"生活指导老师"，非常具体地给我们一些日常行为和生活细节指导，比如哪些场合不能大声喧哗，不同颜色的服装怎样搭配等等。我的洗头和刷牙的习惯就是那时在老师指导下养成的：头发每两周洗一次，让头发形成自然保护层，平时注意清洁，不用手摸头发。我的头发至今还是这样养护，可能因此没有白；我天天晚上睡前刷牙，早晨先吃饭，饭后刷牙，现在我79岁了，一颗牙也没掉，全是自己的牙。

问：从小养成的习惯总是特别管用。看你和老伴现在带着一对双胞胎孙子孙女一起生活，你们带孩子还是用老规矩老办法？

胡亚美：我总是说现在的孩子都是被抱大的一代、宠大的一代，平常什么都是家长代办，要什么给什么，不懂得劳动的意义和劳动的快乐，身心都有许多毛病。以前的孩子"小豆芽"多，现在到处都是胖孩子，北京有10%的孩子过重，就是这么宠出来的。这样被宠出来的孩子最大的毛病，就是动手能力差，没有劳动观点，所以我带孩子，最重视劳动观点和自理能力的培养。

我这一对双胞胎孙子孙女的父母都在国外，他们三四岁时，我就训练他们自己穿衣服，吃饭自己摆桌子，还墩地、打扫房间，学做家务。去香山玩，全是自己走，没人抱。你也看见了，他们现在5岁多，下楼去玩，一人搬着一个比他们矮不了多少的自行车，从12层楼搬到11层楼去等电梯，没有大人陪，玩到天黑，再自己搬着小车上楼回家。

问：不是亲眼所见，还确实不敢相信。现在不要说80岁的老人，年轻人也没有这样带孩子的，你在这个问题上怎么做得这样理智？

胡亚美：我在全国人大开会的时候，多次提交有关加强中小学劳动教育的议案，建议把“劳”写进“德、智、体、美”全面发展的教育方针。因为没有“劳”的教育不全面，少年时代的劳动教育太重要了。我持这个教育观点不是因为我的职业，是从小时候我所受到的教育那儿来的，劳动教育对我们一生的影响特别深刻。

我上小学时，学校就在我家对门，校长叫陈锦诗，一生没有结婚，全部心思都花在了学校。她给我们的印象是既严厉又慈爱，非常神圣。那时学校的生活特别丰富多彩，劳动是学校生活非常重要的部分。印象最深的是我们每个班都有一块地，老师在课余带着我们种玉米，种花生，种芋头，到收获季节，我们自己去收，然后用大锅煮熟了，大家一起分享劳动果实，特别高兴。不光种地，学校整理校园和教室，都要求学生自己动手干。在我读的中学，班级里甚至有缝纫机。

我的家庭很富有，有很多的佣人，但是我和弟弟深受学校劳动教育的影响。劳动锻炼了我们的手脚，也使我们懂得了许多道理。我还在学校图书馆看了《卖火柴的小女孩》《家》《春》《秋》等，看到家门口和我一般大小的女孩挂牌子卖油条谋生，心里很难受，有了不平等的感觉。我和弟弟在学校贴了大字报，题目是《少爷小姐是废物》，让大家别叫我们“少爷”“小姐”。上中学我就要求住校，一心想自立。我们姐弟一生勤勉，能吃苦耐劳，经受磨难，和我们幼年所接受的劳动教育关系很大。不劳动怎么培养能力？怎么懂得创造？怎么能解决人生观问题呢？

问：在政治运动特别多的年代，教育走形了，劳动成了教育的主要内容，这不符合教育规律。但也不能矫枉过正。目前在学校教育体系中，学生劳动和实践的机会是不是又太少了？其实对他们的成长不利。

胡亚美：为什么七七、七八级的大学毕业生比较受欢迎？就是因为他们都经历过劳动锻炼，有很多的实践经验。光有理论，没有实践经验根本不行，劳动出真知，实践出真知，不能光停留在口头上。

记得1964年我在北京通县搞四清的时候，有一个任务就是要我们拿出让土地增产的办法。有一次我带着农民到公社去开会，路过一个村子，我是学生物的，在路边看见一株株单子叶植物，就很自信地和农民讲，你们看人家的玉米长得有多好！一个坐在旁边扇扇子的老太太说："这哪里是玉米，这是大蒜苗！"我当时只恨没有地缝钻进去。所以我经常和实习的学生讲，光念书不看病人不行，必须多看病人，加强临床实践。

我不是只强调劳动教育，而是希望有全面的教育。我当年读书的现北京分司厅小学还有崇慈女中、慕贞女中，都特别注意德、智、体、美、劳的全面发展，年年都搞音乐比赛、体育运动会。

我父亲对我们的教育也特别注重全面，他甚至为我们请过武术教练。我在学校考试得了第一名，学校奖励了 30 块大洋，父亲竟又奖我 210 块，让我买了一台德国蔡斯相机，鼓励我和弟弟学摄影。我在慕贞女中是全校跳高第二名，全市中学生女子跳高第三名。我现在 79 岁了身体还很好，经常骑自行车，全是那时打的底子。

学校的爱国主义教育也给我们留下深刻印象。记得 1931 年"9·18"的第二天上午，校长召集我们到学校礼堂，先念孙中山遗嘱，然后告诉我们日本人占领了我们的东三省，老师哭了，我们全哭了，那种亡国之痛深深印在我们脑子里了。到了中学，处处和日本人作对，就是不学日语。

徐匡迪：今天怎样做教师

采访时间 2002 年 8 月

徐匡迪，1937 年生于浙江崇德，中国工程院院士，现任中国工程院党委书记。冶金科学家，我国喷射冶金技术的开拓者。曾任上海市市长。

曾就读浙江省立杭州高级中学，1959 年毕业于北京钢铁学院冶金系。

问：你是在科技、经济、教育、政治几个领域都有突出作为的学者，有过多年当大学教师、大学校长的阅历。据说你在经过这么多工作变动之后，仍保持着可贵的教师情结。很想知道，回过头来你是怎样看待“如何做教师”这个问题的？

徐匡迪：我虽然有过多次工作变动，但几乎没有脱离过大学讲台。关于“怎样做教师”，是一个有很多话可讲的命题。教师的作用可以说贯穿于整个教育过程的方方面面，我认为其中最重要的就是教师人格力量的引导作用。

我觉得学生受教育的过程应该是一种人格完善的过程，这在很大程度上取决于教师本身人格力量所施加的影响。正如俄罗斯教育家乌申斯基所强调的：“在教育工作中，一切都应以教师的人格为依据。因为，教育的力量只能从人格的活的源泉中产生出来。任何规章制度，任何人为的机关，无论设想得如何巧妙，都不能代替教育事业中教师人格的作用。”所谓“己不正焉能正人”，唯有如此，学生才能敬其师，信其道。

问：“教师的人格力量”是教师素质中越来越被人们看重的东西，你认为哪些是构成教师的人格力量的主要因素？

徐匡迪：教师的人格力量来自于学术水平与道德情操的完美统一，不仅要学识渊博、循循善诱，更要通过言传身教，通过榜样、无言的力量教给学生做人的道理。因此在我看来，这种人格力量表现在三个方面：健康的价值观、高尚的道德情操、走在时代前列的学识。而其中正确的世界观、人生观和价值观，又是为人师表、垂范师德的基础。

在孩子们眼里，教师是具有绝对权威的人，是一切美好的化身和可效仿的榜样，教师的世界观、人生观和价值观，教师对每一种现象的态度，都通过这样或那样的方式，对学生的各个方面产生影响，乃至通过这种“润物细无声”的浇灌与培育，影响到我们整个民族。教师健康的审美意识和审美情趣还可以影响学生领悟和体验生活与艺术，让学生学会不仅用眼睛而且用心灵去感受真、善、美。

高尚的道德情操是教师人格力量的重要内涵。以身作则、为人师表、严谨治学都是自古以来社会对教师个人品德的要求。我们今天要做一名好教师，不仅需要具备教师的传统美德，更需要有良好的意志品质，这种品质不仅表现为“春蚕到死丝方尽”的坚强意志与奉献精神，在今天还应体现在积极参与教育改革探索的自觉行动中，不为任何困难所动摇。中外教育史上许多留下光辉篇章的教育家，都鲜明地具有这种意志品质。

教师的人格力量某种程度上取决于教师的学识。关于教师理想的知识结构，我想概括起来有这样三句话：广泛、深厚的文化科学基础知识；扎实、系统、精深的专业学科知识；全面、准确的教育学和心理学知识。

教师不但对所教课程要有精深的认识，还应有广博的知识。所谓“精”就是要“知得深”，对专业知识不仅知其然，而且知其所以然；所谓“博”就是要“知得广”，能触类旁通，具有相关学科的有关知识。这样的要求总起来说，是要使教师成为走在时代前列的人。

问：对于一个优秀的教师来说，成功的教育靠什么？

徐匡迪：严格地说，学一点教育学和心理学才有做教师的资格。师范院校的学生要学，非师范院校毕业的新教师更要学，不但要在书本上学，还要在实践中一点点琢磨领会，唯有如此，才能使“教”和“育”走进学生心里。这其实直接影响到教师有无爱心，爱心是成功教育的原动力。陶行知先生说得好，“捧着一颗心来，不带半根草去”。这正是教师无私奉献爱心的典范。

所有学生，无论是智商高的还是智商低的，无论是家庭条件好的还是家庭条件差的，无论是安静听话的还是调皮捣蛋的，都十分需要老师的关爱。老师的爱与尊重是照亮学生心灵窗户的盏盏烛光。著名的瑞士教育家裴斯泰洛齐说过这样一段话，我至今想起仍深为感动。他说：“从早到晚我一直生活在他们中间……我的手牵着他们的手，我的眼睛注视着他们的眼睛。我随着他们流泪而流泪，我随着他们微笑而微笑……”美好的人生是为爱所唤起，并为知识所引导的。从这一角度讲，学生美好人生的开始掌握在我们教师手中。

对于成绩优秀、才华出众的学生，教师的爱心特别要表现在锤炼其意志、帮助其心理得到健康成长方面。教师的爱能使有缺陷和有特殊困难的学生倍增信心。对有些有生理缺陷或家境贫寒的学生，教师的爱特别要表现在关心和体贴上，使之摆脱自卑、增强信心和勇气。孔子对学生的体贴入微、关怀备至至今仍传为佳话。家贫的，他多方接济；有疾病的，他去看望。他在与所有学生交往中，态度谦和，平易近人，敞开心扉。学生对他的深厚感情，终身不忘。

教师的爱能使犯了错误的学生重新振作起来。要像父母对待子女、医生对待病人一样，用真心实意和深情融化他们心灵上久积而成的“坚冰”，打开他们心灵的大门。许多工读学校的老师正是这样用自己的爱心与热情，使学生的心灵受到震动的。据我所知，我国工读教育对违法和轻微犯罪青少年的挽救成功率一般已达到85%，这其中不知凝聚了多少老师的爱心与帮助！

问：心灵之窗是最难打开的，在你的教师生涯中也有这样的体会吧？

徐匡迪：要打开心灵之窗，首先要了解你的学生。了解他们的爱好和才能，了解他们的个性特点，了解他们的精神世界。对一个好教师而言，只有了解每个学生的特点，才能引导他们成为有个性、有志向、有智慧的完整的人。教育是人学，是对人类灵魂的引导和塑造。苏霍姆林斯基说得好：不了解孩子，不了解他的智力发展，他的思想、兴趣、爱好、才能、禀赋、倾向，就谈不上教育。

其次，爱学生就要公平对待所有学生，把每一个学生视为自己的弟子。据有关教师人格特征的调查，在学生眼里，“公正客观”被视为理想教师最重要的品质之一。他们最希望教师对所有学生一视同仁，不厚此薄彼，他们最不满意教师凭个人好恶偏爱，偏袒某些学生或冷落、歧视某些学生。公正，这是孩子信赖教师的基础。

最后，爱学生就要尊重他们的人格和创造精神，与他们平等相处，用自己的信任与关切激发他们的求知欲和创造欲。在教育过程中，教师是主导，学生是主体，教与学互为关联，互为依存，即所谓“教学相长”，“弟子不必不如师，师不必贤于弟子”。一名好教师会将学生放在平等地位，信任他们，尊重他们，视他们为自己的朋友和共同探求真理的伙伴。

问： 你并非学师范出身，但在从政这么多年之后，怎么还能记着这么多有关教育、教师的格言呢？

徐匡迪： 我大学毕业后就留校任教，前后 28 年。为了做好教书育人工作，就要主动学习教育学、教育心理学方面的知识，结合实际读书，录下书摘、警句、格言，亦是我多年自学的习惯。除此以外，从小学、中学到大学，许多优秀老师的人格魅力，都是我学习的动力和榜样，他们是那些格言的验证者。

王明达：各类教育之间应有立体交叉通道

采访时间 2000 年 3 月

王明达，1935 年生于四川大竹。全国政协教科文卫体委员会副主任。曾任原国家教委副主任，吉林大学副校长，从事理论物理的研究和教学。

曾在家乡四川就读大竹中学，1956 年毕业于东北人民大学物理系。

问：几乎每个孩子都要考大学，而且按家长的心思想考一流大学，相比之下，中高等职业技术类学校备受冷落，而这类人才又长期不足，你怎样看待分析这个矛盾？

王明达：认为只有上普通高中、普通大学、一流大学这一条路才算成功，显然是一种不正确的社会观念。成才的渠道其实很多，像电大、自学考试、网络教育、高等职业教育等等都是非常好的教育形式。比如自学考试就有高度开放、灵活的特点，特别有利于发掘学生的学习自主性，锻炼意志品质，是非常好的人才培养渠道，也的确培养造就了许多敬业爱岗、有突出成就的人。

大家热衷于考普通大学，除了人所共知的社会心理，也有其他教育形式在办学质量、信誉方面还不够硬的原因。另一个原因是在现有的社会条件下，别的路走起来可能比较艰难。没有普通大学的学历，就业难度大一些，工作后提职的难度也大一些。

观念的转变除了个人的远见卓识，还有赖于社会的不断开放和进步。非普通大学的生源不足甚至受到冷遇，我想还有另一个方面的原因很少被提起，就是各类高等教育形式之间不能互通，学生的专业选择一旦出现新情况，没有回旋余地。

问：你是指自学考试、高等职业学校等非普通高等教育之间，这类高校与普通高校之间不能互通，学生一旦进入到职业教育体系，再没有其他选择机会了？

王明达：是的。就是说各类高校之间，还没有一个允许学生转换学校和专业，并能彼此对接的桥梁。比如一部分学生通过了某些自学考试科目，或者在某个职业学校或职业大学毕业后，工作一段时间，真正了解自己适合往什么方向发展了，需要调整方向，或者有继续深造的愿望（事情常常是这样的），但由于体制方面的原因，很难有进另一类大学校学习的可能，如进综合大学继续学习。说明我们的高等教育还不是一个活的有机的整体，没有很好地建立起立体交叉的人才培养路径。

在发达国家，这种转换是有通路、有保证的，学生以前学过的专业积累的学分，可以带到另一所学校来用，不必从头读起。如果我国的各类高校之间有这种立体交叉结构，学生就可以根据自己不同阶段的不同情况，选择最适宜自己的学校类型和专业，不必千军万马都去挤独木桥了。

问：你所说的是一种未来的比较理想的教育体系，目前我们的教育体系离这一步还有多远？目前可以从哪些方面入手，逐步调整和过渡？

王明达：我看现在就可以尝试制定一些可行的政策，其中包括把普通高校的“入口”拓宽，对有不同学业需要的学生，通过一定的审核认证以前的学分和成绩，把他们接收进来。学生的入学年龄也可以考虑拓宽，不必限制得那么死。总之，要有人尝试，有人去做，才有可能发展和进步。

普通高校长期以来还存在着一种倾向，就是培养目标趋同化，大家都瞄准一个学术标准，办专科的想升本科，办本科的想办研究生院，都向清华、北大看齐，无形中强化了人才培养结构的某种不合理。

问：学校的办学倾向，某种程度上也是学生激烈的升学、择校竞争的反映，社会的人才观和用人制度，也会影响学校的发展方向。怎样扭转社会风气？

王明达：人的认识方面的问题是最大的问题。成才不一定非上普通高校，这个道理其实很简单。一些大企业的高级人才、有突出成就的学者、部队的将军和一些地方高层管理干部，很多都是靠自学成才的。社会需要的人是多种多样的，三百六十行，行行出状元。这里还有一个找到适合自己的学习方式的问题。而许多家长不顾学生自身的条件和社会发展趋势，一味让孩子考一流大学，其实是不明智之举，常常会适得其反。

我想，转变观念和深化高等教育改革，让所有热爱学习的青年人都能够找到适合自己发展的学习方式，是我们要做和能够做的事情。

闵维方：办教育要讲成本补偿

采访时间 1998 年 12 月

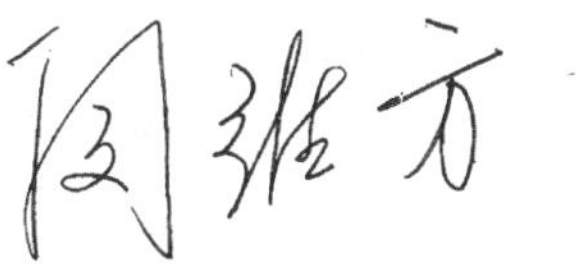

闵维方，1950 年生于沈阳。北京大学常务副校长。曾应邀在世界银行总部进行教育投资与效益研究。

高中毕业于北京八中，曾有做矿工的经历。1978 年初考入北京师范大学教育系。1982 年赴美国斯坦福大学学习，先后获高等教育学硕士、组织社会学第二硕士和斯坦福大学哲学博士（教育经济与管理）学位，应邀在得克萨斯大学做博士后研究，兼任校长助理。

问：随着中国经济的快速发展，大学围墙内外都在不断发生变化。如收费上大学、自主择业、一些大学之间的“共建”“合并”等等。从教育经济学的角度，你怎样看待高等教育的这些变革？

闵维方：改革在计划经济条件下形成的高等教育管理体制，是必然的事。40年来高等教育作为计划经济的一部分，通常是这样运行的：由国家制订社会经济发展计划目标，由此确定企业的发展规模，进而确定人才需求计划，然后依次制订高教事业发展计划、招生计划、课程教学计划、培养计划、分配计划。大学生是按照计划经济的生产要求来培养的，学校自主权很小，一切活动受国家计划调节。

随着经济体制向社会主义市场经济的转型，人才的供求关系发生了变化，社会发展对人才的需求直接反映到人才市场，使高等教育越来越多地受到劳动力市场的影响。某个专业毕业生供大于求了，就分不出去，工作待遇就低；供不应求时就相反。人们受教育的背景也成了收入高低的决定因素。

这些需求驱动着人们读大学的期望收益（物质的或非物质的），也刺激学校对这一切迅速做出反应，激发在某一类人才培养上的积极性，高校管理因此逐步转入按照市场经济的规律实现供求配置的体制。

问：政府从此不再会把高等院校统统“包”下来了？

闵维方：是这样。所以必须重新认识高校的使命，通过立法，明确高校的权利和义务，使大学成为独立的法人实体。这种法人实体的概念当然不光意味着权利，还意味着担负责任义务，接受政府对大学的质量监控，建立起主动适应经济建设和社会发展的运行机制。政府主管部门也应转变职能，运用立法、拨款、信息服务和检测评估等手段，进行宏观管理。

总之，需要重新调整政府和大学之间的关系。世界上许多发达国家都在这方面进行过重大的政策调整，包括那些高校本来就有较大自主权的国家。1985年以来，中国在调整政府和大学关系方面进行了种种改革，这同整个世界高教改革的大趋势是一致的。由于低效率的体制是长期形成的，它带有一种巨大的结构性惯性。这种惯性除了存在于现有的体制结构中，更存在于人们的心理结构中，因而体制创新是一个十分艰巨的过程。

问：你当常务副校长时，最感头痛的是什么？

闵维方：经费不足。不光是我，恐怕其他大学的校长也会这样。校长们感到经费吃紧主要不是因为教育经费的拨款少了，拨款年年在增加，但是远远赶不上大学招生绝对数的猛增。我国高校 80 年代初每年招 100 万学生，90 年代成了每年招 200 万，到了 1995 年成了每年 300 万。以高科技为基础的信息经济大大刺激了人们受高等教育的需求。我们都记得 80 年代流行这样的说法：搞原子弹的不如卖茶叶蛋的，脑体倒挂。

现在情形可能就不是这样了，20 多岁的小青年上过大学的和没上过大学的收入能差出几倍。我的学生离开学校不过三两年，就开着奔驰车来见我，说明什么？说明高等教育在市场经济条件下的收益率是自然上升的。几乎所有的人，无论他是做什么的，都一心想把自己的孩子送进大学。我的司机就对我讲，你是教授，我这辈子是不行了，给你开车，可我的孩子将来肯定要上大学。人们对教育的报偿期望在不断增长，这直接推动高等教育的需求和规模增长。而高等教育本身又是个成本很高、成本递增的产业。别的不说，从计算机、卫星电视、互联网的配备，成本增加了多少？这种高教经费的短缺现象也是全球性的。无论中低收入国家还是发达国家。

问：要求上大学的人越来越多，按照原来由国家包揽的思路办大学，经费缺口只会越来越大。收费上大学是一个解决办法。人们很关心收费的数量和依据是什么？

闵维方：解决经费问题的办法很多。其中收费上学作为教育的成本补偿政策，是很重要的一个方面。我们要通过改革建立符合市场经济逻辑的高教财政体制，首先就是要实现教育的成本补偿。这既是实践问题，也是理论问题、观念问题。

前面谈到，高等学校是成本很高、成本递增的产业。这种成本支出，可以看成是一种投资，一种对人力资本的投资，这种人力资本在经济学上带有同物质资本类似的性质。因而它可以收到两个方面的收益：一是社会收益，受高等教育者创造的社会财富，广义的还有增强综合国力、改善社会的文化氛围等等；二是私人收益——较高的经济收入、社会声望、文化修养等。据世界银行教育经济学家萨卡拉波罗斯的研究结果，教育的收益率是很高的，特别是在低收入的发展中国家，教育投资的个人收益率通常要高于社会收益率。

从全社会的角度来说，当社会的收益低于社会付出的成本时，公共教育经费的支出就成为不经济的了。国家应根据公共利益决定对高教的投资水平。比如有的专业在社会相对收益等于成本时招生数就够了，但仍满足不了人们对受高等教育机会的追求，就会使社会收益低于成本。那么为什么还要国家用公共教育经费支付其全部成本呢？

所以，在市场经济条件下，由收益的各方面分担成本才是合理的。否则，就意味着要让那些没有收益的社会成员去为有收益的人付费。由此看来，收费上大学作为高等教育成本补偿的重要方面是符合市场经济逻辑的。它使更多的人获得上大学的机会，并导致受教育程度较高的人在劳动力市场上的供需趋于合理，有促进社会公平的一面。普通公众应多一些这种“成本补偿”意识。

然而，从现实的角度考虑问题，我们也必须承认，大学收费，对那些低收入家庭的学生来说是一个沉重的负担，因此在这项改革的同时，一定要制定配套政策，建立帮困助贫体系，确实保证低收入家庭子女的入学机会。

问：按照成本收益原则，目前大学招生的数是过量了还是不足？应该朝哪个方向调整？仅靠市场调节能否实现社会和个人的合理收益？

闵维方：上大学的客观需求来自两个方面，一是社会经济发展的需求；一是人们高等教育期望报偿的需求。从这两个方面的需求来看，目前我国高校招生数量还远远不足。据联合国的统计数字，1995 年我国每 10 万人中有在校大学生 461 人；而世界每 10 万人中在校大学生的平均人数是 1434 人；发达国家的平均数字为 4110 人，我们还只是发达国家的 10%。我国的现代化建设需要高素质的人推动公共文明和进步，参与各项建设事业；人们受高等教育的要求也随着社会物质生活的提高不断增长。这些都使得高等院校面临巨大的发展压力，这也是民办大学不断生长的原因。

但是，并不是所有专业的社会需求和收益都能完全通过人才市场反映出来。比如像历史、中文这类长线专业，师范类专业，像只有北大才有的古希伯来语、古波斯语专业等等。这些非热门专业并不是没有社会需求，一个成熟的企业怎么不需要学历史、学中文的人才？但是这类专业的招生分配常常受到冷落。这就需要国家调节，调节的办法是靠政策引导，当然这不同于过去的计划任务。可以给招生专业特殊政策，或者是就业方面的政策，如提高教师待遇的政策就可直接影响到师范类专业的招生。

问：民办、社会大学初期发展难免鱼龙混杂，但大多数是好的。对那些确实达到办学质量要求的，政府能否在政策上给予更明确的肯定和扶持，使之像国外的社区大学那样更有效地发挥作用？

闵维方：这恐怕是一个必然趋势，政府应予以扶持。美国有 3000 多所大学、学院，同时有 2000 多所社区大学、学院，这种社区大学是社区地方出钱，地方办的，学制 2—3 年，学生走读，学费比较便宜，有的学生在社区大学读一段时间后，再去读别的大学。这也是一种教育的成本补偿。可以拿来借鉴。

刘吉：教育不能搞标准化

采访时间 1997 年 11 月

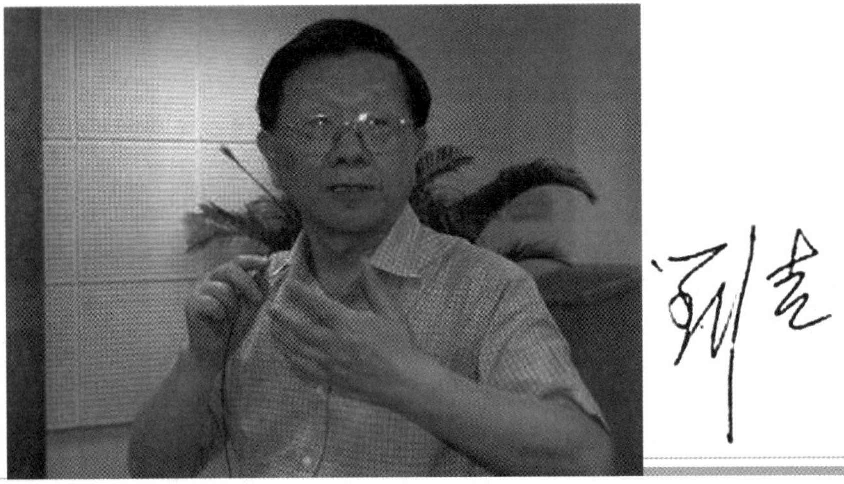

刘吉，1935 年生于安徽省安庆市。社会学学者，曾任上海市委宣传部副部长、上海市体改委主任，中国社会科学院副院长等。

曾就读杭州一中。1958 年毕业于清华大学动力机械系。

问：你是思想理论界具有鲜活思维触角的人物。前段时间我很意外地在报纸上看到你写的一篇专门谈教育问题的文章。也许正因为你人在局外，才把“教育”这个大众话题谈得别开生面。中国的教育究竟出了什么问题？你的观点是，最根本的是要看被教育对象出了什么问题，看学生出了什么问题。学生的问题你列举了很多，你分析最主要的问题出在哪儿？

刘吉：我没有专门研究过教育，你看到的那篇东西是根据很偶然的一次即兴讲话整理，完全是有感而发的东西。学生的问题我从家庭和亲友以及新闻媒体的报道中形成的印象大致不会错。我认为其中最主要的问题应该是缺乏创造力的问题。

从人才学的角度说，中国学生念书不错，但动手能力差、幻想力更差，几乎闻名全球。从人才学的角度说，学校培养的人才无非三种，一是重复型人才；二是技术改进型或者叫发现型人才；三是创造型人才。目前教育培养的人显然缺少后两种。特别是最后一种人的培养可以说是失败的。我们的教育从小学就主副科分野，填鸭式灌注知识，忽视孩子的能力和创造精神的培养。学生、教师谁也不可越雷池一步，何来创造力？孩子无法按自己的志趣去旅游、听音乐、看美展、博览群书，从入学开始就每天十几个小时上课、做作业，还要家长陪读，家长学问不够再去请家庭教师，这现象可说是全世界都罕见。

问：有观点认为，中国的基础教育有较高质量，依据之一是中国成绩中下的学生到了国外个个是尖子；中国学生到国外参赛到处拿奖。也有资料说：新加坡中学生在国际科学及数学标准测验中常拿高分，有趣的是新加坡政府不以为喜，反以为忧，认为是学生苦习考试技巧所致。后者的忧更清醒些吧？

刘吉：我国中下水平的中学生到美国中学成了优等生，甚至被誉为天才，绝不是中国教育可以引为骄傲之事。中国中小学教材之艰深可以说世界第一，也同样不可引为骄傲。否则，我们又何必派那么多留学生出国学习？说到教材，我认为中小学教材之深有时达到荒谬的地步。小学要学没有任何应用价值的数论知识和演算，刚入学就开始做类似鸡兔同笼的算术文字题，而孩子题目中的字还认不全。

我们的教材不是根据现代教育思想关于中小学生该具有怎样的知识来编写的，而是集中各科优秀教师编写，按照学科体系来编，教材焉能不深？语文教材想把学生培养成文学家乃至语言学家，算术数学想把学生培养成数学家，如此等等，中国的孩子能不给累死？教材太深也往往逼得教师没有时间去创造性地用各种方式使孩子们去理解内容，只能灌注，用题海和无穷无尽的考试赶着孩子们奔跑，作文要孩子把将来升学考试可能考的几百个题目都作一遍，逼着孩子们胡编乱造，数学天天考，大量练，据说这叫“熟能生巧”。

不知什么人何时何地发明了模拟考试，考试就是考试，模拟什么？实在很荒唐。考试成了作假，把要考的告诉你，然后围绕着如何考高分来训练。我曾问过一些教师，他们私下也说不明白这里面的意义，也感到厌烦。而我们教育界居然没有人公开提出异议，实在是很可悲的事情。规定哪门学科考？哪门学科不考？考的拼命往深里演练，不考的干脆放弃不学，使孩子从小就忽视人文方面的教育，孩子们从小不懂中国文化，哪里还谈得上什么爱国主义？这是很危险的。

我认为考试不需要有范围，用不着几十个题，有 10 个就可以了。3 个题全答对，但有一个很有创见，为什么不能录取？录取的权力应该在学校。英国最著名的卡文迪许研究室曾产生过多个诺贝尔奖，据我所知他们招收研究生的时候，卷面考试只是参考，主要是一上午时间的面试，来确定他的智商和能力。所以考试不需要范围。应该是大考大玩；小考小玩；不考不玩。给范围只会加重负担。

问：基础教育的种种不如意的确和考试，特别是高考的导向有很大关系，而高考后面又是社会就业问题。但是从教育部门的角度看，高考仍不失为相对客观的选拔人才的最好办法，“科举”总比荐举更客观、合理。对这一连串矛盾，你是怎么看的？

刘吉：现在人们一批就批升学率。其实问题还不在于升学率，而在于考试试题，在于升学考试是根据什么样的教育思想设计的。社会对人力资源需求的大格局一直是社会精英与普通劳动者两部分，不承认这一点就是无视人类社会几千年的实践检验。

升学考试时要筛选民族精英，重点培养。实事求是地承认这个格局是我们教育和考试的起点。社会精英和普通劳动者之间不是绝对区分不可逾越的，其中必有一部分会相互转换和渗透。社会精英的教育是要设计层层科学的“筛子”进行筛选，而且不是一筛定终身，要给予多次公平竞争的机会。普通劳动者则不同。他是在作为现代人必备的知识普及教育之后，给予各种劳动技能的培训，以利于他们在市场竞争。这种职业教育不需考试，只需毕业时确定是否上岗合格。

因此我们的高考理应重在考核智力，考创造性。当然要考核品德，只是这很难通过考试的方式进行。现在的时尚是题海战术，死记硬背，考出高分的学生不少到了大学就平平，而后来证明富有创造力的学生，反而名落孙山。

这说明考试的设计思想有问题。考试这个指挥棒没有错，问题是要指挥流行歌曲，还是贝多芬的英雄交响乐？

问：教育和其他学科相比，与现实社会、与家庭生活的联系更直接，受到的影响和制约也相对比较多，改革起来确实难度很大。有些改革设想，例如高考改革，别说真改，说一说、讨论讨论都怕搞乱了，怎么动得起来？

刘吉：教育改革的难度是大一些，可经济改革的难度大不大？不是也改了吗？教育应该推动社会发展，而现在反过来了，是社会发展了，教育在拉社会的后腿。一个国家重视教育，不是光说把发展教育放在头等重要的位置，而是要把这个“重视”变成一系列政策、投资、系统设计。教育问题，邓小平同志已经讲得很清楚，科教兴国是治国理论、治国方针，不是教育理论教育方针，小平同志提出的三个面向才是教育方针。这个问题首先要搞清楚。

有些领导同志总是把科教兴国当作教育界的事，这是不行的。科教是要用来发展生产力、满足社会需求的，如果社会没有“治国”这个需求，科教就兴旺不起来。然后才能谈如何按照现代化的需要发展教育。

因此，发展教育，是每一个治国者、治省者、治市者首先要考虑的事，而不只是分管教育的领导才要考虑的事；是无论搞经济的、搞文化的、搞科技的甚至搞外交的都要有这个认识，外交谈判不是也需要人才、需要各行业专家班子吗？现在提科教兴国说说而已，试想，缺乏健康身心、创造力和新知识的一代，做父母后又将继续影响下一代乃至整个中华民族的素质，怎么能适应21世纪对我们民族全面复兴的要求？全球化的趋势将在21世纪变得更为凸显。60年代美国不就是因为苏联卫星上天，震惊了朝野，才下决心改革教育；克林顿当年不也是面对经济时代和信息高速公路的发展，大力发展教育，自称教育总统的吗？

问：知识经济时代应该以重视学习、重视教育、重视创新为特征。但目前教育仍然未进入这个状态，面对千变万化的社会变革，总是以不变应万变，教育的整个体制和运行机制是滞后的。这个局该怎么破？

刘吉：教育不改是不行的。市场经济搞了那么多年了，教育基本上还是沿用计划经济时期的一套。所以目前中国教育的问题绝对不是就近入学、要不要升学率这些小打小闹细枝末节，而是要从根本上改革的问题。要做大手术，有大动作。就好比整个机器出了毛病，只换上几个零件，不但不会提高整个机器的效能，而且换上的零件往往还最先被磨损。怎么改？我看最根本的就是要打破计划经济时代的老一套，建立适应市场经济发展的机制。

市场经济不需要全国统一的模式。我们知道，经济不能搞垄断，一垄断就只有死掉，我看教育也一样。好多问题都出在一个“统”字上。多少年来教育体制、教育大纲、教育管理全国划一，而且长期以来基本不变，仿佛一切都为了制造标准件。人是最千差万别的，教育怎么能搞标准化？这本身就是违背人性的。中小学乃至大学都要以培养人的学习和创造能力为主，自然科学培养逻辑思维，社会、人文科学培养灵感思维，要达到触类旁通，着眼于未来，怎么能什么都框死呢？

教育的全国划一也使教育机制的应变能力太差，面对新学科、新知识、新要求不断涌现，太缺乏勃勃生机和活力。改革往往要经过多年议论，甚至等最高层讲话才能有点小动静。我看样样都要请示教育部，教育部也要给累死。教育界有许多优秀校长、教师，他们当中蕴含着巨大的潜力，而划一的模式只能束缚他们创造的潜能。总之，要建立教育改革的大思路，拉开距离，不能搞一个模子，搞标准化。

问：撇开其他“需要配套改革”的因素，你认为哪些是教育能做而没有做、能改没有改的呢？

刘吉：比如教育经费的使用就存在问题。教育经费从总量上说是不多，但经费一般都是统计国家下拨的部分，其实有很大一部分是自筹的。特别是普教部分，自筹的潜力大得很。关键是现有的这部分经费怎么使用？和经济发展一样，总有朝阳产业，有夕阳产业。有限的投资应该集中放在新产业上，所谓有钱用在刀刃上。我认为教育也应该把钱放在最能直接生成生产力的那个部分，具体地说，用在大学、高等教育上要多一些。高等教育中，无用的课程要减掉。我上大学的时代是按苏联模式办教育的第一批，那时的课程至少有三分之一都是无用的，现在又如何呢？

总之，教育经费的使用分配也要讲实事求是。比如解放初期我们用理想主义和行政手段来扫盲，每年花大把大把的钱。多年后再看，一些封闭落后的地区，脱了盲的又回去了，因为没有签合同的需要，连写信的需要都没有。反过来一些地区如广东梅县，妇女都是初中文化，因为他们的丈夫儿女在南洋打工，要写信说私房话，那个盲就非扫不可。如果说扫盲也要看需要，先沿海，后落后地区，可能不公平，但总要经过那么一个历史阶段。美国 2 亿人口不是还有三千多万文盲吗？

多办大学，包括办国外那样的社区大学，搞电化教育等等，这个钱才花得值得。

问：教育的问题真是太复杂了，许多事都是说说容易，做起来难。但也还是要说，门外门内都说，否则哪来清晰的思想和思路呢？

刘吉：教育的问题说到底是考试的问题、教材的问题，还有教师的问题。这些具体问题怎么改？还涉及教育理论的研究和教育思想的变革。

教育改革难，难就难在我们现在还缺乏全面的教育思想和教育理论，缺少产生具有世界影响和时代影响的教育家。这无论如何与一个具有 12 亿人口要接受教育的社会主义国家是不相适应的。什么是具有中国特色的教育理论？它应该在教育改革的实践中，在广大校长、教师中产生。

我不是搞教育的，其实手不必伸得那么长，多一事不如少一事嘛。但教育这个事情是一个大题目，要集中全民的智慧来做。大家都不说怎么成？我斗胆陈言，是要在一潭死水中扔一颗石子，或许还有旁观者清的作用。

但门外看教育，要门内来解决。教育的大政方针不需要争论，但具体的改革，需要听各种意见，才好则其善而从之。我看要邀请科学家、经济学家、意识形态方面的专家发表意见，好好给教育梳梳辫子，一样一样地系统分析，会会诊。

周国平：教育引导人类的心智生活

采访时间 2002 年 10 月

周国平，1945 年生于上海。哲学家，作家，中国社会科学院哲学研究所研究员。

曾就读上海市紫金小学、上海中学。1967 年毕业于北京大学哲学系。1981 年毕业于中国社会科学院研究生院哲学系。

问：从知识的灌输，到启发式教学、重能力培养，再到激发天性，从本质上看是越来越接近教育理想的状态。但在现实教学中，家长和教师总会更看重知识灌输，认为那才是实的。为什么会这样？

周国平：我认为目前中国教育很大的一个问题是鼓励天性不够，过分注重知识本身，又过于强调那些实用的东西。但我所说的不是针对启发学习某种知识，是指外延的东西，指人在追求知识的过程中最开端的那些东西，比如探究未知事物的强烈兴趣，以及在其中所获得的喜悦和满足。任何知识的学习都是从好奇心开始的，一切科学都源于想象，而这些在我们的教育中总是欠缺鼓励。

对一个人的终身发展来说，学习的兴趣和能力是至关重要的。教育应该让孩子从小就感到读书是一件很有乐趣的事情，从心灵的活泼到智力的运用都要有一种快感，使学习成为一种乐趣和需要，特别忌讳用强迫性学习的目的剥夺学习的享受性质。没有自主学习的乐趣，就不会有长远的学习效果。从这个意义上说，一切教育都可以归结为自我教育。学历和课堂知识都是暂时的，经验证明，一个人最终能否成才，往往不取决于学历的长短和课堂知识的多少，而取决于是否善于自我教育。这种自我教育的能力和运用智力的乐趣、学习的乐趣关系极大。而在这方面，东西方的教育是很不一样的。

问：你说的这种“不一样”，一定不是指具体教育方法吧？请谈谈东西方的教育有哪些最本质的差异？

周国平：这可以从源头上说起了。西方文化从古希腊起，对智力运用本身的快乐已非常重视，常常把运用智力本身看成是一种目的。哲学史上就有很多这样的例子，比如古希腊的柏拉图、亚里士多德都说过，哲学开始于惊异，沉思本身是最高的享受；毕达格拉斯发现勾股定理以后，用举行百牛大会来庆祝和分享成功运用智力本身的快乐；德谟克利特也说过，我宁愿去寻求某些现象的因果解释，也不愿去当波斯王。可见西方的传统往往认为智力运用本身就有一种价值，而实用是第二位的。

而在我们中国的传统中，文化的实用品格就比较强烈。我们在五四运动时提倡科学和民主，但也偏重实用性。其实，西方的科学注重的是科学精神本身，具体的科学成果是这个过程的副产品，在这样的氛围里，科学才会发达。

问：你其实谈到了教育对于人的终极意义。在人思维最活跃的青少年时期，你认为教育最重要的使命是什么？

周国平：我称它为心智生活。人的智力生活其实包括了智力生活和心灵生活，相对地区分开，前者面向世界，后者面向人生，两者可以合称为心智生活。一个人能否真正拥有心智生活，学生时期的确是关键。特别是青年时代，不但是心智活跃的时期，而且也是心智定向的时期。人如果能够在这个时期通过学习、阅读而过一种心智生活，就会对世界和人生的思索处在活泼的状态。谁也不会天生拥有这样的心智生活，活跃的智力需要得到鼓励，教育的意义正是通过那些使他品尝到了智力快乐和心灵愉悦的学习，把人引导到进入了作为一个整体的人类心智生活之中。用这个标准衡量，我们发现一个民族在文化上能否有伟大的建树，归根到底取决于心智生活的总体水平。拥有心智生活的人越多，从其中产生出世界历史性的文化伟人的机会就越大。我始终认为，近代以来中国与西方在文化上的主要差距是在这里，而不是在别处。

事实上，中国的青少年在智力的活跃上丝毫不亚于西方，但是，由于在重实用的环境中得不到鼓励，反而受到压抑，结果就使得很多人还没有来得及成长就已经“成熟”了，我的意思是说，还没有来得及真正拥有心智生活就“明智”地把它放弃了。天才对教育唯一可说的话是第欧根尼的那句名言：“不要挡住我的阳光。”

问：对学校教育而言，培养学生哪些品质更重要？随着时代的进步，未来教育的目标会有哪些变化？

周国平：教育应培养爱因斯坦提到的两个概念，一个是“神圣的好奇心”，即探究未知事物的强烈兴趣，以及在这探究中所获得的喜悦和满足感。另一个是“内在的自由”，即能够进行独立的思考。如果说前者是每个健康孩子都有的心理品质，那么后者是要靠天赋加上努力才能获得的能力。在一切伟大的精神创造者身上，都鲜明地存在着这两种特质。因此，学校教育的主要使命就是提供一个宽松的环境，对两者都予以鼓励，最低限度是不要去扼杀它们。

在闲暇时间越来越多的情况下，一个人的生活质量确实将越来越取决于他如何消度闲暇，而教育的目标也随之发生变化。过去，教育的目标是为职业作准备。现在，教育应该为人们能够有意义地利用闲暇时间作准备。也就是说，应该使人们有能力在闲暇时间过一种有头脑的生活，而不是无所用心的生活。

陈竺：科学伦理应成为理科生必修课

采访时间 2002 年 12 月

陈竺，祖籍江苏镇江，1953 年生于上海，分子医学家，现任中国科学院副院长，中科院院士，国家人类基因组南方研究中心主任等。

曾就读上海茂名南路第二小学，上海市红星中学。在江西插队时被推荐上卫生学校。1978 年以同等学力考入上海第二医科大学读研究生，后赴法国巴黎第七大学学习并获科学博士学位。

问：搞生物科学这一行的人高学历的似乎特别多，相关的中间层次就不缺人才吗？

陈竺：其实需求也挺大的。和其他许多领域一样，生物学领域从事技术创新、新产品技术开发的毕竟是少部分人。据我了解，现在许多生物技术企业都很需要在生产过程中通晓国际标准的基层管理人员、技术员和熟练技术工人。我们平时提到生物技术常有一种错觉，认为那是研究人员的事情，其实生物技术在产业化的过程中同样有产品设计、质控、质监和应用、销售、市场化、售后服务等等环节，需要大量中等专业人员。

问：这些年，大学生物系是热门专业。现行高等教育在满足这一需求的同时，在课程设置上是否与生命科学高级人才的社会需求相适应？

陈竺：我感到现在大学生物学课上讲理论性的东西多了一些。生物学不光是分类、进化、遗传，还有生物制药，还有农业方面的遗传育种、田间试验、推广、做克隆动物、改良品种等等，十分需要与实际紧密结合的应用型人才。

生命科学正在产生一些很有发展潜力的新学科，比如由生物学和信息学交叉产生的生物信息学。目前生物学产出的数据超出世界上任何一门学科，把这些海量数据变成知识，再把这些知识转化成产品，需要大量生物信息学方面的人才。前些时候在许多的信息泡沫破灭以后，大量的IT人才转到生物学方面来，与生物学形成一个交叉点，在这个点上培养的复合型人才是很有用的。但令人遗憾的是还没有哪个大学正式开设生物信息学课程，有些学校只是给研究生开一点有关的讲座。如能把生命科学、医学和信息科学技术这个接口做得更好一些，对整个社会的进步是非常有用的。我认为这门课起码要在大学本科开起来。

问：关于开设新学科，很多人认为应特别关注现在大学生，特别是理科生的人文素质教育。从基因工程提出的一些理论学问题看，未来科学家如果不具备相应的人文素质，常会走偏，甚至变成科技动物，这并不夸张吧？

陈竺：我非常赞成你提到的这一点，科学家不能成为科技动物，必须要具有人文情怀和社会责任感，这也是教育的责任。

伦理学一般认为属于人文科学范畴，但科学伦理也是一门边缘学科。我们强调科学技术是第一生产力是非常正确和必要的，但任何事情的提法都不能过头。科技本身也是一把双刃剑，它可以造福人类，也可以给人类社会带来灾难。二战时纳粹对犹太人的迫害，就是建立在所谓的优生遗传学基础之上的。生物技术通常被用于医学目的，但也可以被用作生化武器。现在生物技术可以用于人体器官的再造，解决药物无法解决的问题，但是这门技术弄不好也会被用作克隆人，而为商业甚而为战争的目的克隆超人，这就是反社会了。

不光在生物领域，各个领域都有类似的问题。如网络也有黑客问题。我国科技界有时有一种倾向，就是常常会夸大技术的力量，过于看重自然科学，而忽视了社会科学、人文科学的价值，以至于一些理科学生的人文素质缺失太多，该知道的不知道，在国际交往中常处于一种尴尬局面。

我认为伦理学起码要成为学习自然科学的无论本科生还是研究生的必修课之一。科学伦理分为两个部分，简言之，它对科技界内部而言，就是有一定的道德规范，坚持求真求实，不能搞弄虚作假；对社会而言，就是要讲对社会的贡献和责任。两方面的教育都需要加强。

问：人类关于基因科学的探索这些年进展很快，能否推测一下这些进步对生命个体的成长和教育还会产生哪些影响？

陈竺：首先应该承认，人体的基因序列是有差别的，客观上的确有蕴藏在基因里面的遗传的密码。但在个人的总的智力发育当中，更多的还是后天的影响。我们了解这些遗传的背景不是为了扩大这种差别，而是为了使教育更多地考虑主客观因素，因人而异，采取适当的手段来缩小这种差别，给每个人平等的学习机会，并针对学生的一些行为上的差异施教。例如让那些患孤独症的孩子有更多集体接触的机会。

随着生物科学研究的进展，将来对人的思维类型、性格类型的识别会越来越准确，教育、心理学要考虑吸收这方面的最新成果，为每个人创造更多学习、受教育、成功的机会。生命科学带来的进步实际上比任何一个学科都更能深刻地改变人类自身，人类基因组还将带来医学模式的变化、保健模式的变化，也许在今后 50 年到 100 年，人的期望寿命还会从现在的 71 岁再延长 30 岁，达到 100 岁。到那时最实际问题就是人口的老龄化，在社会教育模式中，终身教育、持续教育也将会更加重要。

冯骥才：人文教育靠熏陶

采访时间 2002 年 12 月

冯骥才，祖籍浙江慈溪，1942 年生于天津。当代作家、画家。现任中国文联副主席、中国小说学会会长、中国民间文艺家协会主席等。天津大学冯骥才文学艺术研究院院长。

曾就读天津四友小学，天津第 41 中学，天津塘沽中学，高中毕业后曾通过中央美术学院复试，后被招进职业篮球队。

问：你作为多栖的知名文化学者，近年开始在理工科大学教授人文教育课程。请谈谈你的教学理念和在实践探索中有哪些体会？

冯骥才：我认为中国教育最大的一个问题是使人“工具化”，不够重视对人的全面发展的教育，不够重视人本的、人文的教育。而人的精神世界、心灵、品味、情趣是非常重要的。以往我们讲人生观、价值观，更多强调的是道德层面上的东西，而现在我们所面对的是开放的社会，各种价值观在青少年幼小的心灵中碰撞，尤其是市场经济的各种客观要求，包括一些经济政策、手段，客观上给人的价值观、给下一代的教育也带来一些新的问题，一些矛盾冲突不可避免，甚至非常尖锐。而目前教育对这些现实问题的针对性不够，缺少发展的战略眼光。21 世纪各行业都需要复合型人才，不仅在我们中国如此，全世界都是如此，都需要教育走文理融合的路子，培养具有人文精神的复合型人才。

人本教育对人的影响是全面的、整体的。它与知识的教育不一样，如果说知识教育靠灌输，人文教育则要靠熏陶。比如人们对音乐、对绘画的审美，对色彩的感受力，一定与视觉环境、声音环境有关，这些环境因素是和教育密切相关的，应该被纳入教育的范畴。但现在的学校教育还谈不上顾及这些东西，常常是学生们教室上着课，耳边是操场上乱糟糟的噪音……一些重要的人文因素还不在我们的视线之内。

问：这是不是也说明目前教育发展的目标层次还不够高？社会还缺乏有利于培养学生人文精神的文化氛围？

冯骥才：确实如此。现在的孩子们从小就被流行文化统治，他们的文化食品可谓五湖四海，五花八门，五光十色，天天能把人埋到文化里，但几乎都是些文化快餐，从动画片起到一切商业文化。它主要来自两个巨型“供应商”，一是报纸，二是电视，全是媒体，当然还有网络。现代转播技术使信息、知识与文化有了最便捷、最广泛的传播渠道，所有人想要的，媒体上都有。如果看小说费劲，还能把它改成电视剧，赏心悦目地捧给你瞧。但媒体多数是企业化管理，它也要赚钱养活自己，还要和同行竞争。这就需要有很多道菜，一切意外的、刺激的、新奇的、有趣的和独家的都是一些媒体的卖点。有的学生不懂这些，认为这就是新潮，要追逐，从服装到发型，从书包到鞋子到手机。可这些模仿根本不是个性，更谈不到积累人文素养。

问：在这方面，仅靠教育单方面努力很难奏效吧？

冯骥才：人文素质教育需要整个社会具有很强的引导的力度，坚决地、理直气壮地讲我们自己的优秀文化。但我们在强调发展经济和高科技的时候，常会在文化方面带来一些负面效应，比如对环境、对资源的破坏；不注意城市的文化功能、文化个性的问题；在教育领域，也有忽视立体的人文东西的渗透，只重视理工、科技知识传授的问题。因而我们常常感到现代社会人的文化视野越来越差了，差到认为孩子们掌握了高科技将来就行了。其后果之一就是使孩子们太工具化，许多人生能够感受、能够享受到的东西，他们不懂，也无从感受。但是孩子们的精神迟早会组成整个社会的精神。

随着知识经济的发展，越来越多的理工科学生将要走上决策层、领导层，如何影响学生的人文视野显得尤为重要。中国有许多值得引以骄傲的历史文明，那么在创造现代文明的时候，我们从历史发展中得到了什么？怎样吸引人们关注自己的文化？这是我们需要研究的一个很大的课题。

问：于是你想从优化环境上想办法，在天津大学校园建人文馆舍，为理工科大学生创设一个用于“熏陶”的文化环境？

冯骥才：这是天津大学首先提出来的，他们在培养21世纪所需要的创新人才的时候，真心希望能营造文理渗透、交融的校园环境，这个想法很吸引我。

我真正想要做的就是有意识地对学生进行文化熏陶这件事。所以最近开工的天津大学冯骥才文学艺术研究院将设立文学、艺术、文化3个研究室，建立美术馆和人文图书馆，培养研究生和开展国内外各种的学术研究交流活动。这个研究院应该是一个有一流文化品位的“文化场”，让学生能够享受到当代最好的中外艺术。展出一流的绘画、雕塑、摄影、平面设计，还有民间文化，也包括文物、民间文化精品展示，既对校园内师生开放，也对社会公众开放。本校学生自愿参观，但不给学分。

问：你希望这些高雅艺术的潜移默化最终达到什么效果？

冯骥才：最直接的效用就是要能够对付庸俗。文化最大的敌人就是庸俗，它比无知更可怕。无知就像一个鲁莽人，庸俗则像一个油滑的人，鲁莽还可以教化，一个人要是油滑就难办了。

张金哲：要做　敢做　能做

采访时间 2017 年 3 月

张金哲，1920 年生于天津，中国小儿外科的重要创始人。中国工程院院士，英国皇家外科学院荣誉院士，首都医科大学儿科系教授、博士生导师。20 世纪 50 年代初曾受命创建我国第一个小儿外科。曾任北京儿童医院副院长。2000 年获得国际小儿外科最高奖——“丹尼斯布朗”金奖。

1938 年考入燕京大学医预系，1941 年考入协和医学院。日美战争爆发后，因不服从日方安排转学其占领的北大，愤然南下。先后在上海圣约翰大学、上海医学院继续学习，1945 年毕业于上海医学院。

问：先生是有杰出成就的知名医者，也是被很多媒体报道过的新闻人物、道德楷模。是什么样的教育成就了您？

张金哲：我读书时勤奋好学，但我的求学经历可以说是伴随硝烟炮火的，因为就在我中学毕业前，抗日战争全面爆发了。我所处的时代和我所在的学校首先给了我做人要有正义感、有骨气、要有民族气节的教育。

我是天津塘沽人。1937 年，我 17 岁，正在河北省立一中高二参加军训时遭遇卢沟桥事件抗战全面爆发，天津很快遭日军轰炸，学校基本上都关了门，小小年纪便尝到国难家仇的滋味。

那时我只好经考试转入天津英租界内的耀华中学。很快，天津各校失学的学生纷纷投奔耀华，学生猛增至近千人。赵天麟校长照单全收，组成特班，在晚间上课，同时招收数十名教师应急。学校的抗战宣传和抵抗行为激怒了日本宪兵队。就在 1938 年 6 月，我们毕业前夕，校长赵天麟在上班路上被日本特务枪杀。

身边的这一血腥事件给我很深的刺激，上班路上殉职的赵校长就成了身边的抗日英雄，为他誓死捍卫国家主权的决心和意志深深感染。

当时北京只有三所教会办的大学还在招生，我就赶去参加了考试，后被三所大学的不同专业录取。我选择了燕大。报考燕京大学的时候，作文自由命题，我在试卷上挥笔写下《良医良相》一文，表达了一个中学生乱世之中思报国，“宁为良医，不为良相”的意愿。为此考了个国文状元，不但大一大二（四个学期）国文必修课获得免修，还被免去一年学费。

那时我的爱国思想主要体现在抗日的民族气节上。我读的大学虽然是教会办的学校，但校内民主气氛浓厚，团体活动特别丰富，很多内容都有关抗日宣传，这些当然与校长司徒雷登的思想有关，他一向鼓励学生关心社会生活，为民族国家行大义。

在燕大期间，我还经历了这样一件事：有一位叫冯树功的研究生在骑车回校的路上，被日本军车撞死，肇事者逃逸。司徒雷登校长亲自出面抗议，要求日方除赔偿外，其宪兵队长必须到学校大礼堂向全院学生公开道歉。这在当时不是容易的事，弄不好会闹出乱子，威胁到学校、学生的安全以及他本人的生命。

就在太平洋战争爆发、美国珍珠港海军基地被偷袭的当天，日本宪兵开进燕大，逮捕了十几个师生，宣布关闭学校，同时司徒雷登校长也被日本宪兵逮捕，囚禁在山东潍县集中营。这样一个外国校长尚且如此言传身教，我一个堂堂中国青年怎能不把国家和民族的利益看得比天大？

1941 年我从燕大医预科考入协和医学院，全班入学 70 多人，升到协和 16 个人，非常高的淘汰率。可我刚读满两个小学期（协和是每学年三个学期），协和医学院就转入日本人接管的北京大学了，我毅然退学南下。

那时南下手续烦琐，需要到徐州办通行证，但我还是义无反顾，辗转至上海圣约翰大学；次年圣约翰大学也被日本人接管，我只好又愤而考入上海医学院……我固执地拒绝日本人统治，国家民族的尊严和利益至上，在颠沛和转插班中完成学业。

这是因为我在经历国家危亡的时候，耳濡目染太多的邪恶和正义，赵天麟校长、司徒雷登校长等就是身边活生生的榜样力量，我认为那是一个人、一个大写的人应该有的气节和志向。

我一度没加入任何党派，并且在燕大的教育环境中，在潜意识里有些亲美。但是后来，当我逐渐看清了中国共产党在建立新中国的艰辛奋斗时，渐渐在政治上有了追求，1951 年我在抗美援朝战争中申请奔赴朝鲜前线，加入了中国共产党。当时部队缴获了大量美国的麻醉剂和气管插管，但部队医生都不会用，我就自编讲义，开麻醉培训班，培养了第一代部队的麻醉师，立了一大功。当时的讲义经过改编，于 1954 年由人民卫生出版社出版，成为我国第一本《实用麻醉学》。

问：新中国成立后，先生作为我国儿童医学领域重要的先驱和开拓者，做过建立我国第一个小儿外科等很多开先河的事，在医学领域特别是小儿外科医学方面的成就和贡献极大，曾获得过丹尼斯布朗金奖（国际小儿外科的最高奖）。

先生能讲一口流利的英文和做一手漂亮的手术，从青年时代起养成动手的习惯和超强能力，先后有50多项创新发明，这些闪光的履历背后是什么样的教育背景？

张金哲：我确实比较善于动手，善于自主做事，一方面是天性使然，一方面也受益于后天的教育，尤其是在大学，在燕京大学受到的自学和实验教育。

我在海边家里的制盐场长大。我从小喜欢动手做事，喜欢观摩木工师傅做活，能一站就是半天。

上大学后，由于燕京大学的教会背景，教学比较美国化，既自由，又严格，重在培养学生自学能力和学习方法。很少上“教师讲、学生听”这样的大课。一般都是由老师提要求（Assigshnment），指定参考书从多少页到多少页，让学生自己去读。然后是课堂讨论和实验。

例如讲比较解剖学的胡经甫老师、讲遗传学的李汝祺老师都是以实验课为主；而张东荪老师的逻辑学、齐思和老师的现代历史、陆志伟老师的心理卫生学，都是以课堂实例讨论为主，多需要学生自己归纳、演绎、整理所学的知识，回答教授提问，教授最后总结。大家在大量课堂互动中，启发式学习。此外还有一个更特殊的Tutorship班（导师制、师徒班），教授完全不讲课，只安排课程要求，监督和辅导，全靠学生自学。

说来都可能有人不信，我在选修莫文泉老师的摄影学时，两个学期老师未讲过一次课，只靠实践自学。我常常泡在暗房自得其乐。不光是学习冲洗玻璃板、放印照片、染色修像等知识，也包括学习理解和使用X射线、红外线等科学应用知识，都靠自己看书和在暗室学习摸索。

我读的特别生物系（医学预科）的主要课程是生物学，由系主任博爱理（Ms Boring）亲自任教。这位美国老太太要求学生非常严格，不但对功课一丝不苟，包括对文字书写乃至对学生品行的要求，都给我留下极深的印象。我最喜欢的就是数学和物理，特别是物理实验课。

我从小喜欢动手做事的本能在这样的教育环境中无形受到鼓舞和发挥，燕大独特的教学方式助长了我这种手脑并用的习惯。我也由此更加体会到“在做中学”最省力，理解得透，记得牢，才算真学会。后来我被迫退学到上海医学院读书时，曾以一个插班生身份组织同学编写出版《实习医师手册》；在朝鲜战场上能启用刚缴获的麻醉机、气管插管并自编讲义培训军医，都是受益于燕京大学的教育理念和教学方式。

自主学习和手脑并用慢慢就成了习惯。在燕大期间，我为学校的话剧社做各种幕后特效，孙道临、黄宗江他们在台上演出《雷雨》时，灯光变化、电闪雷鸣等效果全是我一个人在幕后鼓捣。后来我刚升入协和医学院时，就能轻松达到协和对外科大夫“一分钟系60个扣的要求”。我认为爱动手、手脑并用在人的全面发展中是一种非常重要的能力。

问：这也是人的创造力的重要组成部分。教学过程让学生参与进来，在做中思，在做中学，而教师只是学生学习需要的激发和促进者，这对于一个完整的人的培养来说至关重要。

眼见为实，在你家里现在还留有几抽屉的小工具小设备。当年以及你漫长的医疗生涯中，这些是否一直不离左右？它们曾派上过什么用场？起到过什么样的作用？

张金哲：20世纪50年代，我奉命创建小儿外科时，国内在这方面既无专家，也无专业设备，医院只分给我五张床。我就凭着当时儿科主任秦振庭从美国带回的一本《小儿腹部外科学》，一张白纸，边学边做，徒手为小婴儿插喉管、用两个手指在胸壁内外为小婴儿做心脏按压，徒手或简单器械开展婴儿外科。

那时我确实在家里开起了小作坊，你看到的那些就是那时剩下的一点点皮毛了。我在家不断改良和创造发明适合小儿疾病诊断和手术的各种器械，先后有五十多项自主发明，包括后来被国际同行称道并命名为“张氏钳”“张氏膜”“张氏瓣”等重要发明。

我和我的同道们一起，努力使小儿外科从无到有，从一个普外专业发展到拥有肿瘤、泌尿、骨科、整形外科、心脏外科、神经外科等十几个小儿外科专业，这些和我喜欢动手、操作能力较强很有关系。这些兴趣和技能基础与燕京大学鼓励自学和动手实践的教学方式是密不可分的。

我们1938年考入燕京医预科的4个同班同学，后来都在北京做医生。多年后在校友会上被老同学们戏称为“四大名医”——有北医的泌尿外科教授孙昌惕、协和医院心内科教授兼副院长方圻、北京医院外科教授兼院长吴蔚然和我。如果说我们后来在各自领域都取得一些成就，首先是传承老燕京探索式教育教学的结果。

问：你受到的大学教育是对人的探索精神、创造力的成功培养。你本人除了是一代名医，还是一个性格好、身体棒、多艺多才、内心丰富、特别有才情的人，真正的好学生、成功人士往往是这样全能型的。这也是你受的教育使然吧？

张金哲：我确实在学生时代就是一个兴趣广泛的人，而我的爱好与特长可以说都在大学时代得到了激发和释放。燕大式的教育也确实特别鼓励个性、挖掘特长。那时我一直在燕大合唱团唱“弥赛亚”（整套的弥撒），每年圣诞节时都要在城内各教堂唱一整个晚上。我还喜欢唱京剧、参加学校话剧队等。还热衷于各种运动，除了登山旅游，是各种球类运动队的积极分子。那时打排球和现在不同，每个队各 9 个人，前排 3 个，后排 6 个，一般前排是女生，后排是男生。其实那时男女分班，男女生之间平时不往来。但体育课例外，男女生可一起上。

做木工、美术、书法等等也都是我的爱好，滑冰、游泳、跳舞、桥牌这些燕大生的特长我也一样不缺。

我一直是既能演唱又能演奏的京剧票友，新中国成立后曾在北大医院做了 10 年的工会京剧团长。记得 1954 年春节晚会，我曾把一直受西洋教育的夫人也带到台上共同表演《红娘》，给同事们留下深刻印象。

书法和绘画都是我一生的爱好。1942 年结识了我的夫人，她那时是协和医院隔壁“圣心外国女校”的学生，我把自己画的两幅国画送给她，博得青睐。

我还喜欢魔术表演，不光能在单位开展文化活动时露两手活跃气氛，有时也能用来哄哄来儿科就诊的孩子。

问：这说明教育不是简单的才技培养，而事关一个完整的人的培养，事关人的兴趣爱好和健全的人格、气质、修养的养成，事关增强人的社会性和群体性。对于一个医生而言，有良好的人文素质，才会有对人的尊严、价值、命运的追求和关切，才能以人文精神面对生命、自然和社会。

有报道说20世纪50年代，当可怕瘟疫在儿童中大肆蔓延、所有医院束手无策的时候，先生毅然以自己染病的女儿做实验，成功完成了我国第一例皮下坏疽（白喉）手术，这场瘟疫由此转折向好，患儿病死率从100%迅速下降100倍……你是否也认为自己在整个医学生涯中一直在践行这样的精神？

张金哲：我认为人文精神、人文医学非常重要，也是今天应该在医生和医学生当中格外需要强调的。

我常说医生是个高科技、高风险、不等价的职业，医生为社会服务，必须要有医学人文的思想。人文医学是个很大的题目。现代医学的迅速发展，多是从动物实验来的，往往会忽视掉人性的特点。人文医学就是要改变这些，在生物医学中，融入人的特性。因为医乃仁术，医学要从人的本能需要以及社会需要出发，正如人吃饭，饥饿时追求的是饱腹和解馋，而不会选择去吞食一堆营养素一样。

我认为我们古老的中医“扶正祛邪”最能体现以人为本。我们是给人治病，大前提是要人活得健康（扶正）。我们的目的不是只为了除病（祛邪），医生不是验尸的仵作和兽医，把尸体和动物的经验直接使用于人，过分迷信实验、数据、模型，而把“人”丢了，这就是现代医学发展中出现的主要偏差。误把“重祛邪”视为真理，就不能得到发展“扶正方法”的自由，从而也不可能正确地为“人类”服务。因此强调实行人文医学，批判生物医学，就是要把病人当人，而且应该是客人。

接待病人是一种艺术。我从医六十多年，在接诊时，对每个病人起身相迎、起身相送的习惯一直保持至今，这是最基本的“接诊学”。我一直在自己白大褂的左胸前，用粗笔写上“外科张金哲”五个大字，就是为了让病人一进门就知道张金哲在为他看病，感到一种平等关系。和患者“先交朋友再做手术”也是我的规矩。

作为小儿外科医生，必须要学会与病人交朋友，“先交朋友后做手术”是写在《克氏外科学》扉页上的一句话，我一生都记着。首先要让孩子和家属放松，让家属替不会说的孩子说清病情。孩子紧张家属就紧张，所以医生要先想办法逗乐孩子，我最常用的办法就是变小魔术。

在医患沟通中，我一直坚持和提倡“小纸条”加的“三分钟口才”的办法。在燕大读书的时候，我爱把复杂难记的课程内容编成字少易记的提纲，写在一些小纸条上，反复看反复想，把该理解的解透，该记忆的记牢。这个方法从那时起一直沿用。

我这辈子，只要在医院看病人，衣兜里随时装着小纸条，二十来种吧，每条不过50字，上面讲述一种常见疾病的简要机理、用药等注意事项等，事先印好。适时拿出给病人及家属讲解，扼要、通俗、清晰，讲完交给病人随时核对，也可以找别人或医生参商。谈话既省时间又免遗漏，病人拿到也有个实物收获感，还说明你早有经验有把握，增加病人对你的信任，对疗效有利。

我觉得无论水平多高的医生，都永远是个服务者，既要从治疗方面为患者着想，也要从预后、经济承受能力等方面为患者考虑。多一点耐心，用最简单的方法、最便宜的药治好患者的病。叫病人每次见到我都能得到一份安慰和信心。

这些人文医学的常识经验是每个医学生必须懂得的，有时候，这比医术更重要。

问：医德修养是潜移默化来的，很难在课堂上学。一代代医者的传帮带是不是也特别重要？

张金哲：我只能在我的职责范围内以身作则。即使那时在我担任北京儿童医院副院长同时兼顾外科主任及医学会工作的时期，日程再满，也从不耽搁临床门诊工作。实在不能出诊，必提前向已经约好的病人说明情况、更改日期。这是尊重病人，病人也会尊重你。

这是人文医学要求的医德修养。它包括无私奉献人生观，人文科学世界观，精益求精服务观。这些要在实干中去付出感情和认真体会，才会总是丢不下。

医学要从人的本能需要以及社会需要出发。这其实就是医德修养和医学人文精神，也是燕京大学“因真理，得自由，以服务”这九字校训的精神，它体现出对人、对生命个体的充分尊重。我的理解是：实事求是，讲究方法。归纳总结的理论，要符合事实规律，要能指导实践；要有探索精神，并有自由拓展的空间；要为社会服务，有利于人民。简而言之，就是追求真理，为人类做贡献，就是要做、敢做、能做。

问：“医学要从人的本能需要以及社会需要出发”，这堪称人文医学金句。听说先生98岁了，还坚持工作日上午准点到医院上班，两天门诊，三天查房，雷打不动，为什么？

张金哲：首先是完成对自己的要求：今天做到的，明天尽量也要做到。不能过一天丢一样，这样就会越丢越多。这也是我的修身之道。剩下的要求很简单，就是：一生努力，两袖清风，三餐饱暖，四邻宽容。

全如瑊：一所大学精神气质的至深影响

采访时间 2017 年 11 月

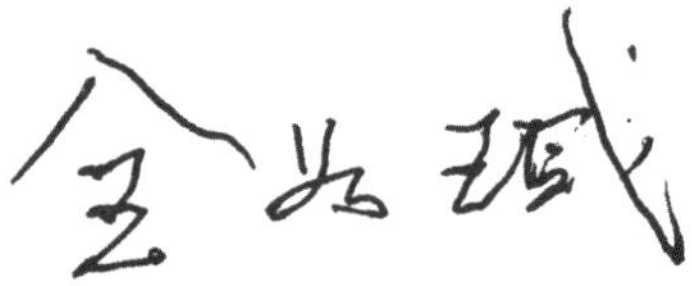

全如瑊，1928 年生于北京。中华医学会会员，中国大百科全书出版社编审。20 世纪末曾获得国际术语信息中心（Infoterm）和维也纳大学颁发的欧根·维斯特特殊奖。1979 年之前曾因莫须有的罪名遭受 20 年牢狱之灾。

曾在燕京大学校园内读幼儿园、小学，后就读育英中学。1948 年考入燕京大学生物系医学预科专业，1951 年升入北京协和医学院。

问：由美英基督教教会1919年创办的燕京大学曾经是近代中国规模最大、质量最好、环境最优美的大学之一，在1952年院系调整被拆分之前，独立存在了33年，其立校精神、国际化风范对中国高等教育产生了深远影响。

先生1948年考入燕大，曾在燕大和与燕大关系密切的协和医学院研学7年，请谈谈怎样理解燕大的基本精神和教育理念？

全如瑊：谈这个问题，燕大的九字校训基本就能够概括回答了："因真理得自由以服务（Freedom through Truth for Service）"。读书时我从字面猜解，认为"真理"就指科学知识，校训对于我就是"掌握知识以服务社会"。但还是不理解其中"自由"两个字的含义。

有人用恩格斯的"由必然王国向自由王国飞跃"来解释，意为掌握真理就意味着获得驾驭自然的本领了，不再受无知的约束而得到自由了。而基督教圣经新约约翰福音说，耶稣传教是在奴隶时代。当时奴隶是没有自由的，"得自由"是"免于沦为罪的奴仆"之意，当然这是耶稣传道的语言。

但我以为用"自由"来翻译liberal，一方面不够确切，另一方面我们通常日常交往中讲的"自由"有褒贬两方面含义，往好了说，往大了说，有为人类争取民主自由之意，但也有自由散漫、自由放任之意。后来听我的英语、历史老师贝卢思说过，liberal一词跟后来的政治流派没多大关系，它的含义也要追溯到耶稣传教的奴隶时代。liberaleducation是指"自由民的教育"，而所谓的liberalarts是指古代人们眼里一个自由民所应具备的才艺和修养。公元5世纪，被罗马学者卡佩拉总结为自由民最应具备的7项才艺，其中涉及语言的有3门：语法学、修辞学和逻辑学；涉及计算的有4门：算术学、几何学、音律学和天文学，即所谓"七艺"，曾是欧洲中世纪教育的典范模式。

问：如此说来，"得自由"放在这儿首先意味着学生通过学习获得类似七艺的综合才艺和修养？

全如瑊：对于liberal一词，我认为在不同时代应有不同理解，教育理想是随着社会的演进在不断变化的。

而现代人越来越多地赋予 liberal 一词更多的积极含义。现在说一个人 liberal，更多是说他开明。

现在看燕大当年的校训，我认为更多强调的是头脑开放进取，不封闭、不保守、不执着己见、不墨守成规，特别是对待不同意见，能尊重对方、能理性对待不同的意见本身，能同不同意见者进行客观、实事求是的切磋，其结果是包容吸收对方的长处，使自己不断进步，这才是校训的内核。

而校长司徒雷登，何尝又不是开明、开放的典范！他作为一个基督教传教士，却不同意把学校办成以传教为目的，而提倡招收非教徒入学，在燕大开生物、心理学等最新的现代科学课程，传播进化论、无神论。

燕大开明、包容的教育，并不在于灌输给学生多少知识，而是培养了思考习惯，教会思考的方法，让学生一辈子在接触新的事物时，既不妄加排斥，也决不应盲从。遇到与个人不同的意见，要理性批判地决定取舍。遇到现实问题，要综合利用已有知识和他人经验，摸索解决途径。

而这一点，正是当今社会推崇的所谓批判性思维（critical thinking）。

这里的“批判性”三字和前面说的“自由”两字一样，总有被人误解的担心。批判性思维本是一种“公正的、理性的明辨是非的过程”，强调细致全面的鉴别和无偏的求真弃伪，不能片面理解成质疑和否定，也不能在群众运动中成为政治斗争、整人的手段。

如上所述，我对 liberaleducation 一词的理解经历了“自由主义教育”“自由民教育”和“开明教育”三个阶段。

燕大开明的教育与早期西方一些著名大学“重学轻术”还是有些区别的，其更重视广博的基础知识，强调人格培养和追求真理的一面。借以区别于脱胎于旧学徒制的、仅重技艺传承的职业培训机构。港台一带将 liberaleducation 译为“通识教育”或“博雅教育”都不无道理。

燕大和美国哈佛等校的路数很接近。只不过因是一个后来者，进步得更快。再加上司徒雷登个人的影响，顶住教会托事部中保守派的压力，促进了教会学校世俗化和本土化的进程；另一方面，为了追求其办学的理想，司徒雷登不惜重金聘请国内外大师来校任教或短期讲学，合作兴办哈佛燕京，加强了国学研究，多方支持有前途的毕业生出国深造。结果是燕大由原来一个以传教为主要宗旨、学生不足百的小学校，仅二十多年到日美开战停课时，文、理、法三院的20个科系已发展得相当齐备了，战后复校时又添加了强调务实的工科，更是人才辈出。

问：读大学时，有哪些教师留给先生的印象最深，至今不忘？

全如瑊：燕大有很多个性鲜明的教师。教务主任林家聪是林巧稚的侄子，管理教学很有一套，入学智力测验就是从他那里来的；执掌学生入校“生杀大权”的老师叫博爱理，是一位美国老姑娘，但为人极其温良，会用十二分耐心解答学生的任何提问，还在生活上给学生妈妈般的呵护。

给我印象最深、也是我最敬仰的教授叫胡经甫，他是国内生物界的元老，昆虫学的权威。他教授的无脊椎动物学全英文授课，其专著《昆虫志》是用18年时间一手采集的标本资料写成的。

那是一门需要记忆很多知识点的课程。可是胡老师却不主张学生记笔记，只要求专心听讲。课前他会指定教科书上的内容，让大家课前预习，课上会密集地、大面积提问，无一漏免，他熟知每个学生的名字。如此启发和敦促大家在积极思考中寻找答案，润物无声地带入知识点。也就是说，强调在充分理解基础上牢牢记住和掌握新知识，同时让学生体验到自学的方法和乐趣。学生们私下说他是苏格拉底教学法，对他的课是又爱又怕。

在专业之外，胡经甫还擅长绘画，往往寥寥几笔，便出神入化，特别是画昆虫，在学生眼里完胜齐白石，因为齐白石的画有生物学错误，而胡老师画得既生动又精准。

当然不只是胡经甫。燕大许多科目教学没有固定教科书，甚至没有教学大纲设定上限，教授会推荐参考书，但极少有照本宣科，会对各家学说客观综述，讲讲学科的最新进展，然后由学生自己分析鉴评。与课堂教学相比，自学和实验课的时间要多得多，校园空气常常宽松得近乎散漫。

这些都与以往满堂灌、背条条、学了不会用、刻板而毫无生气的中小学教育区别很大。

问：先生在哪些方面学到、体验到了开明教育的好处？

全如瑊：首先是学会“问”——就是如何提出问题。问题提得过于空泛，太虚，便无从着手解决，必须有可操作性。这是“问”的学问。

要求学生自己会问，会提出问题，下一步就是自己去探索答案。我也是在燕大学会了查文献、搜集资料和利用二次文献（索引、文摘）的。有这些过程才能真正把知识化为能力。我也由此体会到汉语中“学问”两个字的高妙。

此外，在培养学生自学和思考的习惯方面，燕大鼓励跨院选课，重视知识的全面提高。校、系图书馆的专业图书丰富，自学的空间广阔。不在教学大纲中设定上限，教授对学科前沿的最新进展都能讲上几句，对各家学说大抵能客观综述，由学生自己分析鉴评。极少照本宣科。

我曾在图书馆发现了一本英文杂志 Scientific American，也译成《科学的美国人》。这可以说是一本高级科普杂志，包括自然科学、社会科学以及工程技术，在科学界地位很高，很多诺贝尔奖获得者都曾为之写稿，一些科技论文也常引作参考文献。在写作上作者必须写得深入浅出，更关键的是，作者不仅介绍个人成就，同时还把所经历的思想过程概括出来，谈他是怎样发现问题、解决问题的。这对读者的启发性极大。这也是他唯一一以贯之看了一辈子的刊物。

后来曾遭遇 20 年牢狱之灾。噩梦结束后，我和这本杂志的情结未了，曾一本一本找，以至于把 20 年内看不到的各期集齐，并自费订阅，直到前些年能够在协和图书馆看到原文版才不再订了。

燕大关于教学方面的特色还有很多，学生最大的收获就是掌握了一套自主学习的方法和思维方式，让学生牢牢养成了独立思考、自主评价和理性批判的习惯。

其不封闭、不保守、不执着己见、不墨守成规的自由精神；尊重个性，同时倡导理性对待不同意见的博大宽容，独立思考的方法，对新事物既不妄加排斥，也决不盲从的习惯，是我在燕大得到的最多的、最牢固的给予。

问：先生的家庭与燕园渊源很深，听夫人说先生幼时长在燕大，出生那天，竟与司徒雷登先生有关？请就此谈谈在校期间，燕大师生之间、同学之间是怎样的一种关系？

全如瑊：毫无疑问，燕大有着平等、和谐、亲密的师生关系。“燕大一家”一说不是凭空来的。

恐怕从建校初期起，燕大的师生关系就和别的学校不一样。因为我的父亲在燕大没有正式建立之前，就在燕大前身的教会学校工作，是最早筹建燕大的参与者之一，曾担任燕京大学的庶务长。

听父辈们说，司徒雷登先生刚一到任，就给人极其平易亲善的印象。他阳光开朗，爱说爱笑，和学校每个教职员，甚至包括家属都很熟络。我出生时，我家住在燕大对面的大海淀镇的军机处。那时交通不便，母亲是到路边等校车准备去协和医院分娩的，燕大或清华的校车那时是她唯一可搭乘的交通工具。正巧司徒雷登校长坐小轿车上班，见到母亲便停下车询问，然后立即请母亲上车，一直送她到协和医院。

我曾在燕园里度过幼儿园和小学三年级以前的时光，记忆中燕园里的教师和蔼可亲，司徒雷登本人就是孩子们最不害怕的洋面孔之一。

后来考进燕大，才知燕大素来有教师特别是洋教师请学生到家里吃饭的风气，所有学生都会在各种节日里被分批请到家里做客，本系、外系学生均可同往，师生们迅速打成一片，联络和建立感情。

师生以及学生之间互动频繁的另一个所在就是团体组织，因为各种文体活动组织极其活跃。

课堂上的互动前面说了。师生无隔阂，关系好、同学关系好，课外交流也就成了教育的一个重要部分。记得那时一些参考书是不需要买的，都是上一班同学用完留给下一班同学用。在协和实习时，你就会发现对你帮助最大的是你的师哥师姐。他/她是只比你早一两年的过来人，他/她最了解你的需要，最知道你的学习难点，他/她甚至会把着手教你操作。

所以才有“燕大一家”之说，燕大的师生、同学关系比当时的北大、清华等其他学校似乎更密切、亲昵、牢固些。

直到现在，燕大高龄老年同学的互动往来续存至今，一生都不会散。

问：有人说燕大当年是典型的精英教育，特别是在你们淘汰率极高的医学预科系更是如此。是这样吗？

全如瑊：燕大的医学生完整学下来需要7年，先在燕大读3年医学预科，要经过一轮严苛的、淘汰率很高的筛选，少数升入协和医学院的学生需再苦读4年，才能毕业。从医预科能升学到协和的比例低到四分之一都达不到。校内纪律严明，有严格的作息规定，不好好学和学不好都会被无情淘汰。而燕大和协和医学院之间，历来是你中有我、我中有你的渊源关系，的确都称得上是一种精英式教育。

但我认为把协和的教育和医政说成是“象牙塔”其实是一种误解。实际上，无论在燕大还是协和，医学教育都是很接地气的。这在协和的社会服务部和公共卫生科特别突出。燕大社会系自1925年起就更名为社会学与社会服务学系，以社会服务为重点。协和医院社会服务部的负责人和工作人员大都出自燕大。

当年我们升入协和的人，在进入病房实习的阶段，主治大夫—住院大夫—实习大夫构成一个3级的工作梯队，也是一个教学梯队。

社会系每年都要分配一两个毕业生到协和服务部工作，并派学生来实习。医学社工（社会服务工作者）分布在门诊、住院处以及各科，所以他们能最早发现患者的问题。

社工要对服务对象进行调查、评估和处理，这一切均有正规记录，一旦建档，就可能追踪终身。患者无力支付住院、用药、手术、购假体等等费用，社工调查评估后就能向医院申请减免费用或分期付款，或寻求患者亲友、同事、雇主等的支持。居家治疗和康复等问题也是社会服务极关心的。社工的个案调查资料详细到精神障碍患者出院后会不会自杀、会不会对家人施暴或虐待等，是对一般病史的重大补充，可帮助医生特别是精神科医生做出准确诊断、实现医疗方案。从1936年起，协和精神科就特聘四五位社工专门为其工作。

社工人员对出院后的病人进行按期随访，包括定期信访或家访，为出院病人预约复诊时间，或者根据医生的要求邀请病人来院复查以及为医学生示教。社会服务部成了医生和病人之间的桥梁。

而燕大社会系学生有很多实习场所，除协和社会服务部外，还有华洋义赈会、香山慈幼院、精神病院、北京监狱、基督教青年会等，服务对象重点在老、幼、病、残（包括盲、聋、哑）、贫民、灾民等各种弱势群体。其中医学服务是一项重要内容。

问：这样的实习建校初期就有了？

全如珹：是的。据我所知，1921 年会说流利汉语的兰安生就被派到协和医院负责开展公共卫生教育。他在协和十余年中，先后创出了两个世界首例的社区卫生典范，一个在城市、一个在农村。

那时他曾争取到北京各方的支持，试办公共卫生事务所。这曾是世界上首例都市社区医务中心，集预防、医疗和教学三位一体，负责北京市东城一个社区（5 万—10 万人）的卫生工作，包括生命统计、环境卫生、妇幼卫生、传染病管理以及学校卫生和工厂卫生等。从那时起，医学生都被要求到这里实习一段时间，从而真正接触到社会实际。

在 20 世纪 30 年代，燕大社会系和协和公共卫生科参加了著名的河北省定县乡村建设实验。定县实验是由晏阳初创立的平民教育促进会（简称“平教会”）组织的，曾把农村平民教育运动搞得轰轰烈烈。1928 年，燕京大学社会系讲师李景汉开始担任平教会定县实验区调查部主任，至 30 年代初更有众多师生参加了平教实验区的工作，写出论文多篇。其中包括李氏的经典著作《定县社会概况调查》，全书分为 17 章，分别从 17 个方面对定县的基本社会健康概况进行了全面描绘，涉及面广，资料丰富。曾被当时学术界称为中国农村社会百科全书。

1928 年，兰安生被晏阳初聘为平教会定县实验区的卫生顾问。1928 年冬，兰安生请晏阳初到协和医学院演讲介绍定县实验，听得很多人热血沸腾。兰安生派协和 25 届毕业生姚寻源于 1929 年至 1932 年间、派 29 届毕业生陈志潜于 1932 年至 1937 年间，先后到定县任平教会卫生教育部主任。经深入调查、组织，于 1931 年在县城建成一个医院，有 50 张病床及检验室等。

陈氏则通过摸索尝试并在平教会的通力协作下，最后在定县成功地组建了三级保健网。这项乡村社区卫生工作终于落实到农村里了，而且成效显著。

陈氏到定县不到三年，当地天花、黑热病就消灭了，一般肠胃传染病以及沙眼、头癣、婴儿破伤风也大大减少。1934 年，华北霍乱大流行时，定县疫情远较邻县为轻。到了 1934 年底，南京政府就决定在全国推广“定县模式”。定县实验一直坚持到 1937 年日寇侵略平津时才终止。兰氏被迫离华，随后将他在中国取得的经验相继推广到东南亚、欧洲和中美，之后又被联合国世界卫生组织继承和推广到全世界。

以上这一切，印证了燕大和协和“因真理，得自由，以服务”“科学济人道”之主旨的思想力量，也是燕大和协和医学院两校基本精神的具体写照。

张志中：保护初心——那种发乎内心的喜欢

采访时间 2018 年 4 月

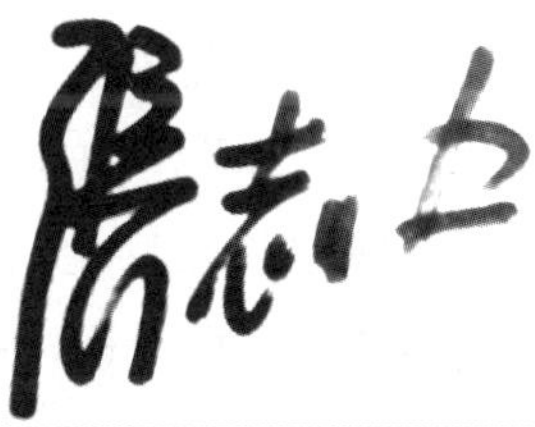

张志中，1945 年出生于河北省辛集市。水墨画画家，一级美术师，教授。

少年时就读村小学，后考入中央美术学院附中。

问：现在的家长，特别是大城市的孩子家长，都把送孩子上各种辅导班当作不可缺少的大事做，不遗余力，不惜重金，生怕输在早教上。你作为一个成功的职业画家，怎么看待这件事？

张志中：家长总让孩子学这学那，砸很多钱，花很多时间，但很可能是白搭。因为首先一些家长很可能并没有认清什么是正确的成才观、成功观。

孩子长大成人了，无论做哪一行，都要有发自内心的喜欢才成，这就叫初心，初心的原点在内心，理想要发乎于内心。

比如每年都有大量艺考生赶考，都想将来一夜成名，这对考生来说，就未必是发自初心。学了半天，泡沫退去，可能什么都不是。

现在除了音乐学院没有开美术专业，几乎哪个学院都有。这一点前些年我还赞同，觉得一个孩子能上大学总是好事，但现在看也未必。对艺术缺乏兴趣的孩子这样学4年不见得是好事，弄不好还可能走向歧途。

因为未必真心想学画的孩子，很可能有其他方面的才能和爱好，是仅仅为了应试走捷径，被家长硬性逼迫去的。误学了美术，就一定不是好事。有人统计，艺术类院校成才率最低，恐怕很多学生是这样的情况。

问：不如现身说法，讲讲你专攻美术这一行的初心，你是什么时候、怎么爱上画画的？

张志中：我6岁以前长在北京，的确很小的时候就天然地喜欢涂涂画画，家里也没有干这一行的人。

6岁那年，我姥姥到北京治眼疾，看到我母亲孩子多，顾不过来，老大、老二都在上学，老四太小，老五刚出生。我不大不小，就商议着把我下放到乡下去。坐上火车，离北京渐行渐远，这一去就给了我8年乡下孩子的童年和少年。

我的美术生涯可算作是从河北平原中部靠近石德铁路的一个小村庄里开始的。那是物质极度匮乏的年代，也是中国农耕文明基本延续了上千年生产、生活方式的年代。对于一个几乎以画画为唯一乐趣的儿童而言，目所能及的一切，一张画片，一本小人书，都是可供描摹的至宝。

春节，是辛劳一年农人们难得欢愉的日子。集上，除了买卖年货的，卖年画的地方是我看不够的地方，除了单幅的各类喜庆题材，四条屏画各类传统故事更引人入胜，像任率英画的“白蛇传”，刘继卣的“闹天宫”，王叔晖的“西厢记”。在我十来岁时，已可以用当时伯父母给压岁钱买的廉价水彩临摹这类画了。

而到了除夕，村村都挂灯幡。灯是简陋的木质四方形，四面糊上枣强县出的木版套色年画。三十晚上，在家家的鞭炮声中，街上灯笼里的灯盏点着了，橘黄的灯火把印着各种戏出的“灯笼方”映得透亮，那原本就是红、黄、绿、紫几种简洁又强烈的颜色更显出节日的喜庆。那些可以当作连环画看故事的戏出人物，又让当年闭塞的乡下儿童辨识着忠奸邪正、侠义英雄。相离不远的姥姥村，还会在街上挂出只在初一至十五才会悬挂的“旗幡”，那上面可都是手绘描金画银的重彩，当然，也是“封神”“三国”等故事。

那个年代的乡下有很多热闹。联欢、慰问演出、电影、墙上的标语、漫画……到了春节就更是热闹得翻天了。街上挂满了方形的灯笼，这“灯笼方”四面全是戏出画儿！水浒啊、三国啊、狸猫换太子啊、镖打胜英啊、黄天霸窦尔墩啊……真是好看极了。街道的上方悬着横绳，上面也是四幅一挂的古代故事“画幡”……唱大戏、耍狮子、踩高跷的那就更甭说了。

当年冀中平原的村子里，还保留不少带“梢门”的院落，进到院内“二门”才是居住的院落，“梢门”“二门”那时便成了我最早展示画艺的“平台”了。不记得是用粉笔还是土坷垃画的，反正是有能画得上去的东西。记忆中当时画的内容有“临摹”也有“创作”。“临摹”的是部队在街上的漫画宣传画，美国鬼子什么的。我记得很清楚的一次“创作”，是记述某次随着小舅和他的同伴们一次“围猎”的生动经历。

问：就是说你最早的创作平台，是姥姥家的二门、梢门？六七岁就能自由展示自己的天分、想象，没有什么人教过你，给你一些专业的导引吗？

张志中：梢门上的那幅《冬日携犬猎兔图》还真算得上是我最早的作品。

可那时候确实没有专业的老师给我指点，但是说起来我也是有自己的“学校”和“教材”的，比如姥姥家的东耳房。

有一天，我趁姥爷、姥姥午睡的时候溜进平时从没进过的东耳房。哇！半屋子都是书啊！有些一看就知道是两个舅舅和三姨他们用过的课本。《花间集》等或文或白的各种读本一下子抓住了我，特别是五四后新文学杂志、小说之类，《少年中国》《新青年》《小说月报》《冀中导报》什么的，当然最吸引我的是民间画本和木刻，包括小人书、解放区的连环画小册子等。记得当时的《东北画报》，虽然印刷得很粗糙，但上面的每一幅画、每一幅插图，都能带给我一个新的世界。

《东北画报》上每期都有朱丹、刘迅等的政治漫画。有画北约的，画铁托的，画铁托是“北约”走狗，还有画蒋介石的……画面透露的每一个信息，每一个细节，对一个知识饥渴的孩子具有何等的魅力！以至成年后，每次见到温和而宽厚的朱丹，短小精干讷于言辞的刘迅两位前辈时，我就会想到姥姥家的小耳房里的《东北画报》，他们二位应该算我的启蒙导师呢！东耳房里的书籍画册则是我的重要教材。

印象特别深的还有这样一件事：我还曾意外收到过一笔可观的文化财富。1958 年，“大跃进”了。我到邻村上初中一年级。正是“人民公社”社员们吃食堂的时候。农校的学生们实行“共产主义食宿制”。就是秋天“大跃进”最热火朝天的时段，隔三岔五地就放“卫星”。

那时，13 岁的我在村子里已经小有名声了。登着梯子或爬上架子，在平整临街的后山墙画各种壁画、标语……

有一天，我突然收到一大包邮件。打开全是画！宣传画、年画等等。那些画大都是天津人民美术出版社出版的，每张画的背面都有个长方形印的“赠阅”二字。邮报落款是“天津市委宣传部”，是我的大舅方纪委派别人寄的，他是作家、天津文化界的主要领导者，知道在老家还有我这么一个爱画画的外甥。

几百幅画中，其中一幅很特别，分明不是宣传画，也不是年画，画了一群老老少少，穿长袍的，戴头巾的，留着大胡子的，骑着毛驴的，步行着的，捂着耳朵像是扯着嗓子吼叫的……真是热闹好看的一张画。看看作者的名字：

黄胄。

当然了，多年以后，我见到了这位同是河北老乡的黄胄先生，我也知道了他也是大舅的老友。那一年，我 13 岁，大舅 39 岁，黄胄 34 岁。

1958 年我上初中一年级，就是在共产主义大食堂吃饭不要钱的那个时期，那幅画一直挂在我宿舍的墙上，算得上是黄胄先生最早的粉丝吧。

这次意外收获，对我初心的导引是特别重要的。

还记得村里有在北京工作的人，带回一本书叫《可惜无声》，是齐白石的工笔草虫写意，那些画中的生命状态让我特别着迷。

后来我考入了美院附中，开始了正规的美术学习。某一天在附中的传达室里，取回了大舅留在那里的两本书《中国古代人物画》和《中国绘画史》。不久我还看了建国十周年画展，还记得挂在端门上的那些新派水墨的绘画原作带给我的心灵震撼。

一个人的审美和造型能力是怎么来的？就是这么一点点潜移默化的感知、积累起来的吧。

问：冀中平原上的开蒙自学始于初心，登梯上架画宣传画、接触黄胄作品等更是一种以实践为动力的学习和自我培训，这些经验和积累在考入北京美院附中后得到快速整合提升。那 8 年的乡村生活对你后来的专业创作影响大吗？近年来你用墨色演绎的百余幅水墨喜剧人物画就有不少乡土的痕迹。

张志中：这 8 年不但决定了我走上美术道路，对我画什么、用什么美术语言的影响也特别大。我在那里感受到太多的来自民间的人和人文的温度、力量，那里几千年留下的东西并没有多大改变，包括老百姓用的那些东西，好多都可以叫作文物。

我想说的是，正是所有这些，会对一个痴迷画画的懵懂少年的心智和审美取向产生影响，这种影响不仅仅在画风和取材上，也必然播下中华文明的核心价值的种子。

庆幸当时没有什么社会补习班、奥数课，也没有家长逼迫参加什么训练，而是跟着从内心生发的“喜欢”走。我的初心的萌发和最初的成长，是完全自发的最充分的状态，这于我是幸事。有些家长或者学校不懂得觉察、尊重和爱护这样的初心，很可能会事与愿违，让孩子把路走偏了。

随着年龄增长，随着接受了西式的、现代的美术教育，随着走南闯北视野的扩展，随着身边世事变幻，随着在艺术领域各类潮流的裹挟，我在绘画生涯中也会时有迷失。但我还是能感觉到，幼年开蒙的基本认知始终会在灵魂深处浮现。这就是初心，发自内心的喜欢是你一生都无法摆脱的，理想与现实在我人生中就这样统一起来了。有句话叫作“艺术不是教的，也不是学的”，在某种意义上，真的是这样。

当我突然萌生把戏曲人物用水墨语言展现在宣纸上时，或许正是那些“灯笼方”上花花绿绿的小人的复活。

王渝生：科技馆是真正有效的教育资源

采访时间 2018 年 4 月

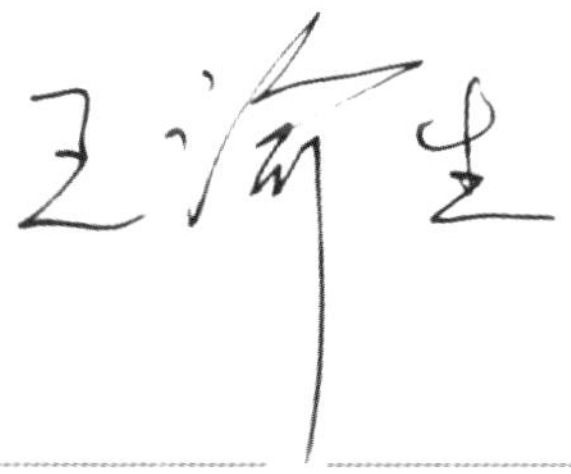

王渝生，1943 年生于重庆。自然科学史学家，曾任中国科学技术馆馆长、国际科学理事会中国委员会委员。

自幼在重庆精一小学、巴蜀中学读书，1966 年毕业于四川师范大学数学系，1981 年毕业于中国科学院研究生院。理学博士，慕尼黑大学博士后。

问：你是科学史学者，又曾任中国科学技术馆馆长，请问你如何评价科技场馆的社会教育功能？尤其是针对青少年、儿童的成长和教育。

王渝生：在人类文明中，科技馆的建设目标、功能定位，包括实际作用是在发展变化的，其过程体现了与教育愈发紧密的联系。我认为其独特的教育功能和作用无可替代，且历久弥新。

简单回顾一下，科技类博物馆是伴随着科技革命和工业革命诞生的。比较集中出现在19世纪初，迄今200年左右。我认为其发展大致可归纳为三个阶段：

第一个阶段是19世纪初到19世纪中叶的几十年间。在工业革命的驱动下，自然科学和技术有了许多重大发现和发明，大大增进了人们对学习科学的兴趣，科技博物馆（那时多叫自然博物馆）大量涌现，但一般是展览性的，主要展出一些标本、仪器等科学研究的资料。

第二阶段是在19世纪中叶到20世纪上半叶，那个阶段多叫工业博物馆，主要展示工业革命后科技迅速发展所取得的成果，适应社会日益增长的科学普及需求。在这个百年里，参观者和展品之间逐渐有了“暗流式”的互动。

第三阶段是从20世纪中期到现在，这类博物馆的名字多叫“科学中心”或“科技中心”，展品渐渐不再是玻璃柜子里的藏品了，转向科学知识的直接演示或现场实验，大量可动手拆装的实验室复制设备取代了旧的展品珍藏，能充分展示科技产品的内部结构。这样的展品是教育教学的最直观、深刻的资源。

21世纪以来的这些年，科技类博物馆更趋向于科学文化的综合主题，强调科学与人文、与社会的结合，突出人在科学发展中的地位和作用，更多体现社会、经济和人类的发展。这使得科技馆不仅仅表达纯自然、纯科技的发明创造，同时也有了更多科学文化、人文科学、社会科学、科学伦理的表达。

中国的科技博物馆始建时也是从学习西方经验开始的。一般认为国内科技博物馆的鼻祖在江苏南通，由清末甲午状元张謇创建。张謇热衷于学习欧美和日本的经验，一心想通过兴实业推动办教育。他曾两次上书清廷，建议在北京和各省建立“博览馆”，并于清光绪三十一年（1905 年）自创“南通博物苑”，分别陈列自然、历史、美术、教育方面的文物与标本，有一些科技方面的内容。

20 世纪五六十年代，我国开始兴建科技博物馆，类似国外的科技中心。几十年来，我国的科技类博物馆也走过了原始创建、集成创新、引进消化自主创新三个阶段。最初的功能主要是展出、介绍中国历史上的和当代的科技成就，后来不断引入国外办科技中心的新理念，模型模拟展示、可动手操作的内容越来越多。但是我们对有关理论研究不够，办馆内容方面也缺乏前瞻精神，科技馆方面与有关部门的交流合作也不够主动。

我曾在中科院研究自然科学史多年，能够深切感知科技馆的社会作用，尤其是对青少年学生的教育和启迪作用。我在世纪之交到中国科技馆任馆长，我们按照党中央的办馆要求，强调为四个现代化建设服务，体现社会发展对知识经济的要求。

科技馆应该是最紧跟时代发展、体现前沿领域发明创造的博物馆。中国科技馆有一点是非常明确和坚持的，就是只要有新的科技成果公布，必须在第一时间请进科技馆展厅。

2000 年 4 月，建在北京三环路上的中国科技馆二期新展厅开放，我刚刚接任当馆长。正好赶上人类基因组计划起步，我们马上把这个内容消化吸收为展示内容。记得有关科学家到博物馆参观，看到这一块新内容很吃惊，回去逢人就说。2003 年，神舟五号载人飞船上天后不久，我们把“神五”迎进科技馆展览，并把杨利伟请到中国科技馆作报告；还有爱因斯坦诞辰 100 周年、改造火星计划等等，办了多种临时性主题展览和报告活动，当然也借以扩大宣传，增加博物馆的社会影响力。这对广大公众特别是中小学生对当代科技前沿的了解、创新精神的培养都是非常有意义的。而我国科技成果的展示，更是学生爱国主义教育的最好素材。

目前当代科技、互联网与文博领域的融合已成为博物馆事业发展的新趋势，这使得原来观众对应面较窄的科技馆面向了更广阔的大众。不仅数量规模越来越大，其功能定位上与教育的联系也越来越紧密。

问：如此说来，科技馆作为一种教育资源，是十分独特的。在我国，近年来科技类博物馆的规模发展和有效利用的情况如何？

王渝生：经济的快速发展对此肯定是有带动的。2004 年，中央领导参观中国科技馆，我在陪同参观时，忍不住把话题往科技馆建设上扯。当时的中国科技馆不仅比国外小得多，比美国小得多，比我们台湾也小很多，甚至都比不了当时上海科技馆的规模。终于引起了领导同志的注意。我借机提出借力奥运会，重建中国科技馆的想法。这个想法经过论证，征得方方面面支持，赶上个末班车，被正式批准纳入奥运场馆建设项目，于 2004 年正式开建，建设规模超过了 10 万平方米。2008 年试开放，2009 年国庆正式开放。

最近 10 多年，我国各地的科技博物馆雨后春笋般地兴建起来，有的馆内面积已超过中国科技馆。比如广东科学中心已达 13 万平方米，省科技馆七八万平方米的也有不少。地、市的科技馆也都有几万平方米的规模。博物馆事业进入蓬勃发展期。

目前我国科技类博物馆数量发展很可观了，但还是不足以与发达国家相比。美国有科技博物馆两百多个，占博物馆总数的五分之一；日本的这个比例更高些。

数量上缩小差距需要时间。但遗憾的是，现有的科技馆资源并没有得到很好的利用。从中国科技馆的情况看，观众主要集中在周末，平时参观者较少。令人费解的是，在一些地方，包括科技馆在内的博物馆开馆不长时间就开始出租房屋，甚至变成了卖场。当然最近经过整顿，情况有所好转。

发达国家的科技馆大都受到政府高度重视，很多是政府拿钱免费开放的。其经费来源一般有三个渠道：政府投入肯定是大头，多的能占到 80%；第二就是建立基金会，接受捐款；第三渠道就是少量自筹。而目前我国科技馆很多也是靠政府支持，免费对公众开放。

问：这里有一个各级政府对科技馆如何定位、如何规划、对其独特的教育功能如何认识的问题。一方面科技馆资源是稀缺和重要的青少年教育资源，一方面现有资源又不能得到有效利用，问题出在哪儿？

王渝生：这确实是需要重点谈谈的问题。

确实存在现有的科技馆资源没有被充分、有效利用的问题，特别是紧密结合教育教学的有效使用，就差得更多了。大家到国外旅游都有这样的经验，在许多博物馆、科技中心，常常会遇到教师带着学生，直接到馆里来上课的情形。而我们的科技博物馆就很少遇到这种情况了。就说中国科技馆，家长会带孩子来，但教师带学生来的不多。

其实在国内现有的许多科技馆中，历史上几乎所有有名的科学实验，都有生动直观的演示。我是学数学的，即使是数学，从勾股定理到代数、几何、常数都有演示，更不用说丰富的物理学概念和实验了。而学校教学计划中课程涉及的科学原理，课堂上怎么教，能比直观演示、操作实物模型更直观、更好理解？怎么教能比亲自看看、亲自触摸更让学生感兴趣？

学校是教给学生许多知识，但许多知识是要转化为能力才有用，不能仅仅靠做练习题，关键要依靠实践去体验和感悟。实践有临场观摩、动手操作、完善和设计等多种形式，科技馆就能够提供观摩、操作、体验、感悟的平台。如果学校、教师能够充分认识和利用好这些资源，一些课程将有多少事半功倍的效果！其实完全可以向国外学校那样，把合适的课拿到科技馆里来上，综合类博物馆、历史类博物馆、艺术类博物馆都有这样的课堂补充功能。

我曾向一些学校许诺，如周一至周五来科技馆，可以免费参观。可还是没有学校组织来。包括天文、地质、自然等博物馆也是一样吧。至于双休日，因为普通观众多，学生也不可能来科技馆上课。

学校组织学生来科技馆上课有困难，原因可能有很多，比如安全问题等等。但我认为最根本的原因，还是在于学校、教师的认识，恐怕永远把类似参观科技馆这样的事情，看成是课外教育，排除在课程教学之外，排除在教学计划之外，没法与课堂教学相提并论。他们并没有意识到，课程教学存在的很多缺陷，是可以用组织到科技馆来上课的形式做一些弥补。

问：这是否说明目前我们的科学教育存在浅层次化，甚至表面化的问题？

王渝生：我们目前的课外教育，似乎还是停留在做手工劳动、剪纸上面，很少深入到科学内涵。总体来说，从幼儿园到小学中学，我们的科学教育都是有问题的。

我常想，中学教育可以与旅游业结合，美其名“科技旅游”，为什么就不能同教学结合起来呢？据说身边的所谓科技旅游，就是先去故宫、八达岭长城，然后到下午 3 点了，到科技博物馆转一圈，还免费，主办者是真正从科普角度考虑的吗？恐怕还是从赚钱角度考虑的多吧。

所以我认为科技博物馆的一个大欠缺，就是没有走通与科研、教学结合的路子，没能与学校的科教实验课密切结合起来。教育理念陈旧、受课程计划限制是主要原因。

近年兴起的研学旅行值得借鉴，就是教育主管部门、学校、旅游部门有机结合起来，设计好内容、线路、实施方案。最近我参与设计并带学生实施了一次“意大利科学革命之旅”的研学旅行，很受欢迎，效果不错。

问：学生不会、不那么爱参观科技馆，其中还有家长的问题吧？带孩子参观科技馆的家长，会习惯性抱有和送孩子上学一样的心态。你认为家长应该怎样带孩子参观科技馆？

王渝生：这其实也是一个科学问题。在如何参观科技馆的问题上，确实有很多误区。家长有，教师也有。常常忽略了孩子可以自由发现和找到自己的兴趣这一点，特别是家长。而发现和培养孩子的兴趣，这对孩子的成长非常重要。我曾带我的外孙参观科技馆，他一进门，就站在演示机械运动的大模型前面一动不动，工作人员告诉他里面还有很多好玩的，他还是不动。我示意工作人员，不干扰他。因为这是他的主动兴趣所在。直到现在，他长大了，还是对机械学极感兴趣。走进科技馆的本能反应是情趣的启发和发现的过程，需要好好保护和引导。

问：中国式教育的缺陷之一，就是常常忽视兴趣感知过程，或者把这个过程推迟很多年。这对于一个人的成长来说是很大的遗憾。例如很多学生在填报高考志愿时，表现得一脸茫然，好像什么都行，也好像什么都不行，甚至到考研的时候，仍然不知道自己喜欢什么、将来适合干什么。这怎么谈得到全面发展基础上的个性发展、自由发展呢？

王渝生：所以我认为参观科技馆，最大的意义就是激发、培养学生的兴趣，发现学生的真实兴趣。成人带孩子参观博物馆，重在兴趣发现，要懂得观察、发现孩子先天的那些基因，观察孩子真心喜欢什么，真正的兴趣点在哪里，将来可能该走怎样的成长路线，而这比逼他们学外语、拼奥数要有意义得多。

而很多家长并不明白这一点，带孩子来了，总是追着孩子问这问那，给孩子布置问题，写观后感，生怕浪费时间。这种功利化的参观，把孩子燃起的兴奋和热情全打压下去了。

偶尔有教师带着学生来，也是发张卷子，反复提醒他们参观完要看了填卷子，完全失去了“把课堂搬到博物馆”的意义。把孩子的兴趣全扼杀了。

问：不懂得参观的意义和作用，不讲究有效参观的方式和方法，不仅是浪费了时间，同时浪费掉的还有孩子们的精力和“表情”。参观科技馆不可以有玩儿的心态吗？

王渝生：这还是理念问题。现在无论家长还是老师，最怕学生玩儿，参观科技馆也一样。这一点大可不必，并且大错特错。我认为，学生特别是小学生来到科技馆，就应该撒开了让他们玩。因为在科技馆玩，和他们在迪士尼玩性质是不一样的。在迪士尼玩，惊险、爽，是感受用高科技手段达到娱乐的效果；在科技馆玩，是使用娱乐的手段，让学生感受高科技。

这完全是两种玩儿。小孩子参观科技馆，对一些实物不了解原理没关系，只要能在游玩中触碰科学、体验科学，埋下科技的种子就可以了。譬如中国科技馆有一个关于表现张力原理的参观项目，特别受欢迎，一到节假日，现场总会出现一排长队的情况，孩子们都特别想看看自己吹的泡泡怎么就产生了奇妙的变化，那就放开让他们玩好了。

儿童教育需要课堂。但我认为不能只强调科技馆的教育功能，而排斥其娱乐功能，这和文艺总是强调教育功能而忽视娱乐功能一样，周末孩子参观科技馆，还要搞课堂教育那一套，办科技馆还有什么意义？孩子也真没什么活路了。

不光是科技馆，许多博物馆资源其实都没能利用好。课堂与博物馆、教育与玩耍之间似乎都需割裂开才好。这本身就是违背人才成长的规律，这一点很让人担心。

问：你谈到的这些博物馆现象，其实也折射出我们在人才培养思路上的一些问题，尤其是创新型人才应如何培养？尤其值得思考。

王渝生：说到创新型人才的培养，我也是感触较深：近年我作为国家教育咨询委员会的成员，常到各省、市一些大学搞调研。发现所到之处，几乎都会看到、听到所谓"创新人才培养模式"的研究报告。

这让我感到很诧异，还不是因为这类报告大而无当、内容空洞，而是因为这样的研究本身就有问题，创新人才怎么可能按照什么模式标准来培养？这个命题根本也不符合创新人才成长的规律。人才成长的规律首先是发现人才，然后是培育人才，最后是凝聚人才。家长、老师乃至领导，都要先学着当伯乐。

不懂脑科学、认知科学、基因遗传的科学规律，不会发现学生先天条件的特点和优势。不给学生实践操作的平台，不给学生与生活和实践融合的经历，仅仅靠说教，无论什么模式也不可能培养出创新人才。

朱永新：用校园阅读改造和改良教育

采访时间 2018 年 4 月

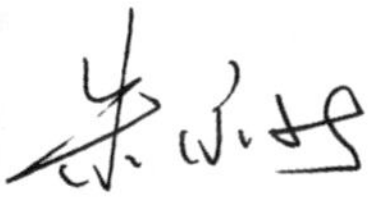

朱永新，1958 年 8 月生于江苏盐城市大丰区。管理学博士，苏州大学教授。现任十三届全国政协常务委员兼副秘书长，民进中央副主席，新教育实验发起人。

在家乡读完小学、中学后，做过翻砂工、搬运工等。1978 年考入江苏师范学校（现苏州大学）政治历史教育系，1980 年被推荐到上海师范大学学习，并先后在同济大学与复旦大学深造。

问：多年前，你在《我的教育理想》一书中提出了“理想教育”的基本思想，并很快形成了“新教育实验”的核心理念——过一种幸福完整的教育生活。实验对现实教育产生了极大的反响。

我注意到，在整个实验设计中，有关阅读的思想举足轻重，占首要地位。因此请你专门谈谈中小学教育与课外阅读之间的轻重短长。可否就从你个人的阅读史、阅读观说起？

朱永新：谈论阅读，我总是爱讲这句话：“一个人的精神发育史就是他的阅读史，一个民族的精神境界取决于这个民族的阅读水平。”

因为我认为，人的精神发育历程可看成是整个人类精神发育历程的缩影，每一个个体在精神成长的过程中，都要重复祖先经历的过程。而这个重复是要通过阅读来实现的。人要想超越历史上的那些精神丰碑，阅读和思考是唯一的途径。我想唯有如此才能实现和先贤对话，达到那个时代的精神高度和境界。

我生在物质生活匮乏的20世纪50年代末。和很多偏僻农村的孩子一样，我的童年基本没有什么阅读生活 。识字多一点以后，就迷上了视线内那些没封皮儿没结尾残破不全的书，但书中情节还是强烈吸引着我。有些书连书名都不知道，我就自己揣摩书名，自编结尾。后来才知道那些书是《林海雪原》《钢铁是怎样炼成的》《三国演义》《水浒传》等。我母亲在招待所工作，那里南来北往的客人会随身携带一些书，我就缠着他们借阅。而那些书能停在我手中的时间不长，逼着我一目十行，养成了快速阅读的习惯。后来到了高中看的书就多了，视野打开了，也生出了幻想和理想，不知天高地厚地做起了作家梦。

正是因为有了嗜书、爱书的本能，有了对书籍的依恋，然后才有了大学时代泡图书馆式的海量阅读。那是一段为书痴狂的青春岁月，除了相关专业类书，我对古今典籍、名人传记、中外通史、各科理论译著、政治、奇书杂论……统统不拒，包括系统地阅读《尚书》《周易》《论语》《孟子》《春秋繁露》《论衡》《韩昌黎文集》《二程集》《张载集》《陆九渊集》《朱子语类》《四书章句集注》《陈亮集》《叶适集》《王船山全书》《戴震集》等中国古代经典。工作以后则与工作相关的配合性阅读多了。到市政府工作后，读书范围更广了，读了不少管理学、经济学著作。到民进中央任职后，马上恶补了一堆政治理论书……在新教育实验的准备阶段，我深入阅读了大量教育学、心理学书籍，写下了数十万字的读书笔记。

其实每个人都有自己的阅读史，每个职业都有自己的理想阅读。在人生的不同阶段，总会有伴随我们前行的书籍。读什么，在很大程度上影响着我们成为什么。

因为人的精神阶梯是随着重复阅读而不断延伸的。没有阅读就不可能有个体心灵的成长，就不可能有个体精神的完整发育，人类的精神会退化。所以我相信没有阅读，尤其是纸质阅读，甚至还不如以前的历史阶段。网络阅读很难与纸质阅读相比，因为人类最伟大的思想都集中在离线状态。人的思想发展是从信息到知识再到智慧，是智力逐步升级发展、建造金字塔的过程，而通往金字塔之巅的，就是阅读而形成的智慧，把人的智慧汇总起来，才能体现我们这个时代的精神高度。

总之，阅读对人的个体精神成长至关重要，无可替代。在信息时代，高效获取和处理信息的能力更是取决于阅读能力。

这一切离不开早期阅读习惯的养成。这就说到了教育，对课外阅读这件事情，教育，特别是基础教育责无旁贷。

问：你的意思是，阅读情结和习惯的形成要趁早，不可错过时机，这是基础教育，特别是小学的一项重要任务？

朱永新：这一点毋庸置疑。一个人的精神发育离不开自主阅读，离不开对人类经典的阅读，否则肯定会发育不健全。学生养成自主阅读的习惯、兴趣和能力，一定是早期教育、学校教育最基本的任务。没有阅读的学校不是好学校。甚至可以说，如果学校教育把这个问题解决好了，教育的任务基本上就算完成了。

“仓廪实而知礼节，衣食足而知荣辱”。人的许多能力习惯的养成都有关键期，而人的阅读习惯和阅读兴趣的形成，最重要的时期就在小学时期了。因为人的精神饥饿感就是在这个时期形成的。

越来越多的科学研究发现，开启自主阅读是通往美好未来的必经之路。主动的阅读越早越好。

美国心理学家推孟在天才发生学的研究成果中指出，有44%的天才男童和46%的天才女童是在5岁以前开始阅读的。对孩子们来说，阅读是一种全方位多维度的智力体操，使孩子头脑灵活，发展思维和语言能力，促进心智全面成长。惠特曼也在诗中说，孩子最初看到的东西，会变成他的一部分。成长最重要的就是两个东西，一个是游戏，一个是阅读。美国著名生理学家玛莉安·伍尔夫通过研究儿童阅读时间的大脑变化，发现儿童阅读要比成人使用更多的大脑区域，左右脑一起运行。他认为在小孩儿5岁以前父母是否常给他们讲故事，影响孩子今后阅读技巧的形成。而听故事开启了儿童心灵成长的历程。他认为成人是用儿童时代所获得的东西来构建内心世界的。人类14岁以前通过阅读获得的体验和经历过的东西，从书本当中获得基本的价值观和早期经验，例如感恩、慈善、友爱等等，对其成长有决定性的作用并影响一生。以后的人生历程不过是前面阅读所获得的东西的展开。

脑波研究还发现，阅读和联想、创造、感受、理解、记忆等等能力，都有极大的关联。美国阅读专家W.A.汀克的研究表明，在绝大多数情况下，阅读时用于眼睛移动的时间仅占5%，其余95%的时间则用于思维。长期的阅读不仅能促进内部语言的发展，而且能改善思维的准确性、条理性、开阔性、深刻性、灵活性及创造性。

所以，培养自主阅读的能力和习惯是基础教育最重要的任务。阅读能够让孩子们学会自由飞翔，没有自主阅读习惯的学生是半成品，甚至是废品。用苏霍姆林斯基的话说，一个学校，可以什么都没有，但是只要有了为学生和教师精神成长的书，那就是学校。有了书，孩子们就有了阳光，有了成长的空间，就能让孩子们走进精彩世界。

总之，没有阅读生活的学校谈不上教育，因为根本没有学生心灵成长的土壤。学校教育如果离开真正的阅读，就算不上是真正的教育，只是无止无休的训练。

问：学校是最离不开书本的地方。但是在你看来，围绕课程的教学书籍并不是真正意义上的阅读？

朱永新：学校天天读的那些教科书、教辅书，并不是真正的阅读，因为它没有真正意义上的原生态思想。试想一下，那些包含人类文明精华的书籍被称作课外书，这本身就够意味深长的了。为了应试而读书的功利主义读书观背后，弥漫的是一种持续多年的读书无用论。阅读正在远离校园。

学校教育，特别是义务教育阶段，是要通过最有效率的课堂教育方式将人类的知识高度集约化、效率化和组织化，这个过程相当于母乳喂养。母乳对孩子来说很重要，安全又容易吸收，但是两三岁之后甚至更早就该开始吃其他食物了，终身吃母乳的孩子肯定会发育不良。

强调基础教育在启动学生自主阅读方面的重要性，是因为我们的教育在这方面有缺失。

包括幼儿园小学化的功利化阅读，让孩子机械而被动地接受不适于他们心智发育的东西。小学的问题更多，几乎远离经典名著。有新华社记者的调查说，小学生及家长乃至一些学校“拒绝”课外读物，已成为中小学教育的一个现象。教师读书现状也一样令人忧虑。

这样的基础教育怎么会不出问题？只有重视阅读，大家才有共同的语言前提，课程教学应该是在这样的共同基础上的对话。

问：所以新教育实验把阅读行动列为十大行动之首，改革从“拯救阅读”做起。阅读行动具体是怎样一种实验设计理念？

朱永新：阅读的确需要拯救，尤其是儿童阅读。因为童年的秘密远远没有被发现，童书的价值远远没有被认识。在一些国家，孩子一出生，和阅读的关系就开始了。犹太人会在书上滴一点儿蜂蜜，让婴儿爬过去。以此告诉孩子书本是甜的；英国人的起跑线计划是给刚出生的婴儿送一个阅读包；新加坡人的做法是让医院护士必须告诉产妇一个重要事项，读书给婴儿听，可谓用心良苦。

我们的孩子入学（园）后，所处的教育环境实际上很少能让孩子享受到真正的阅读生活。父母和老师表面上和孩子们朝夕相处，但往往是生活在一

个房间里的陌生人，在共同的生活空间里却没有心灵互通，甚至完全陌生，仿佛生活在不同的世界

“新教育实验”的一个核心理念，就是主张父母、孩子和老师通过“共读（一起读）、共写（反复交互的书写）、共同生活”，重建彼此共同的语言密码、共同的话语体系和价值观，在不断的沟通、理解和自我反思中，制造相互依赖感，建立合作精神，增强认同度，从而恢复教育的完整性，把教育过程变成过幸福完整的教育生活。这样读书无论家庭还是学校，都可能出现奇迹。

学生沉浸在民族乃至人类最伟大的作品之中，会因为在童年时读过的相同的书籍，而拥有共同的梦想。共同的阅读生活将彼此的生命编织在一起，让人类真正的生活经验在彼此间传递、流动，消除隔阂、对立甚至伤害，为被畸形竞争隔开的孤独的心灵疗伤，达到人与人之间的民主与和谐。

所以幸福的教育生活，从共同阅读生活开始。而没有这样共同的阅读生活，学校也可能会沦为精神与文化的荒芜之地。

问：通过“共读、共写、共同生活”，开启父母、教师、学生心灵契合的通道，这听上去特别美好。但是在现有的小学课堂里怎么做到的？

朱永新：其实你是在委婉地表达一种担心，许多人都会有这种担心，觉得这样的共读搞不好会给紧张的日常教学增加负担。

师生、亲子之间的共读、共写、共同生活的阅读是需要用心设计的。首先它在方向上与课程标准完全一致。学校教育本来就是在师生双方共同生活中传递知识的过程，而不是学生个体在竞争中获胜的过程。共读也是中华文化的传统，恢复这个传统有助于恢复师生之间被应试教育异化了的密切联系。

素质教育并不是要简单增加一些文体类课程，而是要通过整合的方式，结合课程学习把对人一生真正有用的东西交给孩子。而这种共同阅读，是一种将学科知识与更宽广的背景相结合的学习，是能够持续发展的学习，完全可以像呼吸一般地自然存在。从学习心理学的规律上看，无须担心会影响学习质量，也完全符合最新的认知哲学和政治心理学。

因此我认为这样的阅读非但不会影响教育质量，或许还会成为改良教育

的突破口。推进阅读，或许可以撬动中国教育改造。从我们数千所新教育实验学校，尤其是农村地区、边远地区学校的实际情况来看，通过阅读大面积提高教育质量，提升学业成绩的案例非常之多。许多学校已经成为当地名校。

开卷有益，择卷更有意义。在确立了阅读理念之后，接下来就需要回答读什么、怎么读的问题了。这也是我们实验专家团队的一项重点工作。

不同阶段的幼儿和小学生寻找最适宜的书，提供一份科学的基础指导书目，是一项工程，很烦琐，但很有意义。老师和父母能按图索骥找到那些经典图书，以此抵制那些对幼儿早期教育的功利性期望，让孩子们远离电视、手机，最大限度地享受阅读带来的快乐。

由于不同学段孩子心理以及思维特征、生活特性不同，实验既要考虑不同年龄段孩子对图画、故事、文字的理解和接受程度，对周围事物、环境的认知和兴趣，还要考虑读物的品质特征和阅读结构的合理性，以及孩子的想象力、好奇心的引导等等。

我们新教育研究所制定了一个中国人书目的研究计划，研制从幼儿、小学生、初中生、高中生、大学生到公务员、教师、父母、企业家的完整书目。在 2010 年，新实验分别成立了幼儿和小学基础阅读书目研制团队。幼儿图书研制团队征求各地阅读方面专家的意见，研究制定了选择基础阅读书目的一些原则，把 0—7 岁的孩子细分为四个年龄段，启用腾讯投票等征询手段，修改讨论 19 稿，最终在 2012 年拿出了基础阅读书目，立足用绘本形象和故事来呈现儿童世界对价值的认识。

小学基础阅读书目研制考虑的理念和纬度更复杂，从 20 世纪 90 年代中后期就开始了，先后反复归纳出八大核心价值领域，经过不同阶段漫长而精细的筛选、网媒海选投票、试读等过程，于 2011 年形成了“30+70”的中小学基础阅读书目。内容包括和平、尊重、爱心、宽容、乐观、责任、合作、谦虚、诚实、朴素、自由、团结、专注想象、宁静、勇气、敬畏热忱、虔诚、感恩、纪律等，通过一个个具体的形象替代说教，编织成一张美丽的网，让不同年级的小学生读到有不同内涵的书，呵护孩子们留住纯真、快乐和勇气。对于那些不发达地区，设计一套数量有限、营养结构全面的图书套餐，也是保证阅读基本公平与教育公益救助的需要。

目前，书目研制工作已经完成，正在组织专家研制中小学学科阅读书目，这同样是一个浩大的工程。

问：*接下来是不是该谈谈怎样在学习生活中融入“共读”的问题了？*

朱永新：那就重点谈谈小学生阅读。总的原则是，低年级儿童以儿歌、童谣的读、写、绘为主；到了三四年级的时候，引导大声阅读，复述故事，默读等；到了高年级引导开展主题探讨等。

阅读的形式颇为重要。在小学，新教育实验提出了颇有仪式感的晨诵、午读和暮省的形式。

晨诵就是通过经典诵读开始一天的生活，吸收了经典需大声朗读的经验，培养一种与黎明共舞的生活方式。由老师每天精选一首诗让学生诵读。低年级从歌谣开始，中高年级逐渐加入中外的一些著名诗歌。可以说是古典诗词、儿童诗、儿歌和现代诗歌的复合课程。但关键目的不是为了记忆某种未来可能用到的知识，也不是为了进行强化记忆的训练，而在于丰富儿童当下的生命，用吟诵领略优美的母语，体验诗歌所传达的情感、美感及音乐感。

除此之外，晨诵内容还有生日赠诗、情景咏诗等。这些诗歌，当然需要千挑万选，即使没有无数次打动人的灵魂的高度，也必须优美典雅。用这样美丽的开始，为孩子们的一天注入生命的源泉，很可能被孩子记住一生。

午读是推进阅读的尝试，代表的是整个儿童阶段的非学科性质的阅读，其核心内容就是阅读属于孩子自己的童年书籍。一至三年级采取读、写、绘结合，让他们的学习力、创造力自由发挥；三四年级加大文字阅读量，并进入故事和人物传记的阅读及整书的主题探讨；高年级以主题探讨为主，加大自由阅读量和自然科学方面的阅读内容，适时尝试童话为主的创作，唤醒生命的美好与神奇。

暮省是指每天学生在完成作业以后，思考与反省自己一天的生活，并且用笔记录下来。教师可用日记、书信的批注等方式，与学生共写，互相激励和抚慰，一起编织有意义的生活，目的在于让学生养成反思的习惯。

有些学校在实验初期，一到暮省，师生常不自觉地带有明显的写作文、批作文倾向。经过一段时间的引导，才开始记录心灵最真诚的话语，把随笔和日记变成心灵独白，成为学生与教师或父母之间的真实倾诉。也可以用观察日记、童话文学创作等形式。低年级多是亲子共写，以读写绘的方式与家长一起进行。这种师生共写真实简单，逐渐成为一种“三省吾身”的习惯与生活方式。

暮鼓晨钟，共同的晨诵暮省，能够给孩子们带来许多心灵震荡，让他们在不经意间获得一生有用的东西，获得幸福的教育生活。

在过去的十几年间，全国有4200余所学校积极响应新教育实验的阅读理念，有一大批低年级学生通过读、写、绘获得了很好的发展；有大量的校园故事说明，“共读、共写、共同生活”能够改变学生的精神面貌，改变学习态度，以及对学校、对教师的态度。

问：“共读”等都是双边开展的，还有教师阅读在其中。但是中小学教师工作负荷普遍较重，用什么改变教师的读书生活呢？

朱永新：有一项媒体调查表明，绝大多数中小学教师用于阅读的时间十分有限，干脆不读书不看报的也大有人在。教师作为最应该阅读的职业群体，许多人其实在放弃阅读，甚至“拒绝”阅读，顶多读几本流行杂志，就靠几本教材在课堂上打拼，其精神的荒漠化怎么能对教学没影响呢？有的老师二三十年都拿着同样资料备课，被人戏称为拿着一张张教育的旧船票，每天重复昨天的故事。

有不少校长和我诉苦，说为了教师的专业发展，他们想了很多办法，比如要求写读书笔记呀，举办读书沙龙啊，等等，但是很难奏效。

教师不感兴趣，这在很大程度上是丧失了阅读能力和阅读兴趣的结果，这个丧失已经对教师的整个职业生涯产生了负面影响。也有很多客观因素在降低他们的阅读欲望，比如起早贪黑，周而复始，永无停息的工作状态。如此疲惫，即使有了空闲，教师也很难有从容的心态和读书欲望。

再就是缺乏职业阅读的需要。在应试大环境下，许多教师的工作就是研究题目和应对考试，阅读远不如把时间花在研究题目上值得。

即使喜欢阅读的教师，有专业化阅读习惯的实际上也很少，说明对教师职业的阅读缺乏兴趣和热度。

关于教师阅读，我的意见是，第一要有专业化阅读的引领。教师在专业化发展中，确实存在一个理想的模型，一个专业阅读框架。新教育实验也一直在致力于这一专业阅读参照的开发。第二，提倡同伴互助。教师要想有好的阅读效果，要尽可能置身于“阅读共同体”中，在“共读、共写、共同生活”中获得阅读乐趣。专业阅读有理解上的难度，需要用交流来加深理解，所以需要创设教师共同生活的环境，对读书沙龙应予以支持，对传统的教研活动予以改造。第三，要倡导以解决问题为导向的阅读。专业阅读不是独立项目，必须与教育实践出现的问题紧密结合起来才有生命力。

问：顾明远教授说你是一个有特别的教育情结、能够畅想教育之梦的人。关于真正的校园阅读，想听听你还有哪些美好的畅想和建议？

朱永新：的确，对于我们今天讨论的这个主题，话说了不少却总觉意犹未尽，再说两个方面的建议。

关于图书馆。我认为，学校有专门场所作为图书馆、阅览室固然不错，但如果能在一个开放的空间，在走廊上、教室里放足够多的好书供学生随时阅读，会省去烦琐的借阅手续和开放时间上的限制，弥补图书馆在便利性方面的不足。前不久我专门考察了深度贫困地区的许多中小学，看到要么没有适合中小学生阅读的图书，要么有了图书没有好好利用，实在可惜。

我一直坚持主张，图书馆管理员必须是有学问、懂书、爱书的人，因为只有这样的人才能采购和推荐好书，更好地发挥图书馆的功用。我还设想，学校图书馆应建立本校师生的专属馆室，用专柜收藏、展示师生的随笔、日记，成为学校图书馆最有特色和吸引力的资源……

我由衷希望以读书带动改革成为更多学校的行动，教师精讲多练，给学生留出更多时间，使图书馆成为课堂教学的延伸，让书的香气像花一样弥散在校园的每个角落。

关于建立阅读节。我曾多次在政协等会议上，提出建立国家阅读节的设想，谈到全民阅读应成为国家战略。许多两会的代表和委员也做过类似的提案、议案。我就是希望我们的民族有这样一种仪式，让国人，特别是孩子，通过这种仪式认识到阅读的重要性和阅读本身的神圣感。仪式不同于形式，仪式能通过一定的程序强化共同价值，在特殊场合凸显共同愿望，增加向心力。我常常想，一个从小能在阅读活动和阅读节仪式里长大、经过书香熏染的孩子，将会有怎样的精神气质和力量啊？

我希望拥有这样书香充盈的未来，年轻的家长们下班后，能回到童年，与孩子一起全面成长。让所有的孩子共同沐浴于美妙的诗歌里，陶醉于神奇的童话里，共同生活在伟大的历史和神奇的科学世界里，沿着彩色的阶梯，健康成长。

今天的校园孕育着明天的社会。到了每一个公民都能捧起一套经典，拒绝粗制、拒绝盗版、用丰富的阅读来充实自己比天空更广阔的心灵的时候，到了社会不再把读书学习看成是负担，不再看成是为得到某种荣誉、获得某种证书的途径和工具，而仅仅作为生活的一部分，生命的一部分的时候，我们才算是真正进入了学习型社会。

原版后记

这本书基本由我在最近一年间采写的几十篇著名人物访谈集纳而成。这些访谈每周固定放在光明日报叫作《名流看教育》的专栏里，有些篇目的内容比报纸发表的要更展开一些，更深入和丰富一些。

“名流”不等于“名人”，是社会各个领域的知识精英。他们无论守在书斋，埋头实验室，还是坐老板椅，都有真知灼见赋予的灵心慧眼。他们因出众的言行功业而有名，因不俗的学问气度而风流。设计《名流看教育》这个栏目的想法是，“名流”是客观存在的，不是偶然被谁划定的，他们对教育的看法常常是教育改革调查者最希望得到的。

教育在21世纪的中国真正成了亿万人参与的事业。在决策讨论教育问题的时候，教育界人士的意见固然重要，却也不妨跨界听听其他名流在这方面的心得。因为他们常站在学科、行业的前沿，有引领、开拓的绝对高度；他们多有融汇古今、学贯中西的个人积累，善于辨别比较，鉴往知来；他们的教育背景丰富，其个人求学求知的经历本身，几乎就是成功教育的蓝本。

不止如此，还因他们站在门外，与专门教育多多少少拉开了一段距离，其角度、方位更易看得真切。因为处在不同的领域，对教育的理解和见解可能更为独到和深刻。虽然言来语去当中，一些印象和思想并不成体系，甚至有些凌乱，却有大视野、多视角，恰能以近知远，以一知万。

这一年，我就按照这个想法去做了。的确，约访名家是件挺困难的事，且每一篇成稿，须交被访者审定。可真正让我上心的，是怎样在来之不易、有限的采访时间里抓住迸射的思想的火花，探明究竟，并在案头提炼出有价值、有启迪性的可读之彩来，这是难点，也是乐趣。

拿出的成品能让被访的智者觉得妥帖由衷，不光是对名流们的尊重，也是对读者的尊重。

采访的过程印证了最初的想法，名流是真实客观的。他们的成就、学问、人品、风范，都会成为洞达世情的敏锐，和而不流的中肯。有些高见，还会同时出自不同领域的被访者，甚至细节上的理解也如出一辙，有所见大同的大智慧；也有见解不同，反映了不同视角的争执。这些都会给读者带来启发，也包括教育界人士。

这一年当中，我因参加集体学习和接受“两会”“三个代表”等系列报道任务，时间吃紧，加上日常工作，能够坚持把这件事情不间断地做下来，主要受益于访谈对象理解和支持，归于他们良好的人品和学品。特别是那些原先熟悉或完全不熟悉的高龄学者，都在忙碌当中抓空成全了这件事。在采访中，我常常强烈地感到他们对教育的关注完全是情不自禁，其高度自觉令人感动。

除了谈话本身，经常触动我的还有他们良好个人修养和人格魅力。这也是成功教育的魅力。在我眼前，常会闪现这样的场景：启功、王大珩、费孝通、王绶琯、钱伟长、任继愈、英若诚大牌高龄学者无一例外地都有送客至门口、至电梯的习惯。何振梁先生在采访结束后，忙起身帮我把会议室的沙发复位；王绶琯院士斟酌好稿子打来电话已是午夜；胡亚美院长对小小的两个5岁孙子搬着小自行车上楼下楼不管不问，却怕我走错路，竟亲自下楼来接；再次采访王选先生正是他重病放化疗后首见记者，他以诙谐的玩笑预热气氛，还病后破例接受了现场拍摄……如此的人品气度加上精深的专业素养，智者的大气象，让人不胜感慨进而反躬自省。

书中所用照片基本都是中国工程物理研究院、北京应用物理与计算数学研究所副编审侯艺兵先生配合这组专栏采访专门拍摄的。侯艺兵先生是中国摄影家协会会员，系统拍摄学界翘楚。这位当过兵的小个子摄影师可贵地保持着雷厉风行的军人姿态。采访李政道先生的时间很有限，从我打通电话，到他由另一拍摄现场骑自行车赶到，只用了短短的十几分钟，只见人至灯闪，俯仰从容，不由得人不佩服。从未见他用昂贵的专业摄影行头武装自己，平时只拎个尼龙手提袋装设备，不为别的，只为把可能造成拍摄对象紧张情绪的因素降到最低。与君合作，幸哉、快哉！

教育是我初涉新闻界时第一个专门工作领域。做媒体记者多年，哪一方面的记者、编辑都做过，无论做什么，都不曾收起过对教育的关心、关注。书中几乎未收我对教育界人士的专访，而收入了 90 年代以来我采写的几篇教育话题文章（这部分内容再版时已删去——再版编注）。不是因为文章写得好，而是有些事情隔开一点距离，会看得清楚，往后看，也许还会是未来教育发展一个小小的参照，当然，也希望为我曾做过“教育记者”做一个交代。

感谢我所在的光明日报的领导和总编室的同志，感谢社内外众多关心、点评《名流看教育》栏目的同仁，感谢转载此专栏文章的编辑同行。

感谢一直关注《名流看教育》的读者朋友和为此给我写信的朋友。这本书如还能让大家读得进去，并真的得到一点什么，就太好了。

夏欣

2002 年 8 月于北京

附录:《教育中国——50 名流素质教育访谈》书评

散点透视——看教育庐山面目

程方平

“讨论教育问题的时候，教育界人士的意见固然重要，却也不妨跨界听听其他名流在这方面的心得。”

近些年谈教育的书越来越多了，这是因为教育不仅与各行各业的兴旺发展有关，也与千家万户和每一个人的生存和发展有着千丝万缕的联系。当全社会都来关心教育的时候，我国“科教兴国”大业的实现才会有希望、有基础。前两天，偶然看到光明日报出版社出版的，由著名记者夏欣撰写的《教育中国》一书，再一次强化了这种感觉。

《教育中国》一书收录了作者在近一年的时间内采写的各界名流针对教育问题的访谈文章约 50 篇，话题涉及教育的方方面面。这些知名人物虽来自不同的行业和领域，却都是广为社会关注的成功者，也是对教育十分关爱的热心人。从这个意义上说，他们接受的教育虽各有不同，但所受的教育应该说都是适合其个体发展的成功样本。这不仅再次印证了“因材施教”和“教亦多途”的思想，也为读者提供了可贵的借鉴。

从书中可以看出，作者在采访和切入问题之前，显然做了大量的案头准备。这反映了一个资深记者的深度思考和成熟的采访经验，使问答双方对教育的思考交融着对人类真切的现实关怀和终极关怀，以及对现实教育改革的开明理性与坦荡襟怀。在整理和加工的过程中，作者有意识地将理论的严密与口语化的表述相结合，使其笔下文章颇有现场感和亲和力，读时如同直接与名家交谈，这使得访谈记述不光逻辑清晰、内容新颖，而且还十分生动、感性。如果说，谈话过程是思想碰撞、火花闪烁的过程，那么整理后的文章则是作者在掌握一手素材的基础上所做的又一次严谨的再创作，使这部作品较好地兼顾了教育的专业性和大众的阅读趣味两个方面。

作者把访谈的对象锁定在教育界之外的知名人士身上，显然是经过深思熟虑的。正如她在“后记”中所说的：“讨论教育问题的时候，教育界人士的意见固然重要，却也不妨跨界听听其他名流在这方面的心得。因为他们常站在学科、行业的前沿，有引领、开拓的绝对高度；他们多有融汇古今、学贯中西的个人积累，善于辨别比较，鉴往知来；他们的教育背景丰富，其个人求学求知的经历本身，几乎就是成功教育的蓝本。”

纵览《教育中国》，能感受到作者立意的思想高度、历史高度和新的时代高度。这是作者谈学论教的智慧源泉，也是其选择访谈对象的主要标准。在访谈人文学科的著名学者时，这一点体现得尤其充分。作为一名记者，作者尽管熟悉和了解教育，但毕竟不同于长期从事教育研究和实践的第一线的职业教育工作者。而正是由于这种“在与不在”的特殊视角，作者回避了许多教育圈内的惯用术语、惯用思路和惯用理念，巧妙地避开了教育圈内的许多“久议不决”“空洞无物”的议论，在提问中独辟蹊径，揭示了许多深刻的道理。书中涉及的虽说都是较为重大和严肃的话题，但读起来却感觉晓畅、好看，并无其他多数教育理论著作的刻板和俗套，颇能引发读者感慨和思索。应该说，作者访谈的写法是别致的、多角度的和独具匠心的，像欣赏一幅传统的山水画一样，在多层面、多角度的散点透视中，展示了中国教育的“庐山面目”。

作者通过名家谈教育的现身说法和看似随意却充满智慧的对话，形成了一种较为独特的教育著述的文体样式，熔理性、感性于一炉，用多学科和多层次的视角聚焦教育问题，寓深刻的哲理于独特生动的个案和突破常规的妙思之中，使该书成为研究当今中国教育发展问题的独特的思想集。可以让今天的教育官员、校长、教师、家长都能开卷有益；也可以使那些习惯于某种研究套路和操作模式的“专家”得到更多看似外行或“另类”，但却是非常有益的滋养。

（刊载于2002年11月21日《光明日报》。作者系中国人民大学教授，博士生导师）